Biblioteca de Derecho Civil

Filippo Viglione
(Director)

Carlos Antonio Agurto Gonzáles
Sonia Lidia Quequejana Mamani
Benigno Choque Cuenca
(Coordinadores Generales)

YAIRIS ARENCIBIA FLEITAS
Profesora Auxiliar de Derecho Civil
Universidad de Matanzas
(Cuba)

EL EJERCICIO DE LOS DERECHOS SEXUALES Y REPRODUCTIVOS POR PARTE DE SUJETOS MENORES DE EDAD

Edición al cuidado de
Carlos Antonio Agurto Gonzáles
Sonia Lidia Quequejana Mamani
Benigno Choque Cuenca

Ediciones Olejnik

Título: El ejercicio de los derechos sexuales y reproductivos por parte de sujetos menores de edad.

Primera Edición en Ediciones Olejnik: 2020.

Ediciones Olejnik
Huérfanos 611, Santiago-Chile
E-mail: contacto@edicionesolejnik.com
Web site: http://www.edicionesolejnik.com

ISBN: 978-956-392-348-3

Diseño de carátula: Ena Zuñiga

Diagramación: Hayden Méndez. hayden.mendezq@gmail.com

Impreso en Argentina 2020 Printed in Argentina

Dedicatoria:

A mi Samuel Ricardo,
fuente de vida e inspiración.

"Cuando un niño puede relacionar lo que aprende con sus propias experiencias,
su interés vital se despierta, su memoria se activa,
y lo aprendido se vuelve suyo."
Rudolf Steiner

"El espíritu infantil no es un vaso que tengamos que llenar,
sino un hogar que debemos calentar."
Plutarco

ÍNDICE

Capítulo II.

Premisas teórico-jurídicas para el ejercicio autónomo, responsable, de los derechos sexuales y reproductivos por personas menores de edad

Prólogo

Prologar un libro encierra un doble compromiso: con la persona que ha creado la obra, que casi siempre resulta cercana en los afectos y con quien existen vínculos académicos, y con la obra misma que se presenta a los lectores, a quienes se trata de convencer de su valía, partiendo del privilegio de conocerla de antemano. Asumo ese doble compromiso con placer, por los fraternos lazos que me unen a la autora, Yairis Arencibia Fleitas, a quien he visto crecer intelectualmente a fuerza de talento, dedicación y empeño, destacando como acuciosa investigadora, excelente profesora y laboriosa notaria; además, por supuesto, por la calidad del trabajo que se pone a disposición de la comunidad jurídica, así como de cualquier interesado en el tema desde otras áreas del saber.

En nuestros días, volviendo de cierta manera a los orígenes romanos pero no en círculo cerrado sino en forma de espiral, se retoman gradaciones de edad y desarrollo biológico para entender la situación jurídica de las personas cronológicamente menores al dato objetivo que las leyes establecen en cada caso. El ejercicio de los derechos inherentes a la personalidad, de los derechos en general, por parte de niños, niñas y adolescentes, genera suficiente polémica como para ameritar una investigación, resultado de la cual es esta obra. Al Derecho le preocupa de antaño la injusticia o arbitrariedad que representan los sistemas de umbral de capacidad, los retos individualizadores de la capacidad progresiva y el mayor grado de autonomía y madurez de los niños, niñas y adolescentes, traducido o no en más oportunidades para el ejercicio *per se* de sus propios derechos. La preocupación y diversidad de criterios se acentúa si vinculamos la capacidad progresiva del menor a la arista particular de los derechos sexuales y reproductivos, de reciente configuración, que tienen por base los principios éticos de autonomía, igualdad y diversidad, así como la integridad corporal.

A lo anterior se une la promulgación de tratados internacionales de derechos humanos protectores de la dignidad de la persona en todas las fases y circunstancias de su vida, dentro de los cuales destaca la *Convención sobre los Derechos del Niño*, cuya preceptiva desplaza la mirada "tutelar y asistencialista" de la minoridad y la noción de su incapacidad de obrar por la protección integral, a partir del reconocimiento de niños, niñas y adolescentes como verdaderos sujetos de derecho.

Sin embargo, a pesar de los encomiables méritos de la *Convención*, como afirma la propia autora, sus dictados han de ser vertidos en la realidad socio-jurídica para poder hablar de una verdadera transformación del estatuto del niño y su estimación como persona, cuestión que Cuba ha conseguido a nivel de políticas públicas, pero aún no se ha logrado totalmente en cuanto al ejercicio de los derechos, pues la legislación nacional mantiene los patrones clásicos basados en el criterio objetivo de la edad del sujeto, incluso en el ámbito de los derechos inherentes a la personalidad. No obstante, la nueva Constitución cubana de 2019, expresamente reconoce, en su artículo 86, a las niñas, niños y adolescentes como plenos sujetos de derecho, declarando que gozan de todos aquellos reconocidos en el texto constitucional, además de los propios de su especial condición de persona en desarrollo, lo que debe conducir a transformaciones normativas significativas, especialmente del Código Civil, y a la promulgación de un nuevo Código de las Familias.

La investigación desarrollada por ARENCIBIA FLEITAS, cuyos resultados hoy se materializan en esta obra jurídica, si bien se perfila en el Derecho civil, especialmente en el ámbito concerniente a las personas, abreva en otras disciplinas jurídicas y no jurídicas, tales como la Filosofía del Derecho, la Bioética y la Psicología, obteniendo frutos apropiados para desplegar su propio parecer en cuanto a la necesaria utilización de criterios subjetivos, concernientes a la madurez, capacidad natural, aptitudes graduales y competencias, a fin de conceder al niño espacios de actuación que conjuguen la evolución de sus facultades con su participación responsable en la toma de decisiones acerca de su sexualidad y reproducción, en un entorno de protección a su integridad corporal y de respeto por su proyecto de vida, teniendo en cuenta las particularidades del acto de que se trate, la trascendencia de sus efectos y el nivel de comprensión que logre acerca de ellos.

Así, la autora ha partido certeramente de las posturas doctrinales fundamentales, apoyada en un amplio arsenal bibliográfico, en torno a la capacidad jurídica de obrar del niño en sede de derechos inherentes a la personalidad y, de modo muy particular, de su derecho a la integridad en el ámbito de su sexualidad y reproducción, en sus interconexiones con otros bienes personalísimos, para luego realizar una acertada ponderación entre los ámbitos legislativo y jurisprudencial, derivando en la identificación de los principales dilemas ético-jurídicos que caracterizan la praxis cubana en su ejercicio por parte de los menores de edad; sobre estas bases es diseñada una propuesta de protocolo de actuación que toma como puntales tres interrogantes fundamentales: **qué**, para aludir a la decisión o acto específico a intervenir; **quién**, en referencia a las características personales del sujeto titular del derecho y **cómo**, indicativo de las condiciones y circunstancias imprescindibles para ello.

Destaca como cualidad de esta obra la armonización que logra la propuesta de la autora entre los principios de capacidad progresiva, participación e interés superior del niño, fundamentalmente para el ejercicio de sus derechos sexuales y reproductivos, y las funciones representativas parentales y tutelares, definiendo tres niveles diferentes de actuación: actos que podrán ser otorgados por los representantes legales, sustituyendo la voluntad del menor de edad, actos que serían realizados por el propio menor de edad con asistencia de dichos representantes (autodeterminación acompañada) y actos ejecutados personalmente por el niño, luego de la aplicación de un *test* de madurez cognitiva que deberá considerar: la aptitud para entender la información provista, apreciar las condiciones disponibles, decidir racionalmente y, finalmente, comunicar la elección.

Meritoria resulta además la propuesta de reconocer al niño aptitud promocional para someter a valoración judicial la decisión definitiva sobre cuestiones relativas a su sexualidad y reproducción, cuando existan contradicciones con sus representantes legales, perfilando un proceso expedito, con imprescindible intervención del Ministerio Fiscal y de un equipo multidisciplinario que evalúe la situación.

Los méritos de este trabajo, de la exclusiva autoría de Yairis Arencibia Fleitas, coronan una trayectoria que se inició hace aproximadamente tres años, cuando comenzara su formación doctoral, concluida recientemente con todo éxito, precedida de otras investigaciones sobre temas afines que desarrolló con anterioridad, conducentes a la obtención del título académico de máster en Derecho de Familia, a lo que se une su labor cotidiana como profesora de la Disciplina de Derecho Civil y de Familia en la Universidad de Matanzas, sólida infraestructura para profundizar en la teoría, la legislación y la jurisprudencia, tanto nacional como foránea, construyendo sus opiniones propias con solidez y originalidad. Realizó dos estancias de investigación en la Universidad de Valencia, España, que resultaron fundamentales para la obtención de bibliografía, así como para la aplicación de instrumentos propios de las técnicas de investigación empleadas.

Se suman a sus méritos profesionales y clara inteligencia, cualidades humanas de gran valía, que hacen de ella una de esas personas fuertes de espíritu, que luchan por alcanzar sus metas, crecen en cada situación por imprevista que sea, cultivan la amistad y el amor, cosechando el éxito por mérito propio, como persona de bien. Me siento dichosa de haber contribuido a su formación, primero como tutora de su tesis de Maestría y luego en la travesía doctoral, razones que justifican mi compromiso como prologuista, deseando que este libro ilustre, promueva el debate, contribuya a la hermenéutica de las normas aplicables a las difíciles y diversas situaciones que en la práctica pueden presentarse, y sobre todo, que su lectura favorezca la comprensión del verdadero significado de la dignidad humana, esa que alcanza también a los niños, los que saben querer, la esperanza del mundo. No olvidemos que, como apunta Antoine de Saint - Exupery, en *El Principito*, "todas las personas mayores fueron niños alguna vez, aunque pocas lo recuerdan..."

La Habana, 26 de abril de 2020

Dra. **Caridad del Carmen Valdés Díaz**

Profesora Titular de Derecho Civil

Facultad de Derecho, Universidad de La Habana

Ideas introductorias

La cualidad del menor como persona y su posición jurídica como sujeto de derecho constituye uno de los elementos cardinales que han signado el debate jurídico a escala internacional en los últimos 35 años, aunque es justo rememorar que la infancia fue considerada un período válido por sí misma a partir de los esbozos que de ella se realizaron a mediados del siglo XVI -que cobraron fuerzas solo a finales del siglo XVIII- "*...cuando se comienza a establecer una relación de causalidad y posibilidad de supervivencia del niño y los cuidados que se le prodigan*"[1].

Es así, que posturas doctrinales de avanzada han sustentado en la personalidad del niño y en su dignidad humana los cimientos para su estatus personal privilegiado, de lo que se ha hecho eco la jurisprudencia y, afortunada y progresivamente, la legislación en todas las materias jurídicas -a partir de las premisas sentadas en el orden constitucional y privado- niveles jerárquicos y espacios geográficos.

Sin dudas, esta tendencia ha tenido en el orden normativo su elemento descollante en la Convención sobre los Derechos del Niño[2], como uno de los instrumentos internacionales con más abrumadora receptación a escala mundial[3]. Sin embargo, la Convención en sí misma resulta insuficiente si sus postulados no se traducen en pauta obligatoria para toda conducta o actitud

---

1 *Vid.* Ravetllat Ballesté, Isaac. (Coordinador). "Marco Jurídico internacional e interno del derecho de la infancia y la adolescencia" en *Derecho de la Persona (Acogimiento y Adopción, discapacidad e incapacitación, filiación y reproducción asistida, personas mayores, responsabilidad penal de los menores de edad, y otras cuestiones referidas a la persona como sujeto de derecho).* Editorial Bosh S.A., Barcelona, 2011, p. 51.

2 La Convención sobre los Derechos del Niño de 20 de noviembre del año 1989 fue adoptada y abierta a la firma, ratificación y adhesión por la Asamblea General de Naciones Unidas en su Resolución 44/25, de 20 de noviembre de 1989 y entró en vigor en septiembre de 1990, de conformidad con su propio artículo 49. Cuba es país signatario desde el 26 de enero de 1990 y la ratificó en 1991.

3 Téngase en cuenta que, desde su aprobación el 20 de noviembre de 1989, 194 Estados han sido signatarios, lo que representan una indiscutible mayoría en el escenario internacional actual -en tanto tan solo Estados Unidos de Norteamérica no lo ha hecho- pues en fecha relativamente reciente Somalia la ratificó, el 20 de enero de 2015. *Vid.* Madrigal Martínez-Pereda, Consuelo. *Tensión y extensión de los derechos. A propósito de los derechos de los niños.* Discurso leído el día 29 de octubre de 2018 en el acto de su recepción y contestación por Antonio Hernández-Gil Álvarez-Cienfuegos. Real Academia de Jurisprudencia y Legislación, Madrid, 2018, p. 64.

que involucre al niño[4], de modo que el análisis transversaliza todos los espacios públicos o privados en que se desenvuelva su vida.

No obstante, a pesar de los encomiables méritos de la Convención, sus dictados han de ser vertidos en la realidad socio-jurídica para poder hablar de una verdadera transformación del estatuto del niño y su estimación como persona. Es esta una cuestión que Cuba, como país signatario, ha conseguido a nivel de políticas públicas, para lo que ha tomado como eje los derechos fundamentales de los que son titulares los niños cubanos. Lamentablemente, esta virtud resulta truncada en sede de su ejercicio, pues la legislación nacional permanece anquilosada en viejos patrones acerca de su capacidad de hecho -sobre la base del tradicional criterio objetivo de la edad del sujeto- aplicables a todas sus esferas jurídicas, incluso la tocante a sus derechos inherentes a la personalidad.

Precisamente en este ámbito, conectado de modo indisoluble a su esencia como individuo, son valoradas cuestiones relacionadas con la progresión paulatina de las potencialidades del niño, de acuerdo con el grado de madurez alcanzado por él, de manera que tal análisis es conducente a la concesión de márgenes de actuación en la esfera aludida siempre que sea capaz para comprender el alcance y trascendencia de su actuar, por lo que se puede afirmar que su capacidad progresiva lleva implícita y resume en sí misma una trilogía inseparable: libertad, voluntad y responsabilidad.

En esta línea, el derecho a la integridad constituye uno de los más relevantes -con importantes interconexiones con otros bienes de la personalidad como son la vida, la intimidad y la identidad- el que además encuentra en los derechos sexuales y reproductivos una de sus manifestaciones con mayor virtualidad práctica en el actual contexto nacional y mundial; en tanto se verifican, por ejemplo, en la posibilidad de solicitar información sobre su salud sexual o reproductiva, el empleo de los métodos anticonceptivos, el sometimiento a un examen médico de enfermedades de transmisión sexual o en las cuestiones vinculadas a la identidad de género y la orientación sexual.

En este sentido, se sostiene que sus expresiones constituyen un indicativo para presumir madurez y discernimiento y por lo tanto, habilitan al sujeto menor de edad para ejercer en forma personal los derechos sexuales y reproductivos, otorgándole valor en el orden jurídico, dentro de ciertos parámetros, a lo que al respecto el niño ha decidido.

---

4 Entendido según los términos de su propio artículo 1 como "*todo ser humano que no ha cumplido los 18 años de edad*", criterio que además es asumido en este trabajo a los fines de la nomenclatura empleada, como de igual modo se hará referencia al niño, sin distinciones de lenguaje de género que no se avienen a la terminología que deriva de la Convención. Además, se deberá entender que los análisis y propuestas a realizar estarán enfocados en la persona que no ha arribado a un estadío de emancipación jurídica, por cuanto para la normativa cubana el menor de edad emancipado no encuentra límite alguno al ejercicio de sus derechos o realización de actos jurídicos, es decir, que cuenta con plena capacidad de obrar en todos los ámbitos de su esfera jurídica una vez operada la emancipación por matrimonio, por demás, única modalidad reconocida por el ordenamiento jurídico nacional antes de la edad aludida. *Cfr.* Artículo 1 de la Convención sobre los derechos del niño. UNICEF. Comité Español, Madrid, 2006, p. 10 y Artículo 29.1 b) del Código Civil en relación con el artículo 3 del Código de Familia.

Resulta significativa la diversidad de miradas que cobra la sexualidad y reproducción de los niños y justamente esto conduce a la urgencia de traspolar esta trascendental esfera de sus vidas al ámbito de los derechos, los que muy a lamentar no siempre hallan el respaldo y comprensión requeridos, de modo que es posible aseverar que muchas de las cuestiones relacionadas con el ejercicio de los niños de sus derechos sexuales y reproductivos los coloca en situaciones de doble vulnerabilidad, determinadas por las características de la infancia, como fase de su ciclo vital, implícitas en su transcurso hacia la emancipación jurídica y que matizan su propio carácter de ser en formación, expuesto a influencias externas -de responsables legales, docentes, operadores del Derecho, personal sanitario...adultos en sentido general- que, de no ser bien ejercidas, derivan en extralimitaciones e injerencias en la esfera privada del niño que atentan contra su derecho al libre desarrollo de su personalidad.

Así, la autonomía, en el marco de los derechos sexuales y reproductivos, se traduce en la capacidad para tomar decisiones sobre la propia sexualidad y reproducción, sin injerencias, coacción o violencia, en cuya sede las atribuciones que confieren la patria potestad o el ejercicio de la tutela encuentran cortapisa, en tanto derechos personalísimos ejercitables únicamente por su titular.

En este sentido, un amplio sector de la doctrina jurídica[5] se inclina por conceder márgenes más amplios de actuación a estos sujetos, al considerar que

---

5 Al respecto, véase en doctrina española: de Lama Aymá, Alejandra. *La protección de los derechos de la personalidad del menor.* Editorial Tirant lo Blanch, Valencia, 2006; Susin Carrasco, Esther. *Análisis a nivel internacional del derecho de participación de niños, niñas y adolescentes en los procedimientos de familia.* Thomson Rueters Aranzadi, Navarra, 2018; Sánchez Hernández, Carmen. *Capacidad natural e interés del menor maduro como fundamento del libre ejercicio de los derechos de la personalidad. Estudios homenaje a Díez-Picazo,* Tomo I, Madrid, 2003; Ravetllat Ballesté, I. "La capacidad de obrar de la persona menor de edad no emancipado a la luz del Libro II del Código civil de Cataluña (artículos 211-3 y 211-5)" en *Revista InDret,* número 3, 2017 y Santos Morón, María José. *Incapacitados y derechos de la personalidad.* Fundación ONCE-Escuela Libre Editorial, Madrid, 2000. En doctrina argentina: Kemelmajer de Carlucci, Aída, *et al. El principio de autonomía progresiva en el Código Civil y Comercial. Algunas reglas para su aplicación.* Dossier Legislativo. Código Civil y Comercial de la Nación. Responsabilidad parental. Doctrina y jurisprudencia. Dirección de servicios legislativos. Biblioteca del Congreso de Argentina, Buenos Aires, 2017; Salituri Amezcua, María Martina. "¿Quién decide sobre el cuerpo? Notas sobre el ejercicio del derecho a la salud de niños, niñas y adolescentes a la luz del nuevo Código Civil y Comercial. Relaciones entre autonomía progresiva y responsabilidad parental" en *Derecho de Familia,* Número 72, noviembre de 2015, Buenos Aires; Fernández, Silvia Eugenia. "Ejercicio de derechos personalísimos por las personas menores de edad: claves para interpretar el artículo 26 del Código Civil y Comercial de la Nación" en *Revista de Derecho Privado y Comunitario.* Número 63, Volumen I, Año 2016, Santa Fe; Urbina, Paola Alejandra. "El interés superior del niño en un fallo notable" (Nota a fallo de la Cámara Civil y Comercial de Mercedes, Sala II, de 29/09/2015) en *Revista Código Civil y Comercial.* Buenos Aires, abril de 2016; Luft, Marcelo Enrique. "El derecho del niño a ser oído en el Derecho Internacional de los Derechos Humanos y su inclusión en el Código Civil y Comercial. El menor como parte en el proceso" (Nota a fallo de la Cámara de Apelaciones de Trelew, Sala A, de 21/08/201) en *Revista Código Civil y Comercial.* Buenos Aires, marzo de 2016. En la arena doctrinal cubana: Montejo Rivero, Jetzabel. *La capacidad progresiva de adolescentes progenitores solteros para el reconocimiento de hijos y sus efectos. Especial referencia al ejercicio de la patria potestad.* Tesis presentada en opción al grado de Doctora en Ciencias

tratándose de un derecho inherente a su personalidad no puede ser sustraído de su esfera de actuación, sobre la base de los caracteres propios de aquellos. Además, se resalta la importancia de explorar el grado de madurez alcanzado por cada menor, de los condicionamientos externos, así como del supuesto de hecho de que se trate, por cuanto los ámbitos en que se desenvuelve este derecho en concreto pueden ser muy sensibles, de modo que no se trata de una formulación rígida (basada en edades preestablecidas) sino casuística, que permita efectuar valoraciones acerca de los límites admisibles para su actuar jurídico, de acuerdo con los principios de autonomía progresiva y de su interés superior reconocidos por la Convención[6].

La temática en cuestión se torna incluso más compleja en el escenario legal cubano, al carecer de una regulación de los derechos sexuales y reproductivos de los niños, lo que unido a la extrema rigidez y parquedad del sistema de capacidad previsto para tales sujetos en la ley sustantiva civil cubana, convierte en imperativo su reevaluación y sincronización con las más evidentes realidades de la nación cubana en los ámbitos social, familiar, educativo y sanitario, así como con los postulados de la Convención sobre los derechos del niño y de la Declaración Universal de Bioética y Derechos Humanos de la UNESCO[7].

Es imprescindible entonces adoptar en Cuba una nueva visión, a fin de reconocer legalmente el derecho que puede asistirles o no a los menores de edad para manifestar su voluntad, otorgar su consentimiento y tomar, en definitiva, sus propias decisiones en cuestiones relacionadas con sus derechos personalísimos en sentido general y específicamente, de los sexuales y

---

Jurídicas, La Habana, 2016; Álvarez-Tabío Albo, Ana María. "Retos del Derecho de Familia. Autonomía y unidad" en *Revista Cubana de Derecho.* IV Época, Número 47, Enero a junio de 2016. Editorial UNIJURIS; Pérez Ripoll, Alexis, *et. al. "Los derechos reproductivos y sexuales de los adolescentes desde la óptica de la capacidad progresiva" en*Martínez Montenegro, Isnel y Álvarez Torres, Osvaldo Manuel. *Temas contemporáneos de Derecho de Familia.* Editorial UNIJURIS, La Habana, 2017; Roselló Manzano, Rafael. "Comentarios a los artículos del 90 al 92" en Pérez Gallardo, Leonardo B. (Director) *Comentarios al Código Civil cubano. Disposiciones preliminares.* Tomo I, Volumen III, Editorial Universitaria Félix Varela, La Habana, 2014 y Valdés Díaz, Caridad del C "Comentarios al artículo 30", en Pérez Gallardo, L. B. (Coordinador) *Comentarios al Código Civil cubano,* Tomo I, Volumen II. Editorial Félix Varela, La Habana, 2014. En doctrina latinoamericana: Aráuz Enríquez, María José. "La autoridad parental de tránsito hacia la humanización de los derechos de la niñez y la adolescencia, cambio de paradigma" en *Revista latinoamericana de Derechos Humanos.* Número 29, Volumen 1, primer Semestre de 2018; Barcia Lhemann, Rodrigo. "La capacidad extrapatrimonial de los niños y adolescentes conforme a sus condiciones de madurez" en *Revista Ius et praxis.* Año 19, Número 2, 2013; Cillero Bruñol, Miguel "Infancia, autonomía y derechos: una cuestión de principios" en *Minoridad y Familia. Revista Interdisciplinaria sobre la Problemática de la Niñez- Adolescencia y el grupo familiar* número 10, Editorial Delta, Paraná, 1999; Espejo Yaksic, Nicolás y Fabiola Lathrop Gómez. "Identidad de género, relaciones familiares y derechos de niños, niñas y adolescentes. Comentarios al proyecto de ley que reconoce y da protección al derecho a la identidad de género" en *Revista de Derecho Universidad Católica del Norte.* Año 22, número 2, 2015.

6 *Cfr.* Artículos 5 y 3, respectivamente.

7 *Cfr.* Artículos 2, 3, 5 y 7 de la Declaración Universal sobre Bioética y Derechos Humanos 19 de octubre de 2005.

reproductivos, para lo cual se impone la necesidad de configurar un diferente sistema de capacidad para los niños de acuerdo a su capacidad natural[8], teniendo en cuenta las circunstancias de cada caso.

Concretamente esta autora ha enfocado sus estudios sobre la capacidad restringida[9] como categoría jurídica desde una óptica sustantiva con mayor énfasis hacia la interrelación entre las aptitudes progresivas del niño[10] y el ejercicio de la responsabilidad parental[11], por cuanto la delimitación de contornos válidos para su actuación, sobre la base de sus aptitudes de autogobierno adquiridas en función de su edad y madurez, constituye una necesidad apremiante para el ordenamiento civil cubano, máxime en el ámbito de derechos esenciales como la integridad física y en especial los referidos a su sexualidad y aptitudes reproductivas.

---

8 Esta capacidad natural, también denominada anticipada y asociada al desarrollo de competencias específicas en el menor de edad, como es el supuesto del ejercicio por parte del niño de sus derechos sexuales y reproductivos, tiene sus raíces en el ámbito de la Bioética, ciencia que ha realizado importantes aportes a través del estudio de los dilemas éticos que surgen en torno a la participación y la toma de decisiones en casos relacionados con estos derechos y otros relacionados con la integridad física del individuo. Al respecto, *Vid.* Kemelmajer De Carlucci, Aida. "El derecho del niño a su propio cuerpo" en Bergel, Salvador D. y Nelly Minyersky. *Bioética y Derecho.* Rubinzal Culzoni, Buenos Aires, 2003, p. 115.

9 Según la denominación empleada en el Código Civil cubano vigente en Cuba. *Cfr.* Artículo 30, inciso a).

10 Se debe aclarar que este trabajo estudia al niño con plenas aptitudes mentales según su grado de madurez, por cuanto existen enfermedades o situaciones de discapacidad mentales de origen congénito o sobrevenidas que pudieran afectar su desenvolvimiento y proyección social y trascienden, lógicamente, al ámbito jurídico, por lo que funcionarían como una causa "accesoria" para situarlo -al mismo tiempo que la edad- en una posición desventajosa para el ejercicio de su capacidad de hecho. *Cfr.* Convención sobre los derechos de las personas con discapacidad, artículo 1, segundo párrafo y 23 de la Convención sobre los derechos del niño.

11 *Vid.* Arencibia Fleitas, Yairis. "El concurso de acreedores como causa limitativa de la capacidad de obrar. Implicaciones familiares y personales" en *Revista Critica de Derecho Privado,* Número 12, Volumen I, Año 2015, La Ley, Uruguay, pp. 53-86; Arencibia Fleitas, Yairis. "Menores de edad y capacidad restringida en Cuba. Especial referencia al ámbito notarial" en *Revista Critica de Derecho Privado,* Número 14, Año 2017, La Ley, Uruguay, pp. 1075-1104; Arencibia Fleitas, Yairis y Anmy Ojeda Castillo. "Adulto mayor, demencia y capacidad jurídica en Cuba: ¿términos antagónicos?" en *Una mirada en clave jurídica al envejecimiento poblacional en Cuba.* Delgado Vergara, Teresa y Joanna Pereira Pérez (Coordinadoras). Editorial UNIJURIS, Unión Nacional de Juristas de Cuba, La Habana, 2017, pp. 37-54; Arencibia Fleitas, Yairis. "El menor de edad como persona: una visión iusfilosófica y teórico-jurídica contemporánea en el ámbito de sus derechos sexuales y reproductivos" en *Revista Critica de Derecho Privado,* Número 15, Año 2018, La Ley, Uruguay, pp. 915-974, Arencibia Fleitas, Yairis. "Autonomía, sexualidad y reproducción de los adolescentes en Cuba desde una óptica socio-jurídica" en *Revista de Derecho de Familia y de las Personas,* Año X, número 137, marzo de 2019, Thompson Reuters-La Ley, pp. 1-16 y Arencibia Fleitas, Yairis. "Sexualidad y reproducción de niñas, niños y adolescentes en Cuba: por el camino de los derechos" en *Revista Critica de Derecho Privado,* Número 16, Año 2019, La Ley, Uruguay, pp. 1075-1104.

Así, fue posible diseñar las pautas mínimas indispensables para que su actuación en estos ámbitos pueda ser considerada segura y responsable, a través de la modulación de los deberes derivados del ejercicio de la patria potestad y la tutela, en pos de hallar espacios válidos de intervención para cada uno de dichos sujetos de acuerdo con las circunstancias propias del caso; en evitación de posibles interferencias entre el niño, sus representantes legales o terceros con los que se relaciona en su desenvolvimiento social, familiar, escolar o laboral, siempre con un enfoque desde sus derechos, según sus manifestaciones empíricas.

La temática es de considerable valía y actualidad, toda vez que, tomando como punto de partida una realidad problémica de la sociedad cubana actual, examina los contornos admisibles dentro de los cuales las decisiones del niño habrán de ser tomadas en cuenta, al proponer una mirada novedosa a su capacidad jurídica y sus competencias de acuerdo con los postulados de la Convención y ajustadas al contexto nacional.

Resaltan asimismo los fundamentos que desde disciplinas ajenas al Derecho son aplicados a los fines de otorgar sustento científico a la problemática tratada, en pos de que el desarrollo evolutivo del niño sea tomado en consideración e incorporado como elemento preponderante en la valoración acerca de sus aptitudes para ejercer su derecho personalísimo a la integridad corporal en el ámbito sexual y reproductivo, como realce de su condición de persona, su dignidad humana y su derecho a diseñar su propio proyecto de vida.

Resulta notable, así, la aplicabilidad práctica de las propuestas de la autora, al precisar cuestiones que desbordan la clásica noción de incapacidad asociada al niño en el ejercicio de sus derechos y expresarlas en su capacidad natural para tomar decisiones respecto a sus aptitudes reproductivas, su conducta u orientación sexual y su identidad de género, todo ello en su trascendencia hacia las relaciones jurídicas en el contexto médico-paciente, de la familia, en el ámbito registral del estado civil, privado y en sus vínculos con terceros.

Capítulo I.

El menor de edad como persona desde una visión teórico-jurídica

I.1. Persona y minoridad desde la perspectiva jurídica y bioética: confluencia de ciencia y saber

Adentrarse en el análisis de la cualidad del menor como persona y su posición jurídica como sujeto de derecho supone, en principio, un camino de ida y vuelta de la Filosofía al Derecho como ciencias en necesaria simbiosis para analizar un fenómeno que ha adquirido particular relevancia en los últimos años, pero que no por ello ha sido ajeno a épocas más alejadas en el tiempo.

Así, el camino a recorrer deberá partir de consideraciones formuladas desde dos perspectivas fundamentales: la primera, desarrollada en el ámbito subjetivo, referidas a la teoría general que analiza al menor en su esencia como persona, con existencia independiente y autónoma -las que deberán discurrir además, inexorablemente, por los senderos trazados por los avances científicos y de manera más específica alrededor de los criterios formulados en torno al desarrollo bio-psico-neurológico del niño en función de su edad- y la segunda, vinculada a la dimensión moral, a través del debate que contrapone su protección como individuo y la promoción de su autonomía como sujeto de derecho en el plano jurídico personal, familiar y sanitario.

I.1.1. La persona menor de edad en la contemporaneidad. Bioética y Derecho en la construcción de un concepto

En el lenguaje ordinario los términos persona y ser humano son usados indistintamente como sinónimos[1]. El concepto filosófico de persona, el cual en otros tiempos jugó un papel fundamental en el desarrollo de la teología, en la actualidad tiene un protagonismo igualmente determinante tanto en la comprensión de ser humano como en los más importantes debates modernos sobre ética, política y Derecho. Apunta Hernández Gil que "no es

---

1 *Vid.* Culleton, Alfredo. "Tres aportes al concepto de persona: Boecio (substancia), Ricardo de San Víctor (existencia) y Escoto (incomunicabilidad)" en *Revista Española de Filosofía Medieval*, Número 17, Año 2010, p. 59.

posible construir una teoría exclusivamente jurídica de la persona, esto es, desentendida de lo que la persona misma presupone"[2].

En este sentido, resulta de particular importancia en el ámbito de la discusión Bioética actual, el retorno hacia las formulaciones originarias tomistas del concepto. No puede olvidarse que la noción de persona ha sido teorizada desde la filosofía occidental, precisamente, con la finalidad de caracterizar al ser humano y de justificar su centralidad axiológico-normativa. Reconocer el estatuto de persona del ser humano significa decir algo "más" sobre la mera revelación empírica de la humanidad biológica del ser.

A partir de la filosofía tomista es posible explicar la coincidencia entre "ser humano y ser persona". Así pues, esto es sólo posible en el interior de una prospectiva ontológica y sustancialista que recupere el significado originario tomista del concepto: "La persona es la sustancia (subsistente) individual de naturaleza racional". Se trata aquí de una definición enfocada en el concepto de "sustancia" (que indica que subsiste en sí, que por sí misma no se extiende a otros) refiriéndose al individuo, concretamente, que por "naturaleza" (ontológicamente hablando) está caracterizado por la racionalidad. En este sentido, las funciones, los actos, las propiedades del ser humano no existen en sí, sino que existen como funciones, actividades y propiedades accidentales "de" un individuo humano, que es el referente unitario y permanente, la condición ontológica real. Esta es la definición que permite explicar la "unidad" (espacio) y la permanencia (tiempo) de la identidad del ser humano[3].

Si se toma como punto de partida esta comprensión de la persona en sí, es posible entonces profundizar en la concepción jurídica[4] y en esta línea teórica,

---

2 *Vid.* HERNÁNDEZ GIL, Antonio, citado por RAMOS CHAPARRO, Enrique. *La persona y su capacidad civil.* Editorial Tecnos, Madrid, 1995, p. 115. Señala RAMOS CHAPARRO que de ahí la tradicional distinción de los tres sentidos atribuidos al concepto: vulgar, filosófico y jurídico, y en tal sentido se pueden apuntar entre las voces cimeras que han seguido esta línea: SÁNCHEZ ROMÁN, Felipe. *Estudios de Derecho Civil.* Tipográfico Sucesores de Rivadeneyra, Madrid, 1911, p. 113; FERRARA, Francesco. *Teoría de las personas jurídicas.* Editorial Reus, Madrid, 1929, p. 318 y CASTÁN TOBEÑAS, José. *Derecho Civil, común y foral.* 14ta edición, Tomo I, Volumen II, Editorial Reus, Madrid, 2005, pp. 114-115.

3 *Vid.* VELÁZQUEZ GONZÁLEZ, Lourdes. "El concepto de persona. Un debate actual en bioética, considerado a la luz de algunas reflexiones del pensamiento tomista tradicional". *Revista Etbio.* Año 1, número 1, 2011. Colegio de Profesionistas Posgraduados en Bioética de México D.C., pp. 103-104, al unísono con las reflexiones kantianas al apuntar que solo el hombre tiene un fin en sí mismo, como valor absoluto; el resto, las cosas, la naturaleza, el mundo exterior al hombre, poseen un valor relativo como medios. *Vid.* GHERSI, *cit. pos.* VALDÉS DÍAZ, Caridad del C. "La capacidad jurídica y el ejercicio de la capacidad" en *Revista Justicia y Derecho.* Año 9, Número 16, junio de 2011, p. 13 y en igual sentido, ANDORNO, Roberto. *Bioética y dignidad de la persona.* Editorial Tecnos, Segunda edición, Madrid, 2012, p. 96 y JAIMEZ, Sonia Soledad y Angelina Guillermina MEZA. "Derechos civiles y políticos" en Alonso Regueira, Enrique M. (Director). *La Convención Americana de Derechos Humanos y su proyección en el Derecho argentino.* Editorial La Ley, Buenos Aires, 2012, pp. 26 y 27.

4 En lo concerniente a la interrelación entre los conceptos filosófico y jurídico de persona RAMOS CHAPARRO apunta que el concepto jurídico, aunque no defina a la persona por sus caracteres ontológicos esenciales, sino en relación con las categorías jurídicas de *status*, derecho subjetivo, capacidad, etc., ha alcanzado una validez y autonomía científica

la formulación que aportan Díez-Picazo y Gullón[5] resulta fundamental, al señalar que desde el punto de vista jurídico ha de sostenerse que todo ser humano es persona, argumentando además que la personalidad no constituye una mera cualidad reconocida por el Derecho a la persona, sino más bien resulta una exigencia de su naturaleza y dignidad humanas[6], en función de las cuales y de sus atributos, debe girar todo el entramado de normas legales; posición coincidente con la de Blasco Gascó al señalar que el ordenamiento jurídico debe estar presidido por el respeto a la dignidad de la persona[7].

En este sentido, sostiene Valdés Díaz que la acepción jurídica de persona define a todo ser capaz de derechos y obligaciones[8] y actualmente, superado

---

que le convierten en una estructura teórica consagrada, cuyo núcleo se perfecciona o complementa con las aportaciones del concepto filosófico. De ahí la necesidad de ponerlos en contacto. No obstante, retoma esta relación transdisciplinar, haciendo referencia a polémicas en torno a temas actuales que tienen relación con el valor institucional de la persona: transexualidad, filiación artificial, aborto eugenésico, esterilización de personas con discapacidad mental, etc., en los que la ciencia jurídica se ve desbordada por la consideración y motivos extrajurídicos principalmente ideológicos y políticos, demostrándose, una vez más, la permeabilidad del derecho de la persona respecto de las consideraciones ético-sociales y del modelo de ser humano. *Vid.* Ramos Chaparro, E., *cit.*, pp. 118-119.

5 *Vid.* Díez-Picazo, Luis y Antonio Gullón Ballesteros. *Instituciones de Derecho Civil.* Volumen I. Introducción y parte general. Editorial Tecnos, Madrid, 1998, p. 125 y Aparisi, Ángela. "Conceptos jurídicos fundamentales" en *Introducción a la Teoría del Derecho.* Colectivo de Autores. Editorial Félix Varela, La Habana, 2006, p. 202.

6 En este sentido es importante destacar que la dignidad humana indicada -y a la que se hace referencia en este trabajo- hace referencia a la dignidad intrínseca, en tanto valor humano que poseen todas las personas en virtud de su mera condición humana, sin que ninguna cualidad adicional sea exigible. Se trata de un valor que se encuentra indisolublemente ligado al propio ser de la persona y por ello es el mismo para todos y no admite grados. Por su parte, la dignidad ética de la persona hace referencia no a su ser, sino a su obrar. Se trata de una dignidad dinámica, construida por cada persona a través del ejercicio de su libertad y alcanzada por el ser humano cuando su conducta está orientada a la realización del bien, a través de lo cual se hace a sí mismo mayormente digno. Al respecto, *Vid.* Andorno, R. *Cit.*, p. 73 y Madrigal Martínez-Pereda, C. *Cit.*, p. 44.

7 *Vid.* Blasco Gascó, Francisco. (Coordinador). *Derecho civil. Parte general. Derecho de la persona.* 4ta edición. Editorial Tirant lo Blanch, Valencia, 2003, p. 32, Pérez Fuentes, Gisela María y Karla Cantoral Domínguez. *Daño moral y derechos de la personalidad del menor.* Editorial Tirant lo Blanch, México D.F., 2015, pp. 13 y 14, Valdés Díaz, Caridad del C. "Comentarios al artículo 24" en Pérez Gallardo, L. B. (Coordinador). *Comentarios al Código Civil cubano. Disposiciones preliminares.* Tomo I, Volumen I, Editorial Félix Varela, La Habana, 2013, p. 370, Rogel Vide, Carlos e Isabel Espín Alba. *Derecho de la persona.* Editorial Reus, Madrid, 2008, p. 9, quienes consideran a la persona como la base y centro del Derecho Civil, en sincronía con la postura de De Castro y de Castán. *Vid.* De Castro, Federico. *Derecho Civil de España. (Parte General).* Editorial Civitas, Tomo I, Madrid, 1984, pp. 147-150 y Castán Tobeñas, José. "Los derechos de la personalidad". *Revista General de legislación y jurisprudencia.* 2a época. Tomo XXIV, España, 1952, pp. 12-14.

8 Conceptualización que comprende tanto al hombre en tanto ser humano jurídicamente considerado -denominado persona natural o individual como a entidades que actúan en el tráfico jurídico con intereses económicos o sociales reconocidos por la voluntad estatal. *Vid.* Valdés Díaz, Caridad del C. (Coordinadora). *Compendio de Derecho Civil.* Editorial

el régimen esclavista, se identifica el concepto de persona individual con el de ser humano, como ente sustantivo del derecho objetivo.

La concepción *ius* filosófica de persona, según la percepción moderna se revela, al decir de FERNÁNDEZ SESSAREGO, como creadora, destinataria y protagonista del derecho y se exterioriza como manifestación de su condición de persona libre, capaz de realizarse como tal y convertir en acto sus decisiones a través de su inherente capacidad de goce[9].

La menor edad ha sido considerada como un estado jurídico diferenciado, con características propias, pero al mismo tiempo, integrada en la noción general del término persona. Apunta MONTEJO RIVERO[10] que la situación jurídica del menor queda amparada en orden a su estado civil con el consiguiente establecimiento de una edad, que distingue a las personas en menores y mayores, lo cual si bien es técnicamente cierto y útil a los fines de su individualización, si se alude a su esencia prístina y conceptualización, se traduce en la imposibilidad de distinguirlas, más que en aspectos relativos al momento cronológico por el que transcurre la persona hasta alcanzar la mayoría de edad, con las consecuencias natural y jurídicamente aparejadas a ello.

Así, una conceptualización de la persona menor de edad de cara a la realidad jurídica moderna, debería definirla como el ser humano que bio-psicológicamente no ha arribado a un estadío de plena emancipación jurídica, titular de capacidad y personalidad jurídicas y consecuentemente, de derechos inherentes e inalienables que lo colocan en una posición de sujeto activo frente a la colectividad, cuyo ejercicio autónomo viene determinado por la cualidad de aquellos y por su carácter de sujeto con aptitudes psíquicas en evolución que le conceden un *status* jurídico especialmente tutelado por el ordenamiento jurídico a través del reconocimiento de la progresión natural de sus competencias -y al mismo tiempo de correlativas medidas de complemento de su capacidad de obrar- como expresión de su dignidad humana.

En resumen, cabe retomar la noción general aportada por RAMOS CHAPARRO que define a la persona como elemento central de un eje jurídico autónomo y específico que la contempla como realidad natural, señalando sus límites jurídicos temporales o de existencia, marcados por los hechos jurídicos del

---

Félix Varela, La Habana, 2004, pp. 145, 146, 148 y 149. En igual sentido se pronuncian también FERNÁNDEZ BULTÉ, Julio. *Teoría del Estado y del Derecho. Teoría del Derecho.* Segunda parte. Editorial Félix Varela, La Habana, 2004, pp. 137 y 139, HUNG HIL, Freddy Andrés. "La persona en el ámbito del Derecho Civil" en PÉREZ GALLARDO, Leonardo B. (Coordinador). *El Código Civil cubano de 1987: veinticinco años después. Libro homenaje al profesor Dr. Tirso A. Clemente Díaz.* Editorial UNIJURIS, Unión Nacional de Juristas de Cuba, La Habana, 2014, p. 42 y PÉREZ ECHEMENDÍA, Marzio Luis y José Luis ARZOLA FERNÁNDEZ. *Expresiones y términos jurídicos.* Editorial Oriente, Santiago de Cuba, 2009, p. 203.

9 *Vid.* FERNÁNDEZ SESSAREGO, Carlos. ¿Qué es ser persona para el derecho? en: *Derecho Privado. Libro en Homenaje a Alberto J. Bueres.* Editorial Hammurabi, Buenos Aires, 2001, p. 8.

10 *Vid.* MONTEJO RIVERO, Jetzabel. *La capacidad progresiva de adolescentes progenitores... Cit.*, p. 12.

nacimiento y la muerte, con sus consecuencias generales: la capacidad jurídica[11] y su extinción; así como los límites jurídicos materiales o de actuación: la capacidad de obrar derivados del grado de autogobierno personal, bien sea determinado por sí solo, o bien determinado mediante datos objetivos como la edad-emancipación y la enfermedad-incapacitación, a los que sería preferible dejar de considerar estados, para centrar este núcleo de materia jurídica en la sola consideración natural o biopsicológica de la personalidad humana[12].

I.2. FACTORES BIO-PSICO-NEUROLÓGICOS ASOCIADOS AL DESPLIEGUE PROGRESIVO DE LAS POTENCIALIDADES DEL NIÑO Y DEL ADOLESCENTE

I.2.1. EDAD Y MADUREZ: ¿DIRECTAMENTE PROPORCIONALES? ACERCAMIENTO Y DELIMITACIÓN CONCEPTUAL. LOS DISTINTOS TIPOS DE EDAD

Si se sigue la lógica antes señalada, la edad -si bien trae aparejadas situaciones jurídicas diversas- no constituye siempre el único elemento definitorio de la aptitud natural y las condiciones psicológicas del niño, suficientes para actuar por sí válidamente, lo que conduce a la dimensión de las valoraciones en torno a su madurez y competencia[13].

En sede de tratamiento y estudio de poblaciones en edades tempranas, los términos capacidad y competencia vienen aparejados al análisis de la edad como fenómeno, más que como concepto en sí. Para la sociedad moderna, la edad constituye uno de los tres elementos que conforman el núcleo más estrecho de la identidad personal, junto con el sexo y el nombre. La categoría edad ha sido desplegada básicamente por las ciencias de la conducta, derivando en un abanico de edades o etapas del desarrollo humano, cada una de ellas caracterizada por un conjunto de rasgos compartidos por el grupo de individuos situados en los rangos etarios asignados a la etapa de la cual se trate: niñez, adolescencia, juventud, etc.

Para intentar definir el término edad constituye un buen punto de partida la conceptualización ofrecida por Guillermo CABANELLAS DE TORRES, que

11 Que a su vez condiciona una característica fundamental: la aptitud para la titularidad de derechos de carácter inviolable, cuyos objetos resumen en sí mismos los valores intrínsecos de la personalidad tanto en el ámbito corporal -vida, integridad física, salud, etc.- como espiritual -nombre, libertad en todos sus aspectos, integridad moral, honor, intimidad, propia imagen-.

12 *Vid.* RAMOS CHAPARRO, E. *Cit.*, p. 161.

13 Precisamente, la Real Academia define el término "competencia" como "*pericia, aptitud, idoneidad para hacer algo o intervenir en un asunto determinado.*" *Vid. Diccionario del español jurídico.* Real Academia Española y Consejo General del Poder Judicial, Editorial Espasa, Madrid, 2016, p. 223. Con este término se ha definido un conjunto complejo de conductas construidas sobre la base de conocimientos, habilidades y aptitudes, y que conforman una destreza personal. Estas conductas están orientadas hacia un complejo integrado de objetivos relacionados, y debe ser medible. *Vid.* CARRACCIO, Carol, *et al. Shifting paradigms: from Flexner to competencies,* citado por RODRÍGUEZ DEL POZO, Pablo. *La Bioética y el arte de elegir.* Blanco Mercadé, Antonio y María Pilar Núñez Cubero (Editores). Asociación de Bioética Fundamental y Clínica. Segunda edición, Madrid, 2014, p. 159.

refiere entre sus acepciones la "dimensión temporal de la vida de un ser, contada desde el instante de su concepción hasta el momento actual u otro determinado"[14].

El concepto antes enunciado subsume la denominada edad cronológica, que explica cómo el sujeto transcurre por una serie de estadios de crecimiento y desarrollo que implican un grado creciente de maduración y que a su vez determinan la existencia de diferencias individuales en el ritmo con que este proceso ocurre, que pueden observarse durante toda la etapa de la niñez, pero que son particularmente notorias en la adolescencia, en la que pueden existir grandes diferencias entre niños de igual edad cronológica.

Esto conduce a otro concepto estrechamente vinculado al anterior, pues al margen de la edad cronológica de un individuo, existe una edad biológica o de desarrollo que expresa el nivel de madurez alcanzado. Cada niño tiene un ritmo propio de maduración que está determinado genéticamente y que Franz BOAS denominó como *Tempo de Crecimiento*[15], el que constituye una especie de reloj biológico que a veces va acelerado, otras va lentamente y también puede marchar a una velocidad promedio. De este modo, podremos encontrar niños que son maduradores tempranos, otros que son maduradores promedio y otros que son maduradores tardíos.

De modo paralelo, los autores refieren la existencia de una edad psicológica, referida a las capacidades adaptativas del individuo, en relación directa con aspectos relativos a la memoria, el aprendizaje, la inteligencia, las destrezas, los sentimientos, la motivación y las emociones. La edad psicológica se presenta entonces ineludiblemente vinculada a la edad funcional, que define el nivel de capacidad que posee el individuo relativo a otros de su misma edad para el funcionamiento dentro de la sociedad[16].

Por último, se señala además la existencia de otros tipos de edad, dentro de los cuales se inscribe la edad social, referida a los hábitos sociales y roles de los individuos relativos a las expectativas de la sociedad, que incluye tanto manifestaciones observables, como puede ser la forma de vestir, como actitudes respecto a asuntos concretos[17] y la edad legal, referida al momento

---

14 *Vid.* CABANELLAS DE TORRES, Guillermo. *Diccionario jurídico elemental.* Editorial Heliasta, Buenos Aires, 2006, p. 170.

15 Franz BOAS, antropólogo estadounidense de origen judío alemán. Ha sido considerado como el padre de la antropología norteamericana. El tempo de crecimiento alude a un fenómeno que resumidamente exponía que aunque se puede hablar de una curva de crecimiento y desarrollo de todo el cuerpo y de sus órganos, con valores característicos para cada momento de la vida, en el conjunto de los individuos que componen un grupo social, no todos ellos pasan a través de esos estadíos de desarrollo con igual rapidez, concediendo especial significación a las influencias que en el proceso global de crecimiento ejercían los mecanismos de maduración celular asociados a la madurez sexual. *Vid.* VALDÉS GÁZQUEZ, María. *El pensamiento antropológico de Franz Boas.* Publicacions d´Antropologia Cultural. Universitat Autonòma de Barcelona, Barcelona, 2006, p. 73.

16 *Vid.* MONTALVO TORO, Jessica. "La vejez y el envejecimiento desde la perspectiva de la síntesis experimental del comportamiento" en *Revista latinoamericana de Psicología.* Volumen 29, Número 3, Fundación Universitaria Konrad Lorenz, Bogotá, 1997, p. 463.

17 *Vid. Ídem*, p. 463.

específico, determinante de límites mínimos o máximos -de edad cronológica- establecidos por una norma jurídica sancionada por el Estado para el ejercicio, adquisición o extinción de derechos, relaciones o situaciones jurídicas.

Si bien existen y se pueden distinguir distintos tipos de edades de los individuos, no se pueden perder de vista sus estrechos vínculos con la madurez, entendida como la capacidad para asumir las convenciones sociales desde una elaboración autónoma de los principios morales, resaltando ya desde su mera conceptualización su ligamen con la autonomía[18].

Esencialmente, se trata entonces del tránsito que debe ocurrir de la minoría de edad moral a la autonomía moral, que implica el conocimiento de las normas que le son impuestas por el medio en que se desenvuelven, -ya sea socialmente o en un ámbito más estrecho como el familiar- y como parte de un proceso de apreciación e interiorización, le incorporan criterios personales al respecto, lo que determina la toma de decisiones no solo en función de lo aprendido, sino de lo elegido.

No obstante, la existencia de diferentes ritmos de maduración condiciona diferencias transitorias en el físico y también en la capacidad mental e influyen de manera significativa en el desarrollo emocional y la adaptación social de los individuos. Es por esto que existe una tendencia relativamente reciente a valorar la madurez con independencia de la edad, lo que toma como punto de partida el razonamiento de que la capacidad para decidir en la casi totalidad de los casos es anterior al cumplimiento de la edad legal establecida para ello, afirmación cuyo fundamento se encuentra en ciencias extrajurídicas, fundamentalmente en la Psicología.

I.2.2. Criterios científicos en torno a la autonomía de los adolescentes

En primer orden, es preciso delinear la lógica que justifica el actual análisis. Si bien la pretensión del actual estudio es vertebralmente jurídica, en ocasiones ciertos ejes que el Derecho debe regular desbordan su ámbito propio de estudio y le impone buscar en ciencias extrajurídicas el auxilio necesario para conseguir una comprensión a cabalidad del fenómeno que pretende regular.

Es esto justamente lo que ocurre cuando se persigue profundizar en la capacidad jurídica no como institución estática, sino en todo el dinamismo

---

18 Resulta importante destacar que en este trabajo se pretende enfatizar fundamentalmente en la madurez y la autonomía desde un prisma psicológico y legal respectivamente, en tanto en el ámbito de las ciencias médicas resulta un tema de vital preocupación la madurez biológica del individuo, la cual no es experimentada por todos de igual manera, resultando en tal sentido difícil encontrar un método que pueda evaluar el grado de madurez general alcanzado por el individuo, pues esta ocurre en todos los órganos y sistemas y no es uniforme a todos ellos. Por otra parte, los eventos que se utilizan para esta valoración deben tener la característica de que ocurran en todos los individuos normales durante su etapa de crecimiento. A partir de estas premisas, se utilizan diferentes formas para evaluar el grado de madurez biológica; así se habla de la edad del esqueleto, de la edad dental y de la edad morfológica. De igual modo, la valoración del desarrollo sexual se considera también un procedimiento útil para evaluar el nivel de maduración alcanzado por el individuo.

que encierra sobre todo cuando el sujeto que la detenta es un niño. Entonces, comprender los fundamentos científicos que explican cómo evolucionan sus aptitudes bio-psico-neurológicas no rebasa un propósito jurídico, sino que le concede el sostén para la comprensión de su carácter gradual.

Hacia el interior de la niñez se debe distinguir la adolescencia como etapa descollante en lo que respecta a la progresión y desarrollo de las aptitudes cognitivas y volitivas, las que determinan la creciente inquietud del adolescente a explorarse a sí mismo y a su entorno, advertida por MANSILLA[19]. A fin de delimitar esta fase del desarrollo humano, se ha procurado fijar el marco de edades que comprende, pretensión que ha constituido tradicionalmente un tema espinoso debido, fundamentalmente, al hecho de que durante dicha etapa del desarrollo vital resulta de mucha más relevancia la edad psicológica que la cronológica.

Sin embargo, de acuerdo a los conceptos convencionalmente aceptados por la Organización Mundial de la Salud y en consideración de un amplio sector de los autores consultados[20], esta etapa transcurre entre los 10 años de edad y finaliza en torno a los 19-20 años, fase en la que se producen cambios en lo biológico, sexual, social y psicológico, tanto en lo emocional como en lo intelectual.

En resumen, sin pretender sentar un criterio, pero sí en aras de homogenizar de algún modo la gran diversidad de criterios al respecto, se puede asumir el inicio de esta etapa alrededor de los 10 años de edad y su fin en torno a los 20 años, cuando la adolescencia tardía[21]coincide con la fase juvenil y comienza la adultez.

---

19 *Vid.* MANSILLA, María Eugenia. "Etapas del desarrollo humano" en *Revista de investigación en Psicología*. Volumen 3, Número 2, Barcelona, 2002, p. 112.

20 *Vid.* MARTÍN RUIZ, Juan Francisco. "Los factores definitorios de los grandes grupos de edad de la población: tipos, subgrupos y umbrales" en *Scripta Nova. Revista electrónica de Geografía y Ciencias Sociales*. Volumen IX, Número 190, Universidad de Barcelona, 2005, p. 10; SILVA DIVERIO, Irene. (Coordinadora). *La adolescencia y su interrelación con el entorno*. Instituto de la Juventud, Madrid, 2016, p. 11; KRAUSKOPF, Dina. "Los marcadores de juventud: la complejidad de las edades". *Revista Última Década*. Número 42, Proyecto Juventudes, Madrid, 2015, p. 5; COLECTIVO DE AUTORES. *Manual de prácticas clínicas… cit.*, p. 16; AWNAPARA FLORES, Shereen y Mónica VALDIVIESO VARGAS-MACHUCA. "Características bio-psicosociales del adolescente". *Revista de odontología pediátrica*. Volumen 2, Número 12, Madrid, 2013, p. 119; CORREDOR SARMIENTO, Giovanny, Carmen Elena VARGAS HENAO y Alonso GONZÁLEZ RICO. *Los derechos sexuales y reproductivos de los niños, niñas y adolescentes desde la óptica constitucional*. Universidad Cooperativa de Colombia, Villavicencio-Meta, 2016, p. 47, ALVARADO THIMEOS, Julia. "Educación sexual preventiva en adolescentes" en *Contextos*, Número 29, año 2013, p. 25 y CALERO YERA, Esmeralda, Sandra RODRÍGUEZ ROURA y Aniocha TRUMBULL JORLEN. "Abordaje de la sexualidad en la adolescencia" en *Humanidades* Médicas, Número 17, Volumen 3, año 2017, p. 579. Como colofón se puede citar además el Informe sobre el estado mundial de la infancia de la UNICEF del año 2011. *La adolescencia. Una época de oportunidades,* que fija este como el rango de edad más aceptado en conjugación de todos los ámbitos que involucra, sentando un criterio de homogenización.

21 Se distinguen dentro del periodo de la adolescencia tres fases por las que transcurre, cada una con notas muy características que definen al adolescente e inciden en su proyección como ser social, por cuanto pudieran tomarse al mismo tiempo como referente primario

IZCO MONTOYA[22]señala que asomarse al mundo adolescente es entrar en un terreno de diversidad en el que sólo es posible estudiar patrones generales. Cada adolescente es, en definitiva, una adolescencia y las formas en que cada uno lleva a cabo la transición a la vida adulta son, en consecuencia, muy diversas. Indudablemente, los elementos expuestos dificultan la sistematización de pautas generales para un estudio de este tipo, pero al mismo tiempo, confirman la conveniencia de no tomar a los adolescentes como todo un gran segmento homogéneo, ya que aglutina dentro de sí a personas muy distintas.

Recientes descubrimientos científicos en el campo de la neurología respaldan las ideas anteriores, en tanto han demostrado que durante la segunda década de la vida se producen importantes avance en el control cognitivo y en la habilidad de inhibición de emociones y conductas, con la consiguiente disminución de la impulsividad de la adolescencia temprana[23]. Gracias a ello, las respuestas del adolescente se sustentan cada vez más en la autorregulación conductual, lo que hará sus funciones cerebrales ejecutivas más eficaces[24].

Sin embargo, no se puede afirmar que los procesos descritos ocurran en todos los sujetos de manera análoga, pues estudios realizados sugieren cierta inmadurez de algunas estructuras cerebrales que inciden en tareas de control inhibitorio y pueden comprometer parcialmente la capacidad de

---

en la valoración del grado de madurez alcanzado: 1. Adolescencia temprana: Inicia en la pubertad (entre los 10 y 13 años), se presentan los primeros cambios físicos, e inicia el proceso de maduración psicológica, pasando del pensamiento concreto al pensamiento abstracto, el adolescente trata de crear sus propios criterios. 2. Adolescencia intermedia: Inicia entre los 14 y 15 años. En este periodo se consigue un cierto grado de adaptación y aceptación de sí mismo, se tiene un parcial conocimiento y percepción en cuanto a su potencial, la integración de su grupo le da cierta seguridad y satisfacciones al establecer amistades, empieza a adaptarse a otros adolescentes, integra grupos. 3. Adolescencia tardía: Inicia entre los 16 y 18 años. En esta etapa se disminuye la velocidad de crecimiento y empieza a recuperar la armonía en la proporción de los diferentes segmentos corporales; estos cambios van dando seguridad y ayudan a superar su crisis de identidad, se empieza a tener más control de las emociones, tiene más independencia y autonomía. *Vid.* MÉRIDA, Salvador. "Capacidad y madurez del menor: una visión desde la ciencia. Aproximación crítica a la teoría del menor maduro" en Bellver Capella, Vicente (Editor). *Bioética y cuidados de enfermería. Volumen 2: Los desafíos de la práctica.* Consejo de Enfermería de la Comunidad Valenciana, Valencia, 2013, 133.

22 *Vid.* IZCO MONTOYA, Elena. *Los adolescentes en la planificación de medios. Segmentación y conocimiento del target.* Instituto de la Juventud, Madrid, 2007, pp. 67-68.

23 *Vid.* MÉRIDA, S. *Cit.*, p. 138.

24 Señalan STELZER, CERVIGNI y MARTINO que las funciones ejecutivas constituyen un controvertido constructo, bajo el cual se han agrupado diferentes procesos cognitivos, asociadas al control consciente del pensamiento, comportamiento y afectividad, que comprenden, entre otros: la memoria de trabajo, el control atencional, el control inhibitorio y la toma de decisiones. Gran parte de aquellos comienzan su desarrollo en la infancia y culminan a fines de la adolescencia. *Vid.* STELZER, Florencia, Mauricio Alejandro CERVIGNI y Pablo MARTINO. "Bases neurales del desarrollo de las funciones ejecutivas durante la infancia y adolescencia. Una revisión" en *Revista Chilena de Neuropsicología.* Volumen 5, Número 3. Universidad de La Frontera, Temuco, 2010, pp. 176-177.

toma de decisiones o habilidad para elegir entre alternativas, con sus posibles consecuencias positivas o negativas[25].

Desde el punto de vista psicológico, Domínguez García[26] reafirma las nociones expuestas, al razonar que el desarrollo como un proceso que no ocurre de manera automática ni marcado fatalmente por la maduración del organismo, sino que tiene ante todo una determinación histórico-social[27], en tanto dicho determinismo del desarrollo psicológico humano se explica a través de la estrecha dependencia que existe entre las condiciones de vida y educación que recibe el sujeto, aun sin desconocer su carácter activo ante el entorno en que se desenvuelve[28].

García Ros[29] resume los cambios más significativos que se producen en esta etapa se refieren fundamentalmente al desarrollo de formas de pensamiento con mayor nivel de abstracción, más potentes y descontextualizadas para el análisis y comprensión de la realidad (pensamiento formal), a la posibilidad de acceder de forma más completa a la representación y análisis del mundo

---

25 *Vid.* Crespo Sánchez-Cañamares, María Ángeles. *Ética y nuevas tecnologías: la vulnerabilidad de los menores de la provincia Valencia en Internet. Una revisión bioética en razón del género a la luz de la neurociencia.* Universidad Católica de Valencia San Vicente Mártir, Valencia, 2017, p. 25.

26 La destacada psicóloga cubana advierte en varias de sus obras la complejidad del desarrollo subjetivo en la etapa de la adolescencia, la diversidad de enfoques que la abordan desde diferentes ángulos, la inexistencia de una teoría, que hasta el presente, logre una caracterización completa de la misma y la imposibilidad de abarcar el estudio de las regularidades psicológicas de esta etapa desde un solo ángulo o a partir una definición única. *Vid.* Domínguez García, Laura. *La adolescencia y la juventud como etapas del desarrollo de la personalidad. Distintas concepciones en torno a la determinación de sus límites y regularidades.* Archivo del portal de recursos para estudiantes. Disponible en: www.robertexto.com. Consultado el 2 de agosto de 2019, "Caracterización de diferentes etapas del desarrollo de la personalidad. La adolescencia" en *Psicología del desarrollo: adolescencia y juventud. Selección de lecturas.* Laura Domínguez García (Compiladora), Editorial Félix Varela, La Habana, 2003, p. 27 y *Psicología del desarrollo: Problemas, principios y categorías.* Editorial Félix Varela, La Habana, 2007.

27 Durante esta etapa ocurren procesos como como el desarrollo de la identidad, el sentido de autonomía, la capacidad para cuestionarse el sistema de referencia y la interacción con la sociedad. Por ello, la adolescencia puede entenderse como el resultado de una construcción histórica y de un proceso social. *Vid.* Fondo de las Naciones Unidas para la Infancia. *Participación de niños, niñas y adolescentes.* UNICEF, Primera edición, Buenos Aires, 2006, p. 9.

28 *Vid.* Domínguez García, L. "A propósito del Atlas de la infancia y la adolescencia en Cuba" en *Revista Universidad de La Habana.* Número 286, julio-diciembre de 2018, versión online. Disponible en: www.editorialuh.cu. Consultado el 25 de agosto de 2019, idea que respaldan en el espacio nacional diversos autores, al señalar que no es solamente un periodo de adaptación a los cambios corporales, sino una fase de grandes determinaciones hacia una mayor independencia psicológica y social. Colectivo De Autores. *Manual de prácticas clínicas para la atención integral a la salud en la adolescencia.* Ministerio de Salud Pública, La Habana, 1999, p. 16.

29 *Vid.* García Ros, Rafael, Francisco Pérez González, y Eduardo Vidal-Abarca Gámez. (Coordinadores). *Aprendizaje y desarrollo de la personalidad.* Editorial Alianza, Madrid, 2014, p. 3.

ofrecidos por el conocimiento científico, la mejora de las capacidades metacognitivas: potencialidad creciente para planificar, regular y optimizar de manera autónoma sus propios procesos de aprendizaje, la revisión y construcción de la propia identidad personal (imagen, autoestima, sexualidad, entre otros), el desarrollo de nuevas formas de relación interpersonal y social y de niveles más elevados de juicio y razonamiento moral y la posibilidad de experimentar comportamientos característicos de la vida adulta (relaciones sexuales, experiencias laborales y profesionales, etc).

En resumen, aunque se puede percibir un creciente desarrollo desde el punto de vista neurológico y psicológico en el adolescente, esta evolución no se completa sino hasta ya entrado el sujeto en la adultez y muchos de estos procesos no se verifican a plenitud sino hasta que luego de que el sujeto ha superado esta etapa de su vida[30].

No obstante, no se puede desestimar la enorme influencia que ejercen estas transformaciones en el ámbito conductual del niño, motivo por el que han tenido, lógicamente, un reflejo en las ciencias jurídicas. Así, los hallazgos científicos narrados han sido determinantes en la transformación de las concepciones jurídicas en torno al adolescente, ya no solo en cuanto a su cualidad de persona, sino además en su consideración como sujeto con aptitudes y capacidades, titular de relaciones jurídicas y derechos subjetivos ejercitables personalmente.

I.3. Tendencias actuales en torno a la capacidad de ejercicio de las personas menores de edad

La determinación de la mayor o menor capacidad de obrar se ha establecido tradicionalmente sobre la base de criterios diferentes, entre los que destaca el criterio denominado objetivo, en virtud del cual, la capacidad de obrar del menor vendrá determinada por haber alcanzado o no cierta edad. Se trata de un criterio de determinación que solo atiende a la edad del sujeto, pero no a su capacidad o madurez real[31].

No obstante, la situación de la minoría de edad es, por su propia naturaleza, dinámica, no estática y no basta su simple cómputo para determinar a cabalidad la verdadera aptitud de la persona. En su consecuencia, la protección genérica que debe otorgarse a la menor edad ha de acomodarse

---

30 *Vid.* Martínez González, Carmen. "Aspectos éticos en la adolescencia: del menor maduro al adulto autónomo" en *Adolescere. Revista de Formación Continuada de la Sociedad Española de Medicina de la Adolescencia.* Volumen 1, Número 2, Madrid, 2013, p. 24. También, Pedreira Massa, José Luis y Luis Martín Álvarez. "Desarrollo psicosocial de la adolescencia: bases para una comprensión actualizada. Documentación social" en *Revista de Estudios Sociales y Sociología Aplicada,* Número 120, Año 2000, p. 81.

31 *Vid.* De Montalvo Jääskeläinen, Federico. "Dilemas ético-legales que presenta la regulación de la capacidad del menor en el ámbito del tratamiento médico" en *Revista Pediatría Integral.* Volumen XIX, Número 5, junio de 2015, p. 303.

a las peculiares circunstancias que exige, dada la fase de su desarrollo como persona humana por la que transcurre[32].

La perspectiva de Derecho actual, sobre la base de los principios nacidos a la luz de normas internacionales acerca del ser humano, la dimensión jurídica de persona y más particularmente, relativas a la minoría de edad, han supuesto una evolución palpable y un replanteamiento acerca de la esencia, fundamento y finalidad de todas las instituciones jurídicas que sirven de sustento a la dignidad humana del niño y al libre desarrollo de su personalidad.

I.3.1. El binomio personalidad-capacidad jurídica

La posibilidad de que una persona se convierta en sujeto de derecho, o sea, que intervenga de forma activa o pasiva en una relación jurídica, está relacionada con dos categorías fundamentales dentro del Derecho Civil: la personalidad y la capacidad[33]. Resulta unánime la doctrina en el reconocimiento de que cualquier persona física tiene personalidad jurídica, desde su nacimiento hasta la muerte, de lo que se han hecho eco la legislación y la jurisprudencia.

No obstante, la definición de la personalidad jurídica no debe quedar únicamente en el plano de la relación jurídica, por cuanto aquella constituye, en primer orden, reflejo de la dignidad humana y de las cualidades consustanciales de la persona individual en el orden jurídico, con independencia de sus condiciones físicas o psíquicas, nacionalidad, raza, sexo o cualquier otra circunstancia, de modo que deviene en presupuesto indispensable para la titularidad y ejercicio de todos los derechos y deberes que le son reconocidos[34].

Reafirma este planteamiento Macanás Vicente[35] al apuntar que el "ser humano", en sí mismo considerado, es la premisa y requisito para la titularidad de los derechos, pero a la par de ser sujeto de derechos es también objeto de derecho, entendido como un interés jurídicamente relevante y tutelado como tal. Ser humano, por el mero hecho de serlo, implica determinados derechos inmanentes a tal condición: los atributos de la persona (vida, integridad,

---

32 *Vid.* López San Luis, Rocío. *La capacidad contractual del menor.* Primera edición, Dyckinson, Madrid, 2001, p. 164.

33 *Vid.* Delgado Vizcaíno, Luisa María y Dashenka Vázquez del Sol. "Tendencias actuales de la capacidad del menor y su derecho a ser escuchado" en *Revista Caribeña de Ciencias Sociales,* julio de 2013, Universidad de Málaga, p. 2.

34 *Vid.* Valdés Díaz, C. del C. "Comentarios al artículo 24", en Pérez Gallardo, L.B. (Coordinador). *Cit.*, pp. 370-372.

35 *Vid.* Macanás Vicente, Gabriel. "Los atributos de la persona" en García-Ripoll Montijano, Martín. (Coordinador). *Lecciones de Derecho Civil. Parte general y derecho de la persona.* Tercera edición, completamente revisada y puesta al día de legislación y jurisprudencia. Diego Marin Librero Editor S.L., Murcia, 2016, p. 287.

honor, u otros) y esto imbrica con la noción que aporta CASTÁN al sostener que "se es persona si se tiene personalidad"[36].

AGUILAR GUERRA[37] caracteriza la personalidad jurídica a través de una serie de elementos esenciales de ella. Comienza por concebirla como condición de la persona, previa al Derecho, pues este no la otorga, sino simplemente la reconoce, es decir, como cualidad abstracta -en tanto se predica de la persona como tal, sin detenerse en actos o hechos concretos- previa a la adquisición de cualquier derecho u obligación y determinante de la igualdad entre todos los individuos. Sitúa además entre aquellos la imposibilidad de su graduación, sustraída al ámbito de la autonomía de la voluntad -fundamentado en su incompatibilidad con cualquier tipo de negociación, transferencia o renuncia- y por último, su carácter permanente, al extinguirse únicamente con la muerte.

La personalidad jurídica se erige entonces como la aptitud genérica para la titularidad de derechos de todo orden, la que además lleva implícita la posibilidad de su ejercicio para hacerlos valer. Es precisamente entonces cuando emerge el concepto de capacidad jurídica o de goce que, al decir de GARCÍA-RIPOLL MONTIJANO, constituye la cualidad atribuida a la persona que la hace apta e idónea para ser titular de relaciones jurídicas, correspondiendo por igual a todos, motivo por el cual no puede sufrir restricciones ni modificaciones, en tanto es una manifestación de la personalidad[38].

Así, ha sido entendida como la puesta en marcha de la personalidad -como categoría abstracta- al verificarse de modo concreto en situaciones jurídicas. Se deriva de esta concepción general de capacidad de goce, la noción de la capacidad de obrar, presente en aquellos sujetos con aptitudes e idoneidad suficientes para realizar por sí eficazmente actos jurídicos, es decir, para ejercitar derechos y asumir obligaciones[39]. Por este motivo sí es susceptible de graduación, no se verifica en todos por igual y es en consecuencia determinante del estado civil de la persona.

En consonancia, sostiene DÍAZ MAGRANS[40] que mientras la capacidad jurídica es esencia y atributo inherente del ser humano, la capacidad de ejercicio -como también es denominada- es potencia y depende de elementos que deben estar presentes en él, como la inteligencia y la voluntad y consecuentemente, en

---

36 *Vid.* CASTÁN TOBEÑAS, J. *Derecho civil, común y foral.* Tomo I, Volumen II, Editorial Reus, Madrid, 1978, p. 114.

37 *Vid.* AGUILAR GUERRA, Vladimir Osman, citado por MÉNDEZ ÁVILA, Tania Elizabeth. *La persona y la personalidad individual, la capacidad y el estado de la persona individual y su protección. Los derechos de la personalidad.* Tesis presentada en opción al grado de Licenciada en Ciencias Jurídicas y Sociales. Universidad Rafael Landívar, Guatemala, 2014, p. 42.

38 *Vid.* GARCÍA-RIPOLL MONTIJANO, M. (Coordinador). *Cit.*, p. 369.

39 *Vid.* ALBALADEJO, Manuel. *Derecho Civil.* Volumen I. Decimosexta edición. Edisofer, Madrid, 2004, pp. 230 y 231; DÍEZ PICAZO, L. y A. GULLÓN BALLESTEROS. *Sistema de Derecho Civil.* Volumen I. Décima edición. Editorial Tecnos, Madrid, 2001, p. 212; LASARTE, Carlos. *Principios de Derecho Civil I. Parte general y derecho de la persona.* Tomo I, Oncena edición. Marcial Pons, Madrid, 2005, p. 177.

40 *Vid.* DÍAZ MAGRANS, María Milagrosa. "Comentarios al artículo 28" en Pérez Gallardo, L. B. (Coordinador). *Comentarios... cit.*, p. 455.

dependencia de la intensidad con que se manifiesten, puede ser ampliada o restringida.

Le son atribuibles a la capacidad restringida los siguientes elementos distintivos, en criterio de PÉREZ GALLARDO[41]:

> - Condición intermedia que fluctúa entre capacidad e incapacidad, conformando un *status* especial que difiere de los extremos.
>
> - Establece una esfera de actuación parcial, que no incluye todas las actuaciones permitidas por el ordenamiento jurídico.
>
> - La validez de los actos depende de su inclusión en su esfera de actuación o de si los realiza con el debido complemento a la capacidad. De lo contrario, podrán ser declarados nulos, salvo ratificación posterior de quien ostente su guarda.
>
> - Requiere de un régimen especial de protección y complemento de su capacidad.

Resulta evidente entonces que este contexto de restricción de la capacidad a un sujeto implica la reducción de su ámbito de actuación *per se* y es por tanto aplicable a aquellas personas que presentan limitaciones en cuanto a su madurez biológica y psicológica o su salud mental, sus aptitudes físicas o sensoriales. Así, se manifiesta en dos grupos de sujetos: 1- mayores de edad que padecen de algún tipo de discapacidad, fundamentalmente de tipo mental, que no los priva absolutamente de discernimiento y 2- menores de edad que, a pesar de haber alcanzado cierto grado de autogobierno aun no han arribado a un estadio de emancipación jurídica.

Durante la minoría de edad la capacidad no es siempre estática, sino que la dosis de voluntad va progresivamente aumentando en el sujeto y la atribución de relevancia jurídica a este particular explica la existencia de este concepto intermedio entre la capacidad y la incapacidad de obrar: la capacidad limitada.

Refiere VALDÉS DÍAZ que la minoridad, en tanto causa limitativa de la capacidad de obrar, no debe ser entendida como discapacidad, sino que dada su generalidad y temporalidad, es una fase normal y natural del desarrollo humano. Empero, la capacidad de obrar de los menores no es siempre igual, pues se aplican diversas fórmulas para permitir, de acuerdo al grado de aptitud física y mental que va alcanzando, su intervención con eficacia en determinados actos, bien a través de autorizaciones concretas establecidas por la ley, o por medio del conocido sistema de la emancipación, más general y amplio, o graduando la capacidad progresivamente[42].

Así es que desde finales del pasado siglo se han comenzado a esgrimir criterios en torno al reconocimiento de aptitudes progresivas en los niños para el ejercicio de sus derechos como reafirmación de su condición de persona y de su dignidad humana y al mismo tiempo, como resultado de los

---

41 *Vid.* PÉREZ GALLARDO, Leonardo B. "La protección legal de los discapacitados en Cuba. Una visión de *lege data* y de *lege ferenda*" en Pérez de Vargas Muñoz, José. *Protección jurídica patrimonial de las personas con discapacidad*. Madrid, Editorial La Ley, 2006, pp. 309-310.

42 *Vid.* VALDÉS DÍAZ, C. del C. "Comentarios al artículo 30", en Pérez Gallardo, L.B. (Coordinador) *Comentarios... cit.*, p. 495.

avances científicos conducentes al reconocimiento del desarrollo, evolución y progresividad de su madurez psicológica, biológica y neurológica[43].

Estas consideraciones cobraron especial magnitud en sede de derechos inherentes a la personalidad, con énfasis en la importancia de apreciar en dichos sujetos su capacidad natural para participar y decidir en esferas específicas de su vida, como es el supuesto del ejercicio *per se* de sus derechos sexuales y reproductivos.

I.3.2. La capacidad progresiva del niño en sede de derechos personalísimos

Opina LÓPEZ SÁNCHEZ[44] que la consideración doctrinal favorable al reconocimiento de una capacidad general del menor de edad tiene su punto de partida en DE CASTRO, quien en lugar de sostener la teoría que abogaba por su incapacidad absoluta, señaló que el menor es una persona limitadamente capaz[45]. De ahí que se entienda que la incapacidad constituye la excepción, al tiempo que se resalta el concepto de capacidad progresiva, íntimamente vinculada a razonamientos que van más allá del simple dato objetivo de la edad, sobre la base de que la persona menor de edad posee capacidad jurídica, solo que no siempre puede ejercitarla[46].

A partir de las premisas anteriores, el reconocimiento de esta capacidad restringida responde a que si bien se tiene que potenciar su personalidad, no se debe olvidar que se debe ejercitar cierto control, vigilancia y defensa que suplan las carencias inherentes al propio niño, como aspectos determinantes de la limitación de su capacidad[47].

Es entonces que se realza la posibilidad de que, en determinadas situaciones, sea apreciada su capacidad natural, como la aptitud de entender y querer, como capacidad de discernimiento para tomar una decisión o realizar un acto jurídico en un momento concreto[48]. Tal cuestión determina en consecuencia la intensidad de participación que les es concedida a tales sujetos en los distintos ámbitos que les afectan, o si se quiere, según el derecho en particular de que se trate.

---

43 *Vid. Supra* epígrafe I.2.

44 *Vid.* LÓPEZ SÁNCHEZ, Cristina. *La responsabilidad civil del menor*. Segunda reimpresión. Editorial Dyckinson, Madrid, 2003, p. 199.

45 Criterio con el que defendía la existencia en el menor de una capacidad de obrar potencial que va desarrollando paulatinamente de acuerdo con su edad. *Vid.* DE CASTRO, F. *Derecho Civil de España*. Tomo II, Editorial Civitas, Madrid, 2008, pp. 174 y ss.

46 *Vid.* ALBALADEJO, M. *Derecho Civil. Introducción y parte general*. Decimoquinta edición. Editorial Bosh, Barcelona, 2002, pp. 230-231.

47 *Vid. Idem.*, p. 200.

48 *Vid.* MORENO NAVARRETE, Miguel Ángel. "La capacidad natural y la imputabilidad de los actos jurídico- privados" citado por ESPINOZA QUEZADA, Renzo Osvaldo. *La autoridad parental y el derecho a la salud de los niños y adolescentes*. Universidad de Chile, Repositorio académico digital. Santiago de Chile, 2006. Disponible en: http://repositorio.uchile.cl/handle/2250/107755.

En este sentido, en el orden patrimonial se ha estimado que no es recomendable la apreciación de capacidad anticipada en menores de edad para la exigencia de responsabilidad civil, sobre la base de argumentos concernientes a la seguridad jurídica que hacen recomendable el establecimiento de reglas fijas que garanticen la eficacia de los negocios jurídicos, en tanto son disímiles los intereses involucrados[49].

Por el contrario, en sede de derechos inherentes a la personalidad, se afirma que la naturaleza personal de las posibles actuaciones derivadas de aquellos hace que el interés predominante sea el del propio sujeto que actúa, el cual debe prevalecer frente a los de terceros[50]. Según SANTOS MORÓN[51], en el

---

49 No obstante, esta tendencia ha encontrado resistencia partiendo del argumento de que en tales supuestos la protección al menor queda garantizada al someterle a un patrón de diligencia "especial" o "excepcional", distinto al comúnmente exigido en el tráfico jurídico, es decir, basado en sus características personales y son numerosas las voces al respecto. *Vid.* KEMELMAJER DE CARLUCCI, Aida. "Daños sufridos y causados por los niños" en *Revista de Derecho de daños*, Número 2, Año 2002, Rubinzal-Culzoni-Editores, p. 16; LEÓN GONZÁLEZ, Juan Miguel. "La responsabilidad civil por los hechos dañosos del sometido a patria potestad" en *Estudios de Derecho Civil en honor del profesor Castán Tobeñas.* Tomo VI. Universidad de Navarra, Pamplona, 1968, p. 306; CONDE-PUMPIDO FERREIRO, Cándido. "Los problemas de la responsabilidad civil por los hechos ilícitos de los incapaces". *Ídem,* Tomo II, p. 80; GÓMEZ CALLE, Esther. "La responsabilidad civil del menor" en *Derecho Privado y Constitución.* Número 7, Año 3, Centro de Estudios Constitucionales, Madrid, 1995, p. 104 y en la arena patria RODRÍGUEZ CORRÍA, Reinerio. "La responsabilidad civil en las relaciones paterno-filiales, de padres a hijos menores y de estos en comparación con los padres. Abundamiento sobre el tema de la capacidad progresiva de niños, niñas y adolescentes" en Monje Balmaseda, Oscar, María Pilar Ferrer Vanrell, (Coordinadores) y Francisco Lledó Yagüé. (Director). *Los nuevos retos del Derecho de Familia en el espacio común español-iberoamericano. Un estudio de derecho Comparado: Cuba, España y aportaciones de interés notable. Méjico, Colombia y República Dominicana.* Editorial Dickinson, SL. Madrid, 2010, p. 408 y ROSELLÓ MANZANO, R. "Comentarios a los artículos ...", *cit.*, pp. 100-102, quien precisa -citando a DE ÁNGEL- que la defensa a la imputabilidad de los menores encuentra sustento en la atribución de madurez y discernimiento suficientes para entender el significado social de su conducta dañosa.

50 *Vid.* SANTOS MORÓN, M. J. "Menores y derechos de la personalidad. La autonomía del menor" en *Anuario de la Facultad de Derecho de la Universidad Autónoma de Madrid*, número 15, Año 2011, p. 67 y DÍEZ GARCÍA, Helena. "Comentarios al artículo 162" en Bercovitz Rodríguez-Cano, Rodrigo (Director). *Comentarios al Código Civil.* Editorial Tirant lo Blanch, Valencia, 2013, pp. 1662-1665. Incluso, el último autor citado aporta una visión más completa de la temática en análisis, al sostener que la legitimación del propio menor para ejercitar las acciones oportunas en defensa de su derecho, aunque esta tutela tenga un contenido patrimonial, en tanto es precisamente esta la vía que ofrece el derecho para compensar las intromisiones ilegítimas en su personalidad. Además, las acciones a ejercitar pueden no tener un contenido exclusivamente patrimonial; pueden tratarse de acciones de restitución *in natura* de su derecho, como por ejemplo, la publicación de la sentencia, rectificación, etc.

51 *Vid.* SANTOS MORÓN, M. J. *Incapacitados y derechos... cit.*, p. 44 y en esta línea de pensamiento además SÁNCHEZ HERNÁNDEZ, C. *Capacidad natural e interés... cit.*, pp. 960, 973 y 974; GARCÍA GARNICA, María del Carmen. *El ejercicio de los derechos de la personalidad del menor no emancipado.* Thompson-Aranzadi, Navarra, 2004, pp. 79-80 y en igual sentido se pronuncia también DE LAMA AYMÁ, Alejandra. *La protección de los derechos de la personalidad del menor.* Editorial Tirant lo Blanch, Valencia, 2006, pp.103-104 y MADRIGAL MARTÍNEZ-PEREDA, C. *Cit.*, p. 67.

Derecho actual puede considerarse plenamente asentada la idea de que en el ámbito de los derechos de la personalidad no rigen las reglas generales de la capacidad de obrar, dado que el núcleo básico de estos derechos es la libertad y la dignidad de la persona y su ejercicio contribuye al libre desarrollo de la personalidad. Por tal motivo, en este campo se debe permitir a todo individuo tomar sus propias decisiones, pues a través de este argumento se motiva que, si el sujeto tiene madurez y discernimiento suficientes, esto podría ser tomado como criterio habilitante para el ejercicio *per se* de sus derechos personalísimos.

Como consecuencia de esta posición ha derivado otra premisa esgrimida en este ámbito: si la admisibilidad o no de esta intervención personal depende de las aptitudes alcanzadas, entonces su valoración deberá realizarse casuísticamente, tomando en cuenta -independientemente de la edad cronológica- dos cuestiones fundamentales: las competencias que demuestre y las características y trascendencia de la decisión que deba tomar[52].

No obstante, si bien pueden distinguirse ambos puntos de análisis, a su vez el resultado final, o sea, la decisión favorable o no al reconocimiento de tales aptitudes tiene necesariamente que interconectarlos. Con esto se quiere significar que no basta con la comprobación genérica de que la persona ha experimentado progresión en sus facultades mentales o que logra razonamientos con cierta profundidad -como supuesto previsible de acuerdo al periodo de su vida por el que transcurre- sino que resulta imprescindible que evidentemente sea capaz de comprender la envergadura de la posición que asume[53]. Solo en tales circunstancias podrá entenderse que su titular está capacitado para ejercerlos.

En resumen, para la determinación de los extremos antes expuestos no parece sensato pensar en esta sede en el establecimiento de límites fijos de edades, en tanto este dato solo debería perseguir una finalidad meramente orientativa[54], pues no todos los menores maduran al mismo ritmo, ni las

52 En torno a lo cual apunta Madrigal Martínez-Pereda que resulta siempre imprescindible barajar conjuntamente los datos de edad y madurez, línea que sigue Manuel Jesús Dolz Lago en su obra "*¿Inconstitucionalidad de la Ley 1/2003, de 28 de enero, de la Generalitat, de derechos e información al paciente de la Comunidad Valenciana en relación con los menores de edad?*", citado por la propia autora. (*Vid.* Madrigal Martínez-Pereda, C. *Cit.*, p. 109). Justamente a partir de estos criterios Rivero Hernández estima que de esta doble consideración resulta que "no hay minoría de edad, sino minorías", (*Vid.* Rivero Hernández, Francisco. *El interés del menor.* Editorial Dickynson, Madrid, 2007, p. 177) o que "la capacidad general de los menores no emancipados, además de ser, por definición, de ámbito limitado, sería variable o flexible, en función del grado de desarrollo intelectivo y personal", según sostiene Jordano Fraga. (*Vid.* Jordano Fraga, Francisco. "La capacidad general del menor" en *Revista de Derecho Privado*, Madrid, octubre de 1984, pp. 833-868).

53 Lo que a su vez presupone entender el alcance y consecuencias de la decisión que adopte, con pleno conocimiento de los posibles riesgos y la trascendencia -respecto a sí mismo y a terceros- del específico acto de ejercicio de sus derechos de la personalidad de que se trate.

54 Y es precisamente esa la posición de la autora, aunque algunos tratadistas consideran que en ciertos casos o para el ejercicio de determinados derechos pueda presumirse que por haber arribado el menor a una edad es probable que tenga capacidad para ejercer personalmente alguno de sus derechos personalísimos (*v. gr.* Los 16 años cumplidos como edad habilitante para ejercer sus derechos a la intimidad o a la imagen. *Vid.* Santos

cuestiones de hecho que giran en torno a una situación como esta son en todos los casos exactamente iguales.

Pormenorizar en estos dos elementos primordiales, en función del eje central de este texto, deviene en pieza clave. Se impone, entonces, delimitar los contextos más significativos en que podrían ser apreciadas las aptitudes referidas, para lo que resulta imprescindible un acercamiento a tales derechos en sentido general y particularmente, en el ámbito de la integridad física.

I.3.2.1. Acercamiento conceptual a los derechos de la personalidad y sus clases

Disímiles han sido las conceptualizaciones de los derechos personalísimos, así como sus denominaciones -entre las que destaca su alusión como derechos subjetivos o bienes de la personalidad[55]- e inserción en el campo del derecho público o privado, con la pretensión de identificarlos con los derechos humanos, fundamentales, constitucionales o con las libertades públicas[56]. Su

---

Morón, M. J. *Op. ult. cit,* p. 74.), aunque esto solo fungiría como una guía de orientación aproximativa, pero insuficiente, lo que hace posible la excepcionalidad en casos singularmente considerados.

55 Los derechos de la personalidad han sido llamados de diverso modo por la doctrina y la legislación. Así han recibido el nombre de *iura in persona ipsa,* derechos de la propia persona, derechos de la individualidad, derechos fundamentales, derechos originarios o derechos esenciales de la persona. De Lama Aymá sostiene que los derechos de la personalidad se refieren a bienes jurídicos entendidos como valores beneficiosos, aprovechables y positivos de una realidad personal, social o material, al tiempo que toma como puntal las afirmaciones de De Castro y Bravo ("Los llamados derechos de la personalidad" en *Anuario de Derecho Civil, 1959, pp. 1260 y ss.*), acerca de que los derechos de la personalidad al referirse al bien no material dañado o al daño moral, deberían recibir en realidad la denominación de bienes de la personalidad, para conciliar luego ambas posiciones al razonar que los derechos subjetivos de la personalidad implican necesariamente la existencia de bienes jurídicos de la personalidad, de manera que unos y otros son inherentes a la existencia misma del individuo. *Vid.* De Lama Aymá, A. *La protección de los derechos de la personalidad del menor de edad.* Tesis doctoral. Universitat Autónoma de Barcelona, 2005, pp. 41-42. Sin embargo, apunta Moisset de Espanés que la denominación que ha logrado mayor aceptación en el Derecho Privado ha sido la de derechos personalísimos, quizás porque la terminología manifiesta con evidente expresividad el vínculo superlativo existente entre esta categoría de derechos y la persona, es decir, si la palabra "personalísimos" tiene algún significado en este contexto, no es sino afirmar que estos derechos son más personales que el resto de los derechos subjetivos. En tal sentido, *Vid.* Moisset de Espanés, Luis y María del Pilar Hiruela de Fernández. *"Derechos de la personalidad".* Disponible en: http://www.revistapersona.com.ar/Moisset.htm. *Consultado el 21 de diciembre de 2017.* En igual sentido, De Castro, Federico. *Los llamados derechos de la personalidad. Dos estudios provisionales.* Disponible en: https://www.boe.es/publicaciones/ANUARIO_DE_DERECHO_CIVILConsultado el 12 de diciembre de 2017.

56 Al respecto, Álvarez-Tabío Albo sostiene que no se trata de conceptos excluyentes, sujetos a una delimitación tajante o excluyente -de ahí que sea frecuente hallar en la doctrina su estudio al unísono- sino de una recíproca e indispensable interdependencia entre ellos, aportando cada disciplina en el plano propio de su desenvolvimiento un diverso alcance, ámbito y mecanismos de protección de diferentes consecuencias jurídicas. *Vid.* Álvarez-Tabío Albo, Ana María. "La libertad de información y de expresión y los derechos de la personalidad. Pautas para solucionar los eventuales conflictos" en Villabella Armengol,

pormenorización excedería los propósitos de este estudio, por cuanto se enfoca al núcleo más consolidado de los derechos inherentes a la personalidad, por demás, denominación más acertada en opinión de la autora.

Se sitúa su origen, como construcción jurídica, en la segunda mitad del siglo XIX, aunque algunas de sus instituciones, como el honor, han sido de relevancia desde tiempos inmemoriales[57]. En esencia, se trata de valores consustanciales a la naturaleza humana y el espacio social en que esta transcurre, a los que, por su relevancia, el Derecho ha debido prestar particular atención elevándolos a categoría jurídica, cuyo desenvolvimiento y comprensión ha debido marchar acorde a las naturales transformaciones que le imprimen la propia evolución del ser humano como ser psico-social y al entorno tecnológico en que se ha desenvuelto en cada etapa histórica[58].

Carlos y L. B. Pérez Gallardo. *Derecho Civil Constitucional.* Grupo Editorial Mariel, México, 2014, p. 5 y en idéntico sentido, en el ámbito de su tutela y concurrencia de las dimensiones constitucional y privatista, se pronuncia García García, *cit. pos.* Alegre Martínez y Mago Bendahán, cuando asevera que para la defensa de los derechos de la personalidad, construcción de la dogmática *iusprivativista,* como de los derechos constitucionales y fundamentales, construcción de la *iuspublicista,* la dignidad y la libertad han asumido protagonismo esencial, caracterizándose como valores superiores cuya función en el ordenamiento jurídico es la de inspirar normas básicas del Derecho que, a su vez, han de interpretarse conforme al contenido de aquellos. Tal característica les procura el papel de indisociables de los derechos fundamentales, y en particular de los derechos inherentes a la persona, dada -en palabras de Madrigal Martínez-Pereda - *"la identidad de razón entre unos y otros". Vid.* Madrigal Martínez-Pereda, C. *Cit.*, p. 119, Alegre Martinez, Miguel Ángel y Oscar Mago Bendahán. "Reconocimiento constitucional de la dignidad, individualidad y derechos de la personalidad". *Revista de Derecho Político.* Núm. 66, Año 2006, p. 207; Rogel Vide, C. "Origen y actualidad de los derechos de la personalidad" en *Estudios de Derecho Civil. Persona y Familia.* Editorial Reus, Madrid, 2008, pp. 19-21; Rapa Álvarez, Vicente. "La relación jurídica. Categoría esencial en el nuevo Código Civil" en *Revista Jurídica,* Número 19, Año VI, abril-junio de 1988, Unión Nacional de Juristas de Cuba, La Habana, p. 136; Delgado Triana, Yanelys. *Protección en el ordenamiento jurídico cubano de los derechos inherentes a la personalidad en la esfera moral.* Tesis presentada en opción al grado de Doctor en Ciencias Jurídicas. Editorial Universitaria. Ministerio de Educación Superior, Santa Clara, 2007, pp. 16-31 y 61, García-Ripoll Montijano, M. (Coordinador). *Lecciones de Derecho Civil. Parte general y derecho de la persona.* Tercera edición, complementada, revisada y puesta al día de legislación y jurisprudencia. Diego Marín Librero Editor S.L., Murcia, 2016, p. 291 y Madrigal Martínez-Pereda, C. *Cit.*, pp. 22-23.

57 Tal es así, que se encuentra referencia legal en el Derecho Romano a través de las Doce Tablas o en la *Lex Cornelia de uniuris.* Al respecto, *Vid.* Bonilla Sánchez, Juan José. *Personas y derechos de la personalidad,* Editorial Reus, Madrid, 2010, p. 75-76 y Encabo Vera, Miguel Ángel. *Derechos de la personalidad.* Editorial Marcial Pons, Madrid, 2012, p. 12.

58 En tal sentido, sostienen Díez- Picazo y Gullón que su tipificación en los ordenamientos jurídicos no agota necesariamente todos los aspectos que concurren en la personalidad, debiendo alcanzar su protección a todas las legítimas expectativas de respeto que el hombre puede esperar en relación con el tiempo en que vive. *Vid.* Díez- Picazo, L. y A. Gullón Ballesteros. *Sistema de Derecho Civil.* Volumen I. Octava edición. Editorial Tecnos, Madrid, 1994, p. 338.

Confirman VALDÉS DÍAZ y DÍAZ MAGRANS[59] la idea antes sustentada, al definirlos como derechos inherentes a la existencia misma del ser humano, fundados en su dignidad, reconocidos por el ordenamiento jurídico a la persona sobre su propia esfera de la personalidad para la defensa y protección de sus cualidades y atributos.

Coincide MOISSET DE ESPANÉS con esta línea de pensamiento, al enunciar que son aquellos que corresponden innatamente a toda persona, desde antes de su nacimiento y hasta su muerte, y que le garantizan el íntegro ejercicio y desenvolvimiento de sus atributos esenciales para así poder desarrollarse plenamente en su humanidad[60]. Agrega a esta postura ÁLVAREZ-TABÍO ALBO que su inherencia a la condición humana encierra una connotación tal, que impide al Derecho renunciar a su amparo, en tanto permiten al hombre el pleno goce de sí mismo, requiriendo así de una tutela jurídica especializada[61].

En coherencia con tales elementos, se sitúan como sus caracteres fundamentales, que además los distinguen del resto de los derechos subjetivos, el hecho de ser esenciales, innatos u originarios y vitalicios, personalísimos, necesarios, imprescriptibles, irrenunciables, intransmisibles, inseparables de la personalidad, extrapatrimoniales y eficaces *erga omnes*.

La clasificación más generalizada de los derechos inherentes a la personalidad, considerados como un conjunto de todos los intereses tutelados de tal naturaleza, los divide en dos grandes categorías: los que protegen bienes relativos a la esfera corporal o física de la persona, dentro de los cuales se ubican la vida, la libertad, y la integridad física; y los que inciden en la esfera espiritual del sujeto, conformados por los relativos al honor, la fama, la propia imagen, la intimidad personal y familiar y la identidad personal[62].

Profundizar en cada uno de ellos resulta tarea harto complicada y extensa, al tiempo que ha sido suficientemente abordada por la doctrina especializada. Además, los antes especificados solo conforman una clasificación general y no agotan la posible existencia de diversidad de manifestaciones dentro de ellos mismos, es decir, no se concretan cual *numerus clausus*. Sin embargo, sí

---

59 *Vid.* VALDÉS DÍAZ, C. del C. y M. M. DÍAZ MAGRANS. "Derechos Inherentes a la personalidad" en *Introducción al estudio del Derecho*. Centro gráfico de reproducciones para el turismo, Holguín, 2002, p. 185; coincidente además con los perfiles conceptuales que les atribuye ROGEL VIDE al considerarlos poderes jurídicos dirigidos a la conservación y desenvolvimiento de la individualidad de la persona dentro de la sociedad, así como a la protección de los bienes inherentes a la misma. *Vid.* ROGEL VIDE, C. *Derecho de la persona*. José María Bosh Editor, Madrid, 1998, p. 125.

60 *Vid.* MOISSET DE ESPANÉS, L. *Cit.*, en línea coherente con la postura de ROGEL VIDE, C. *Bienes de la personalidad, derechos fundamentales y libertades públicas*. Publicaciones del Real Colegio de España, Bolonia, 1985, p. 26.

61 *Vid.* ÁLVAREZ-TABÍO ALBO, A.M. *Cit.*, p. 3.

62 *Idem*, p. 17; ROGEL VIDE, C. *Op. ult. Cit.*, p. 125; VALDÉS DÍAZ, C. del C. (Coordinadora). *Derecho Civil. Parte General*. Editorial Félix Varela, La Habana, 2000, pp. 136-137; MACANÁS VICENTE, Gabriel. "Los atributos de la persona" en García-Ripoll Montijano, Martín (Coordinador). *Cit.*, p. 296, PÉREZ RIPOLL, A., Patricia FUENTES HERVIZ y Arletys VARELA MAYOR. *Cit.*, p. 96, MARTÍNEZ GÓMEZ, Jesús Armando. *Cit.*, p. 14 y DÍEZ GARCÍA, H. "Artículo 162..." *cit.*, p. 1664.

cabe y resulta relevante resaltar que los campos señalados, si bien aparecen perfectamente delimitados para su estudio, no pueden desligarse de modo absoluto, por cuanto en numerosas ocasiones el contenido de unos derechos se entrelaza con otros[63].

Al mismo tiempo, los caracteres que los distinguen responden y afianzan el tan especial ámbito en que estos derechos tienen su expresión, fundamentalmente su esencialidad y carácter personalísimo, lo que deposita su ejercicio exclusivamente en la persona de su titular, máxime en el ámbito de derechos como la integridad física y en especial los referidos a su sexualidad y aptitudes reproductivas.

I.3.2.2. Sexualidad y reproducción desde el prisma jurídico personalísimo

Dentro los derechos inherentes a la personalidad, concretamente en el ámbito corporal, se encuentra el derecho a la integridad. Puede definirse la integridad física como la completa plenitud de la estructura físico-orgánica de cada persona; estructura compuesta por la sustancia corporal y la funcionalidad de sus distintos componentes, sean miembros, órganos o tejidos, o sólo parte de estos; a decir de DÍEZ-PICAZO y GULLÓN, la integridad física es "el modo de ser de la persona, perceptible por los sentidos (...)"[64].

Respecto a este derecho constan abundantes estudios doctrinales, a través del análisis de su sustrato como derecho humano, constitucional y civil, para particularizar luego en sus tres dimensiones: la física, la psíquica y la moral[65], por cuanto este derecho se refiere a la intangibilidad de los diversos aspectos que componen estas tres esferas de la vida humana.

Se puede afirmar entonces que el contenido del derecho a la integridad física es la conservación incólume del organismo y, por lo tanto, equivale a

---

63 *Vid. Infra* epígrafe I.3.2.2 del presente texto.

64 *Vid.* DÍEZ PICAZO, L. y A. GULLÓN BALLESTEROS. *Sistema de Derecho Civil. Op. ult. cit.*, p. 337.

65 Referida la segunda a la preservación de las capacidades de la psiquis humana, que incluyen las habilidades motrices, emocionales e intelectuales sin que ninguna de ellas pueda resultar afectada por la aplicación de métodos técnicos o psicológicos. Por su parte, la última de las mencionadas, con un sentido orientado hacia la perspectiva de la persona, implica que cada ser humano puede desarrollar su vida de acuerdo al orden de valores que conforman sus convicciones, todo ello dentro del respeto a la moral y al orden público. No obstante, pueden hallarse referencias que unifican estas dos dimensiones, lo que ha dado lugar al planteamiento de que resulta más acertado hablar de "derecho a la integridad corporal". Esto se fundamenta en la consideración de que la integridad corpórea recoge la realidad del cuerpo humano y del espíritu, pues el verdadero alcance de este derecho se proyecta sobre la realidad somática de la persona, dentro de la cual cabe encuadrar también sus facultades anímicas, las que, enraizadas biológicamente en su mismo ser, constituyen parte indisociable del individuo (compuesto de corporeidad y espiritualidad: realidad psicosomática), de modo que ambas deben constituir su exacto contenido. Al respecto, *Vid.* SAR SUÁREZ, Omar. "Derecho a la integridad personal en el Perú. Aspectos constitutivos y limitaciones. El caso de las personas privadas de libertad." *Cuestiones constitucionales.* Número 19, julio-diciembre de 2008, p. 225, GARCÍA-RIPOLL MONTIJANO, M. (Coordinador). *Cit.*, p. 304 y LACALLE NORIEGA, María. *La persona como sujeto del Derecho.* Dyckinson S.L., Madrid, 2013, p. 113.

mantener su existencia en condiciones de poder utilizarlo íntegramente para la obtención del propio fin; de este modo, resulta inviolable por terceros, lo que constituye una barrera contra los ataques dirigidos a lesionar o menoscabar el cuerpo de la persona o las funciones orgánicas.

En tal sentido, resulta muy amplio el ámbito de protección del derecho a la integridad física. Si se pretendieran ilustrar algunos de los supuestos que comprende resaltan, por constituir las que mayor número de controversias generan en la praxis (tanto a nivel social como jurídico, cuando el sujeto involucrado activamente en ellas es un menor de edad) las relacionadas con las intervenciones quirúrgicas -dentro de las que se incluyen las de cirugía estética- la extracción o trasplantes de órganos, la participación en ensayos clínicos o investigaciones biomédicas, los tratamientos contra la drogodependencia o el padecimiento de VIH/SIDA, la realización de tatuajes y las cuestiones vinculadas a los derechos sexuales y reproductivos.

De manera específica estos últimos apuntados encuentran su fundamento en derechos humanos tradicionales, aplicados a la sexualidad y la reproducción e implican la posibilidad de tomar y ejercer decisiones autónomas sobre su propio cuerpo y vida en estas esferas, por lo que acertadamente asegura Valdés Díaz, estos tienen por base los principios de autonomía, igualdad y diversidad, así como la integridad corporal[66].

Suele encontrarse en materiales especializados alusión a los derechos sexuales y reproductivos como un mismo universo de derechos, lo que ha llevado a la falsa noción de que los primeros son un subconjunto de los últimos, aunque ambos resultan perfectamente distinguibles.

Los derechos sexuales abarcan, al decir de Valdés Díaz[67], el derecho de toda persona a vivir y tener el control sobre su sexualidad[68], decidiendo libre y responsablemente sobre estas cuestiones. Los derechos sexuales atribuyen una situación jurídica de poder a la persona para que pueda vivir y tener control sobre su sexualidad, incluyendo la posibilidad de pedir y obtener

---

66 *Vid.* Valdés Díaz, C. del C. "El acceso a algunas técnicas de reproducción humana asistida: Crónica de una vida anunciada" en *IUS. Revista del Instituto de Ciencias Jurídicas de Puebla*, México, Nueva Época, Volumen 11, Número 39. enero-junio de 2017, pp. 9-23.

67 *Vid.* Valdés Díaz, C. del C. "Del derecho a la vida y los derechos sexuales y reproductivos, ¿configuración armónica o lucha de contrarios?" *Revista del Instituto de Ciencias Jurídicas*, Año VI, No. 29, enero-junio, Puebla, México, 2012, pp. 228-229.

68 La Organización Mundial de la Salud define la sexualidad como un aspecto central del ser humano, presente a lo largo de toda su vida. Incluye el sexo, identidades, papeles de género, erotismo, placer, intimidad y orientación sexual. Se vivencia y se expresa a través de pensamientos, fantasías, deseos, creencias, actitudes, valores, conductas, prácticas y relaciones interpersonales. Es esencial, constitutiva e inherente a todos los humanos, independiente de su condición física, mental y se expresa desde antes de nacer hasta la muerte, al estar influenciada por la interacción de factores biológicos, psicológicos, sociales, económicos, políticos, culturales, éticos, legales, históricos, religiosos y espirituales. Al respecto, *Vid.* Organización Mundial de la Salud. *Defining sexual health: report of a technicalconsultationon sexual health.* Año 2006. Disponible en: http://www.who.int/reproductivehealth/publications/sexual_health/defining_sexual_healt h.pdf. Consultado el 10 de diciembre de 2017.

información, así como sobre los cuidados preventivos y curativos necesarios para mantener la salud en esta esfera.

Por otra parte, las personas tienen derecho a decidir en sentido positivo o negativo sobre su reproducción, es decir, pueden tomar partido respecto a ellas mismas sobre la aplicación de medidas de anticoncepción o contracepción, tratamientos seguros para fertilidad, infertilidad, información actualizada sobre medicamentos, tecnologías y tratamientos médicos, en función de la procreación. Al decir de Ávalos Capín[69]la concepción actual de los derechos reproductivos son resultado de las reivindicaciones en torno a la maternidad como elección y no como destino[70], en íntima relación con el derecho específico a disponer de servicios de planificación familiar.

En opinión de la autora, si bien entre derechos sexuales y reproductivos existe una conexión incuestionable, ambos coexisten con independencia entre sí[71].La sexualidad y la reproducción son dos conceptos y realidades que aunque están muy ligados, representan dos ámbitos diferentes en la vida humana. Así, la evolución de la construcción social y la tecnología en los últimos años han posibilitado que a todas las personas les asista el disfrute de

---

69 *Vid.* Ávalos Capín, Jimena. *Derechos reproductivos y sexuales.* Instituto de Investigaciones Jurídicas. Suprema Corte de Justicia de la Nación y Fundación Konrad Adenauer, México DF, 2013, p. 2268.

70 Apreciación posible gracias a que en la actualidad cada vez son más los detractores del concepto que veía en el cuerpo de la mujer un mero instrumento de reproducción humana. Véase en esta temática la obra de los autores Feuillet-Liger, Brigitte y Amel Aouij-Mrad. *Corps de la femme et Biomédicine. Approche international.* Editorial Bruylant, Bruselas, 2013, que incluye una serie de artículos que sostienen diversas y novedosas posiciones al respecto.

71 Posición que es además coincidente con un considerable sector de la doctrina especializada. En este sentido, *Vid.* Melzi Tauro, Fiorella. *Los derechos sexuales y reproductivos, derechos humanos de las y los adolescentes.* Fondo de Población de las Naciones Unidas. Oficina Perú, Lima, 2004, p. 76; Valenzuela Rivera, Esther y Lidia Casas Becerra. "Derechos sexuales y reproductivos: confidencialidad y VIH/SIDA en adolescentes chilenos". *Revista Acta Bioethica.* Volumen 13, número 2, Año 2007, p. 210; Miller, Alice: "Human rights and sexuality: First steps toward articulating a rights framework for claims to sexual rights and freedoms". *Proceedings of the annual meeting (American Society of International Law)* Vol. 93, marzo de 1999, pp. 288-303; Antona Rodríguez, Alfonso y María Almudena Andrés Domingo. "Salud sexual y reproductiva en las adolescentes: prevención, conducta y corresponsabilidad" en De los Reyes López, Manuel y Marta Sánchez Jacob. (Editores). *Bioética y pediatría. Proyectos de vida plena.* Sociedad de Pediatría de Madrid y Castilla- La Mancha, Madrid, 2010, pp. 436-437, quienes apuntan al respecto que este deslinde sirve para reordenar la sexualidad en relación a los estilos de vida; Gordon, Linda. "La lucha por la libertad reproductiva: tres etapas del feminismo", en Bergallo, Paola (Compiladora). *Justicia, género y reproducción,* Editorial Libraria, Buenos Aires, 2010, p. 28, autora que al recordar las movilizaciones iniciales de las féminas en reclamo de sus derechos apunta que "Sólo posteriormente comenzó a surgir un nuevo ideal de liberación sexual, el acceso a la anticoncepción se convirtió en el presupuesto para el goce sexual de las mujeres y operó con claridad la separación de la sexualidad y la reproducción.", postura que apoya además Kemelmajer de Carlucci, Aida. "Una sentencia brasileña con visión de género" en *Revista de Bioética y Derecho,* Número 39, Barcelona, 2017, p. 162 y Villanueva Flores, Rocío. "Protección constitucional de los derechos sexuales y reproductivos" en *Revista Instituto Interamericano de Derechos Humanos,* volumen 43, junio de 2006, p. 399.

la sexualidad al margen de la reproducción e incluso a ejercer el derecho a la reproducción al margen de la sexualidad, en tanto aquella ha estado ligada a esta última desde condicionantes biológicos, pero cada vez los avances de la ciencia en materia de fertilidad la hacen posible sin esta mediación[72].

La sexualidad es una manera de ser, es parte de la personalidad y consustancial a la existencia humana, no solo como hecho básico e instintivo, sino como complejo cultural[73], mientras que la reproducción en sí misma tiende más al ámbito volitivo del individuo, en su cualidad de función del ser humano que le permite la perpetuidad de la especie a través del reemplazo y derecho que le es atribuido para determinar las circunstancias, a su parecer favorables, a tal fin[74].

Entonces, a partir de la independencia e interconexión existente entre tales derechos, es preciso profundizar en las facetas de la vida del sujeto que esencialmente abarcan estos derechos.

A tal fin, el Fondo de Población de las Naciones Unidas en el informe del año 1997 sobre el Estado de la Población Mundial[75], dejó sentado que los derechos sexuales y reproductivos explicitan y desarrollan derechos básicos a partir de cuatro líneas fundamentales, referidos a distintas dimensiones vitales de la persona[76]:

---

72 Postura sostenida además por MINYERSKY y FLAH (*Vid.* MINYERSKY, Nelly y Lily R. FLAH. "Los daños y perjuicios derivados de la violación de los derechos sexuales y reproductivos" en *Revista de Derecho de Daños.* Número 1, Año 2002. Rubinzal-Culzoni Editores, p. 3) y que también respalda VELA BARBA al apuntar que la sexualidad y la reproducción se intersectan, pero no son equivalentes. *Vid.* VELA BARBA, Estefanía. *Derechos sexuales y reproductivos.* Universidad Nacional Autónoma de México. Instituto de Investigaciones Jurídicas, México D.F, 2017, p. 494.

73 *Vid.* INDACOCHEA, Carlos Manuel. "Doctrina católica y ética de la salud reproductiva" en *Revista peruana de población,* número 5, Año 1994, p. 91.

74 *Vid.* PÉREZ RIPOLL, A. Patricia FUENTES HERVIZ y Arletys VARELA MAYOR. *Cit.,* p. 104.

75 Cuestión retomada en el informe sobre el Estado de la población mundial del año 2017: *Vid.* "Mundos aparte. La salud y los derechos reproductivos en tiempos de desigualdad". División de comunicaciones y alianzas estratégicas. Fondo de Población de las Naciones Unidas, New York, 2017, pp. 5-9.

76 Se sitúan como expresiones positivas de los derechos sexuales: la capacidad de hombres y mujeres de disfrutar de relaciones sexuales satisfactorias, seguras y placenteras, la ausencia de toda clase de violencia, ya sea esta propiamente sexual, psicológica o física, en íntima relación con la posibilidad de combatir cualquier manifestación de coacción, acoso, abuso o trato denigrante y a cualquier intento de su comercialización; el acceso a servicios de salud sexual que permitan atender y prevenir las infecciones, dolencias y enfermedades que afecten el ejercicio placentero de la sexualidad, incluidas las de transmisión sexual y el VIH/Sida; la posibilidad de buscar, recibir e impartir información y educación sobre la sexualidad; la posibilidad de elegir pareja libremente, decidir si ser o no sexualmente activo y, por último, la separación voluntaria del ejercicio de la sexualidad del de la reproducción.

Por su parte, el derecho a la procreación y a una planificación familiar seguras implicarían el derecho a decidir libre y responsablemente el número de hijos, el intervalo entre ellos, y a disponer de la información, educación y medios para lograrlo, en estrecho vínculo con la corresponsabilidad de la pareja en el empleo de los métodos anticonceptivos y en

1. Derecho a la salud sexual y de la reproducción, como componente de la salud general, a lo largo de todo el ciclo de vida de las personas;
2. Derecho a adoptar decisiones con respecto a la procreación, incluidos la elección voluntaria del cónyuge, la formación de una familia y la determinación del número, el momento de nacer y el espaciamiento de los propios hijos; y el derecho de tener acceso a la información y los medios necesarios para ejercer una opción voluntaria;
3. Derecho a condiciones de igualdad y equidad de hombres y mujeres, a fin de posibilitar que las personas efectúen opciones libres y con conocimiento de causa en todas las esferas de la vida, libres de discriminación por motivos de género;
4. Derecho a la seguridad sexual y de la reproducción, incluido el derecho a estar libres de violencia y coacción sexuales y el derecho a la vida privada.

A partir de las consideraciones antes expuestas, emerge el enfoque que resalta la interrelación entre los derechos sexuales y reproductivos con otros derechos personalísimos. En esta línea teórica, uno de los lazos más relevantes radica en los existentes entre integridad y sexualidad, cuya base descansa -en opinión de la autora- en la concepción jurídica de sexo.

En términos jurídicos, el sexo debe ser entendido como la conjunción de atributos de la personalidad, compuestos por elementos biológicos, somáticos, sociales y psicológicos determinados desde el nacimiento o al momento de su individualización con la identidad de género contrario[77]. Entonces, resulta

---

el ejercicio del rol reproductivo; el derecho a decidir libremente el tipo de familia que se quiere formar; el derecho a rechazar un embarazo no deseado o inseguro, asociado a la posibilidad de interrumpirlo de manera digna y segura; el derecho a acceder a métodos anticonceptivos seguros, aceptables y eficaces; el derecho de las mujeres a no sufrir discriminaciones o tratos desiguales por razón del embarazo o maternidad, en el estudio, trabajo y dentro de la familia; el derecho a tener acceso a servicios de salud y atención médica que garanticen una maternidad segura, libre de riesgos en los periodos de gestación, parto y lactancia y que brinde las máximas posibilidades de tener hijos sanos, y además, el derecho a contar con servicios educativos e información para garantizar la autonomía reproductiva.

77 La categoría género es un constructo social adherido por símbolos, representaciones, valores, modos de comportamiento asignados y proyectos educativos que apunta a la clasificación de mujeres y hombres, en tanto la categoría sexo se refiere a las diferencias biológicas entre varón y hembra, abarca todos los fenómenos, procesos y características anátomo-fisiológicas relacionadas por ejemplo con los cromosomas, hormonas, glándulas y órganos sexuales de un individuo, que le permiten asumir determinadas funciones biológicas frente al otro sexo, fundamentalmente en la respuesta sexual y en la reproducción. *Vid.* GONZÁLEZ HERNÁNDEZ, Alicia y Beatriz CASTELLANOS SIMONS. *Sexualidad y géneros. Alternativas para su educación ante los retos del siglo XXI.* Editorial Científico-Técnica, La Habana, 2003, p. 103; LAGARDE, Marcela. "Democracia genérica. Por una educación humana de género para la igualdad, la integridad y la libertad" en *Mujeres para el diálogo,* Universidad Autónoma de México, marzo de 2001, p. 14; GONZÁLEZ HERNÁNDEZ, A. y Miriam RODRÍGUEZ OJEDA. *Educación con perspectiva de género en contextos escolares.* Sello Editor Educación Cubana, Ministerio de Educación, La Habana, 2009, p. 6; LAMAS, Marta. "Diferencias de sexo, género y diferencia sexual" en *Revista Cuicuilco.* Nueva Época. Escuela Nacional de Antropología e Historia. Volumen 7, número 18, enero-abril del 2000,

evidente que cualquier intento por incidir, tanto en sentido positivo como negativo, en aspectos relativos a la sexualidad de cualquier individuo, ya sea como resultado de su propia actuación o proveniente de un tercero, deberá ocurrir a través de las facetas tuteladas por el derecho a la integridad física, moral o psíquica.

Se advierte a partir de los razonamientos anteriores los estrechos vínculos existentes entre los derechos sexuales y el derecho a la identidad. La identidad sexual es la capacidad mental o corporal que le permite sentir identidad de género, resultado del desarrollo armónico de procesos biológicos y psicológicos[78]. Es parte integrante del derecho a la identidad personal, determinado a su vez por la orientación sexual, por lo que toda acción o conducta conducente a su reafirmación constituye un espacio de simbiosis de ambos derechos[79].

De ahí la importancia de no confundir la identidad de género con la orientación sexual. La orientación sexual tiene que ver con el sexo hacia el cual se siente atraída una persona, romántica, erótica y sexualmente: hacia los de su mismo sexo, hacia los del sexo opuesto o hacia ambos, por lo que se puede catalogar como homosexual, heterosexual o bisexual, respectivamente. Así, el sexo, la identidad de género y la orientación sexual son tres ejes distintos con sus respectivos polos, y una persona puede tener cualquier combinación de estatus en cada uno de ellos.

Particularmente, las cuestiones relacionadas con el sexo y el género dan lugar a una terminología muy específica de particular interés científico para este estudio, en tanto son atinentes a las distintas manifestaciones que las actitudes de género pueden determinar en el individuo, más allá de la tradicional conceptualización del sexo.

Las actitudes y sentimientos derivados de la interrelación antes apuntada entre el sexo y el género ha dado lugar históricamente a numerosas

---

México, pp. 1-24 y Beltrán Navarro, Álvaro. *Sexualidad y salud sexual en la construcción de las identidades de género y la orientación del deseo sexual en adolescentes.* Tesis doctoral dirigida por la Dra. Amparo Bonilla Campos y el Dr. Vicente Bataller Perelló. Facultad de Psicología. Universidad de Valencia, 2015, pp. 63-70.

78 De ellos, los primeros son los responsables de la organización morfológica y fisiológica del sujeto (somatosexual) y los segundos llevan al convencimiento subjetivo de ser hombre, mujer o más allá de estos dos polos de masculino y femenino (organización psicosexual), al tiempo que determinan el comportamiento masculino /femenino, que se manifiesta en algún momento de la vida, generalmente después de los 2 años de edad. Al respecto, véanse Vance, Stanley R., Diane Ehrensaft y Stephen M. Rosenthal, *passim.* "Psychological and medical care of gender non conforming youth" en *Pediatrics,* número 134, año 2014, pp. 1184-92 y Castilla Peón, María Fernanda. "Manejo médico de personas transgénero en la niñez y la adolescencia" en *Boletín Médico del Hospital Infantil de México.* Número 75, Año 2018, p. 8.

79 De lo que ha derivado la admisibilidad de intervenciones quirúrgicas que tengan como finalidad el cambio o reasignación de sexo, a fin de adecuar los caracteres sexuales externos al verdadero sentimiento de la persona, a sus inclinaciones psicológicas y a su habitual comportamiento social. Por tales motivos, este tipo de procedimiento no es considerado una lesión al derecho a la integridad.

concepciones, sobre todo las cuestiones relacionadas con las personas trans[80]. En esencia, se ha llamado incongruencia de género, variabilidad de género o discordancia de género a la situación en la que los comportamientos, la apariencia y la identidad de una persona no concuerdan con aquellos culturalmente asignados a su sexo de nacimiento.

Las personas con incongruencia de género pueden autodenominarse como transgénero o utilizar otros términos relacionados con géneros no binarios, como *gender-queer* o *gender fluid*. En contraposición a esto, las personas cuya identidad de género es congruente con su sexo de nacimiento se denominan cisgénero[81]. Sin embargo, en ocasiones el recién nacido no puede clasificarse como de sexo masculino o femenino por una ambigüedad en las características de los genitales. En estos sujetos cursa una alteración de la diferenciación sexual (de acuerdo con la terminología médica) o con un estado intersexual, como más comúnmente se denominan.

Emerge en el actual análisis los vínculos de los derechos sexuales y reproductivos con el derecho a la libertad, pues los primeros, en su función de garantizar el desarrollo integral de la personalidad se configuran como una concreción de la libertad. Entonces, ambos derechos de conjunto vendrían a configurar un derecho al desarrollo del propio yo: un derecho a ser lo que se es, como definición básica de la libertad[82].

Es por ello que sostiene GORDILLO[83] que la integridad corporal -y sus expresiones a través de la sexualidad y la reproducción- debe entenderse como una derivación del derecho a la vida, en íntima conexión con él y ordenado a la planificación de su sentido y a la plenitud de su desarrollo; reflexiones que evidencian sus interesantes puntos de contacto con el derecho a la

80 Al respecto, se recomienda para una referencia más extensa acerca de la transexualidad como noción científica y acerca de su evolución histórica: CASTRO ESPÍN, Mariela. *La integración social de las personas transexuales en Cuba.* Editorial CENESEX, La Habana, 2017, pp. 37-44.

81 En este ámbito resulta relevante puntualizar que la atención del niño con incongruencia de género debe ser multidisciplinaria e involucrar profesionales de salud mental, de trabajo social y de endocrinología. Se debe tener en cuenta que una persona puede elegir entre toda una gama de posibilidades en cuanto a la identidad y la expresión de género sin tener que decidir solo entre uno de dos géneros, y que su identidad y su expresión de género pueden ser cambiantes a lo largo del tiempo. Es por esto que el abordaje debe ser individualizado y acompañado de un esfuerzo por comprender los deseos y las expectativas del niño respecto relacionarse con los otros, con el fin de poner a su disposición los recursos para alcanzar sus objetivos de la mejor manera posible a su cuerpo y respecto a la forma de relacionarse con los otros. *Vid.* CASTILLA PEÓN, M.F. *Cit.*, p. 8; BONIFACIO, Herbert J. y Stephen M. ROSENTHAL. "Gender variance and dysphoria in children and adolescents" en *Pediatrics Clinic North America.* Número 62, Año 2015, pp. 1001-1016 y YADEGARFARD, MOHAMMADRASOOL, Mallika E. MEINHOLD-BERGMANN y Robert HO. "Family rejection, social isolation, and loneliness as predictors of negative health outcomes (depression, suicidal ideation, and sexual risk behavior) among Thai male-to-female transgender adolescents" en *Journal LGBT Youth.* Número 11, Año 2014, pp. 347-363.

82 *Vid.* ALEGRE MARTINEZ, M. Á. y O. MAGO BENDAHÁN. "Reconocimiento constitucional ...". *Cit.*, p. 198.

83 *Vid.* GORDILLO, Agustín, citado por LASARTE, C. *Principios de Derecho..., cit.*, p. 198.

intimidad, identificado como aquel reconocido a todo ser humano para lograr su desarrollo a plenitud en su esfera más íntima, personal o familiar, en tanto le protege jurídicamente un espacio de autonomía individual constituido por los sentimientos, hábitos y costumbres, las relaciones familiares y en definitiva todo aquello que el propio individuo desee reservar para sí, en atención a lo cual habrá de estimar su divulgación o conocimiento por extraños una invasión a su privacidad.

En esencia, en la protección a los derechos sexuales y reproductivos confluyen otros propósitos trascendentales en la tutela de su condición de persona: la vida, la igualdad, la dignidad, la integridad, la información, la autonomía, la salud; y precisamente esta confluencia adquiere matices muy particulares cuando su titular es un niño, escenario en el que afloran cuestiones acerca de sus aptitudes volitivas.

I.3.3. ¿CAPACIDAD JURÍDICA *VERSUS* COMPETENCIAS EN EL ÁMBITO SANITARIO?

En las cuestiones que ocupan este trabajo resulta vital el concepto de salud y por ende, la extensión de aquello que es considerado terapéutico[84], en tanto el desenvolvimiento del derecho a la integridad y particularmente, de los derechos sexuales y reproductivos, acaece con bastante frecuencia en el ámbito de la actividad médica.

Sostiene DE LAMA AYMÁ que cuando se tiene que tomar una decisión sobre un tratamiento o intervención médica en un menor de edad, se está afectando sus derechos fundamentales, pues la salud constituye una derivación del derecho a la vida y a la integridad[85].

Precisamente, a partir de esta noción puede hallarse el punto de intersección entre el derecho a la integridad y el derecho a la salud[86], por cuanto el primero

84 *Vid.* SIVERINO BAVÍO, Paula. "Bioética jurídica y derechos fundamentales: breve propuesta en relación al estudio del derecho de las personas" en *Revista de Derecho de familia y de las personas.* Año II, número 9, octubre de 2010, p. 335.

85 *Vid.* DE LAMA AYMÁ, A. *La protección de los derechos... Cit.*, pp. 310-311 y GETE-ALONSO CALERA, María de los Ángeles. "Protección del menor, consentimiento en el ámbito de las intervenciones sanitarias y la libertad ideológica (A propósito de la Sentencia del Tribunal Supremo, Sala de lo Penal, de 27 de junio de 1997)" en *La Notaría,* Números 11 y 12, noviembre-diciembre de 1998, pp. 48-53.

86 El concepto de salud se refiere al estado de funcionamiento en que se encuentran los distintos aspectos de la integridad física, tanto en el ámbito interno del organismo vivo, como el de su relación con el mundo exterior natural y social, de ahí que sea un derecho que descansa o se relaciona con los bienes personalísimos, aunque por su naturaleza se inserta entre los derechos fundamentales, ubicado además entre los derechos humanos de primera generación. *Vid.* NOGUEIRA ALCALÁ, Humberto. *Teoría y dogmática de los derechos fundamentales.* Universidad Nacional Autónoma de México, México, 2003, pp. 59-67, FERRAIOLI, Luigi. *El fundamento de los derechos fundamentales.* Editorial Trota, Madrid, 2001, p. 124 y MARTÍNEZ GÓMEZ, J. A. *El ámbito de autonomía del derecho a la vida en el contexto de la relación médico-paciente en Cuba.* Tesis presentada en opción al grado científico de Doctor en Ciencias Jurídicas, Universidad de La Habana, 2013, p. 86, PÉREZ LUÑO, Antonio E. *Derechos humanos, Estado de Derecho y Constitución.* Editorial Tecnos, Madrid, 2010, p. 85 y del propio autor *Los derechos humanos en la sociedad tecnológica.* Universitas, Madrid, 2012, p. 14.

persigue la preservación, sin detrimento alguno, de la armonía del cuerpo y la mente; a lo que el segundo coadyuva, a través de los respectivos procedimientos o tratamientos cuya finalidad esté enfocada en la conservación o mejoramiento de alguna parte o función del cuerpo humano o de alguna de las facultades de la mente o el espíritu, legitimando las injerencias que sean precisas siempre que persigan propósitos estrictamente medicinales o terapéuticos enfocados en la subsistencia o mejor calidad de vida de la persona[87].

Apunta acertadamente Engelhardt[88]que en la actualidad resulta "necesario entender que el concepto de salud está condicionado por unos valores, y que jerarquías distintas de bienes y riesgos darán lugar a distintas interpretaciones acerca de la manera más adecuada de preservar la salud", espacio en el que la ponderación de los aspectos positivos y negativos para ella pasará por el tamiz de la subjetividad del sujeto, permeada a su vez de una serie de condicionantes externas que en buena medida la coartan, y que serán determinantes de la posición o decisión que adopte, lo que Cortina[89] cataloga como decisiones sanitarias coherentes y compatibles con el propio proyecto de vida y de salud del individuo.

No obstante, cada ámbito específico -Medicina o Derecho- despliega una diversidad de conceptos que cabe y resulta necesario armonizar, en tanto se encuentran todos interconectados de manera inevitable al tributar a la noción general de progresión de capacidades como ha sido analizado con anterioridad, por razón de lo cual deviene útil y válido todo esfuerzo por su conjugación.

I.3.3.1. Necesaria armonización de conceptos. La teoría del menor maduro

Cierto es que la noción de la capacidad progresiva constituye en la actualidad un criterio asentado y admitido por la doctrina científica en el campo del Derecho. Sin embargo, sus raíces no se hallan en esta ciencia, sino que es preciso encontrarlas en otras con las que confluye en esta específica materia, pues responden no solo a la comprensión del menor de edad como

---

Por su parte, la Organización Mundial de la Salud perfila una conceptualización de la salud sin circunscribirla a la usualmente ofrecida -que la resume a la ausencia de enfermedad- entendiendo que se trata sobre todo de un "estado de completo bienestar físico, mental y social", por lo que el derecho a la salud consecuentemente estará dado por la posibilidad concedida al sujeto en pos de que no se dañe este importantísimo bien de la personalidad, que comprende a su vez la concesión de poderes a fin de conservarla y protegerla frente a terceros. *Vid.* Constitución de la Organización Mundial de la Salud, de 22 de junio de 1946, *cit. pos.* Martínez Gómez, J. A. *Op. ult. cit.*, p. 84.

87 *Vid.* Anello, Carolina. "El derecho a la integridad física, psíquica y moral" en Alonso Regueira, Enrique (Director). *La Convención Americana de Derechos Humanos y su proyección en el derecho argentino.* Editorial La Ley, Buenos Aires, 2012, pp. 65-66 y Lasarte, C. *Principios de Derecho Civil I. Parte General y Derecho de la Persona.* Tomo I, Novena edición, Marcial Pons, Madrid, 2003, p. 190.

88 *Vid.* Engelhardt, Hugo Tristam. "Salud, medicina y libertad" en *Cuadernos de la Fundación Víctor Grífols i Lucas*, Número 1, Año 1999, Barcelona, p. 16.

89 *Vid.* Cortina, Adela, citada por Simón Lorda, Pablo. "Madurez, capacidad y autonomía". *Revista Eidon*, Número 41, julio de 2014, p. 4.

persona, sino como sujeto con facultades en evolución de acuerdo al momento de su desarrollo humano.

En su virtud, se habla de capacidad natural, conducente a su vez al concepto de capacidad anticipada; al tiempo que emergen categorías como autonomía y competencia, todos estrechamente vinculados al ámbito psicológico y sanitario.

La cuestión medular radica en la madurez[90] -a la que tributan tales elementos volitivos y cognitivos en evolución- en torno a la cual giran todas las conceptualizaciones anteriores y cuyo estudio ha servido indudablemente de referencia al Derecho en el establecimiento de pautas legales determinantes al momento de apreciar o no capacidad jurídica en un sujeto[91]. De modo paralelo, también resulta esencial la finalidad o el sentido de tal valoración, por cuanto las disquisiciones teóricas en torno a estas figuras y sus pares en el ámbito jurídico responden a características específicas de ciertos derechos, como es el caso de los inherentes a la personalidad.

Surge entonces la interrogante: ¿se trata de términos en contraposición? La respuesta debe partir de su análisis de manera independiente.

En primer orden, la capacidad natural constituye un concepto psicológico que ha dado lugar a la noción jurídica, al erigirse en requisito de validez de ciertos actos o negocios[92]. Se asocia también a la capacidad evolutiva y a la autodeterminación, que aluden a "procesos de maduración y de aprendizaje por medio de los cuales los niños adquieren progresivamente conocimientos, competencias y comprensión, en particular comprensión de sus derechos, y sobre cómo dichos derechos pueden materializarse mejor"[93]. Puede

---

90 Respecto a la cual se afirma que aunque constituye un proceso universal, se manifiesta con diferencias individuales. Al respecto, *Vid.* De Montalvo Jääskeläinen, F. *Cit.* p. 303; criterio que comparten otros autores, al añadir que su adquisición se trata de un proceso, y como tal, es dinámico, evolutivo e individual, en el que además es preciso tener en cuenta que en la persona el desarrollo de las capacidades humanas es un proceso no garantizado únicamente por la herencia genética, sino que depende de la interacción con el ambiente y con la sociedad. Es decir, la madurez no es un hito que es espontáneamente se alcanza a una edad determinada géticamente, sino que dependerá de múltiples y complejos factores e implica, por ello, un aprendizaje. *Vid.* Esquerda i Aresté, Montse, Josep Pifarré Paredero y Joan Viñas Salas. "El menor maduro: madurez cognitiva, psicosocial y autonomía moral" en *Bioética y pediatría. Proyectos de vida plena.* De los Reyes López, M. y M. Sánchez Jacob, (Editores). *Cit.*, p. 359. Agrega Moratalla que es un proceso de apropiación en el que se ponen en juego todas las inteligencias y, por consiguiente, tan importante como la capacidad de juicio verbal o la capacidad de respuesta emocional, es la respuesta actitudinal o práctica. *Vid.* Moratalla, Domingo A. "Adolescencia y menor maduro. La autonomía personal, un desafío a la moral profesional" en *Bioética y pediatría...Cit.*, pp. 52 y 53.

91 Aunque debe resaltarse que la tendencia tradicional ha sido el acogimiento de un sistema objetivo para la apreciación de capacidad (en virtud del cual esta se adquiere al arribar el sujeto a una determinada edad) en contraposición con el sistema subjetivo, que atiende las condiciones reales de madurez que demuestre el sujeto, independientemente de su edad.

92 *Vid.* López Sánchez, C. *Cit.*, p. 200.

93 *Vid.* Comité de los Derechos del Niño. *Observación General número 7 "Realización de los Derechos del Niño en la Primera Infancia".* Centro de Investigaciones Innocenti de la UNICEF, Florencia, 2005, p. 76.

identificarse, en suma, con la aptitud de entendimiento y juicio necesario para comprender el alcance y consecuencias del acto de que se trate y adoptar una decisión responsable[94].

La competencia, por su parte, se asocia a temas vinculados con la salud o las prácticas médicas -ámbito en que se prefiere este término o el de aptitud antes que el de capacidad- y no se alcanza en un momento preciso, sino que se va formando y requiere una evolución. Por tanto, si bien está íntimamente vinculada al discernimiento, implica una valoración de la aptitud de comprender el alcance de la decisión en el caso particular de acuerdo al grado de madurez que ostenta el niño[95]. Es por esto que la competencia podría no coincidir con la edad a partir de la cual la ley reputa que hay discernimiento, lo cual deberá determinarse en cada caso concreto[96].

Entonces, es posible afirmar que la noción de competencia -o aptitud- se identifica con el principio jurídico de autonomía progresiva[97], que al decir de ROCHA ESPÍNDOLA[98] tiene a su vez su razón y fundamento en la capacidad natural y alude de modo directo a la inexistencia de coacción externa, introduciendo el autor una denominación sumamente interesante: la autodeterminación responsable[99].

---

94 *Vid.* SANTOS MORÓN, M. J. *Op. ult. cit.*, p. 64.

95 La Observación General número 12, de 20 de julio de 2009 sobre *"El derecho del niño a ser escuchado"*, señala que el término madurez hace referencia a la capacidad de comprender y evaluar las consecuencias de un asunto determinado, por lo que debe tomarse en consideración al determinar la capacidad de cada niño para formarse opinión sobre un tema concreto y para decidir al respecto. A tal efecto, ofrece como pautas generales que la evaluación deberá verificar si concurre una mínima racionalidad de la opinión u opción expresada, de forma que sea congruente con los fines contemplados por el menor que la expresa y que estos sean razonablemente realizables en el marco de su realidad personal. Y, sobre todo, que la edad en sí misma no es factor determinante de la trascendencia de las opiniones del menor, porque el desarrollo cognitivo y emocional no va ligado de manera uniforme a la edad biológica. La información, la experiencia, el entorno y el nivel de apoyo recibido condicionan la evolución de las capacidades del menor, por lo que se impone siempre una evaluación individualizada, tanto más exhaustiva cuanto menor sea el niño. *Vid.* Comité de los Derechos del Niño. *Observación General número 12 "El derecho del niño a ser escuchado"*. Centro de Investigaciones Innocenti de la UNICEF, Florencia, 2012, p. 52.

96 *Vid.* SANTI, Mariana. "La persona menor de edad en el Proyecto de Código" en *Revista de Familia y de las personas*. La Ley, junio de 2013, p. 863.

97 *Vid.* DELLE VEDOVE, María Julia. *La autonomía progresiva: el principio que garantiza el ejercicio personal de los derechos del niño. La posible colisión con el interés superior. Especial análisis de los actos médicos del adolescente*. Disponible en: www.derecho.unc.edu.ar. Consultado el 7 de marzo de 2017.

98 *Vid.* ROCHA ESPÍNDOLA, Martín Anselmo. "El principio del libre desarrollo de la personalidad en la persona, el matrimonio y la familia" en *Cuadernos Jurídicos del Instituto de Derecho Iberoamericano*. Número 2, Volumen 2, Valencia, 2016, p. 127.

99 Con un doble significado: por un lado, el carácter prioritario que se debe conceder a las opiniones del niño respecto a aquellos asuntos que le afecten, pero al mismo tiempo, cuidando evitar la permisibilidad excesiva, para lo cual es necesario cerciorarse de que reúne las condiciones volitivas y cognitivas que indiquen la comprensión de la decisión que adopta. Este concepto confluye a su vez con el criterio sostenido por la Dra. Cecilia GROSSMAN, que refiere que escuchar al menor no es sinónimo de aceptar su deseo. La

La capacidad anticipada en el ámbito sanitario vendría a ser el especial discernimiento aplicable al espacio propio de la integridad psicosomática del individuo. Particularmente en el marco de los derechos sexuales y reproductivos, se traduce en la capacidad para tomar decisiones en estos ámbitos, sin injerencias, coacción o violencia, por lo que también se encuentra ligada directamente a los derechos a la privacidad, a la integridad personal y a estar libre de toda violencia[100].

En torno a todas estas disquisiciones teóricas ha sido elaborada la teoría del "menor maduro". Según AMARILLA GUDÍN, la citada doctrina constituye la regla a través de la cual se establece el respeto a las capacidades evolutivas[101], que a su vez fungen como una limitación a la autoridad parental, restricción que se fortalece progresivamente hasta eliminarla por completo en favor de la independencia del menor[102].

---

voluntad del hijo (necesidad subjetiva, que sería aquella expresada en un momento dado a través de su preferencia y cuya subjetividad radica en el hecho de que responde a su personalidad, inclinaciones y características de su interacción con sus progenitores) debe ser confrontada con su necesidad objetiva (adecuado proceso de socialización) hasta conseguir el grado óptimo de congruencia. *Vid.* GROSSMAN, Cecilia, citada por ROCCA, María del Rosario y Karina A. BIGLIARDI. "Cuestiones prácticas del derecho del niño a ser oído" en *Revista de derecho de familia y de las personas.* Año II, número 9, octubre de 2010, p. 29. En coherencia, aunque con un discurso de lógica inversa, GARZÓN VALDÉS -citado por COUSO- señala que para que la autonomía individual sea sacrificada deberían darse dos requisitos: por un lado, la existencia de una incompetencia básica de la persona que la lleve a tomar decisiones que atenten contra sus propios intereses, que ella misma reconoce como válidos, por lo que habría una autocontradicción; y, en segundo lugar, que la decisión que se adopte en razón de la intromisión sea necesaria y adecuada para mejorar las condiciones de vida del sujeto. *Vid.* COUSO, Jaime; "El niño como sujeto de derechos y la nueva justicia de familia. Interés superior del niño, autonomía progresiva y derecho a ser oído" en *Revista de Derechos del Niño.* Números 3 y 4, UNICEF, Universidad Diego Portales, Año 2006, p. 153.

100 *Vid.* Center for Reproductive Rights. Los *Derechos Reproductivos a la Vanguardia. Una herramienta para la reforma legal.* Nueva York, 2008, p. 14. Disponible en:

reproductiverights.org/sites/crr.civicactions.net/files/documents/pub_br_spanish_gaining_ground_2008_0.pdf. Consultado el 23 de enero de 2018.

101 A partir de la premisa de que los menores adquieren "madurez moral" mucho antes de la mayoría de edad, independientemente de los años cumplidos. Entiende este autor que la madurez moral debe medirse por sus capacidades formales de juzgar, valorar decisiones y ponderar las consecuencias. Se trata de una capacidad global de tomar posición o situarse en el conjunto de escenarios de la vida moral. (*Vid.* AMARILLA GUDÍN, Manuel. *El menor maduro ante la salud reproductiva la anticoncepción de emergencia.* Grupo Europeo de Derecho Farmacéutico, Barcelona, 2004, p. 25) a lo que IZNARDO FIGUEROLA denomina "capacidad natural de juicio". *Vid.* IZNARDO FIGUEROLA, Carlos. "Menores maduros y consentimiento informado" en *Revista Latinoamericana de Derecho Médico.* Número 2, Volumen 1, años 1996-1997, p. 31.

102 En el mismo sentido se pronuncia KEMELMAJER DE CARLUCCI, cuando al referirse al tema del derecho del niño a su propio cuerpo, aborda la dicotomía entre capacidad y competencia, señalando que: "...tanto la edad como la discapacidad mental son cuestiones de grado, una persona puede tener aptitud para decidir sobre ciertas cuestiones y no sobre otras, ya que no siempre es necesario el mismo grado de comprensión y argumentación. (...) En suma, la autoridad parental decrece en un proceso dinámico, al mismo tiempo que el niño crece y logra autonomía personal. Hoy se afirma, incluso, que el derecho del niño a

En palabras de MORATALLA la teoría del menor maduro constituye una corriente que anuncia la posibilidad de una biografía madura en un sujeto de biología inmadura, es decir, que se refiere a sujetos que se consideran moralmente con capacidad de intervenir con responsabilidad[103].

Su relevancia para el Derecho estriba en el hecho de que se plantea como una modulación del principio de autonomía y el conjunto de la casuística relacionada con el consentimiento informado[104], en cuya sede particularmente se analizan y conjugan los términos antes expuestos[105].

---

su propia determinación es parte de los derechos de su personalidad". *Vid.* KEMELMAJER DE CARLUCCI, A. "El Derecho del Niño a su propio cuerpo", *cit.*, p. 110.

103 Señala el citado autor que el término menor maduro es importante no solo para la Bioética, sino para el conjunto de la ética aplicada, esgrimiendo entre sus argumentos los siguientes: muestra las insuficiencias del Derecho para responder a los desafíos que plantean el conjunto de las ciencias biológicas o biomédicas; muestra que la determinación de la capacidad del menor no es un acto mecánico, sino un ejercicio de competencia profesional y conocimiento de las diferentes variables que inciden en la estimación y valoración de un menor concreto, con independencia de su cercanía o lejanía a la frontera formal de la madurez legal; muestra la dificultad de encontrar un criterio formal y procedimental para establecer la madurez si se pretende evitar paternalismos y se busca la autonomía como verdadera preocupación (de ahí que los test para medir los umbrales de capacidad han integrado progresivamente aspectos prácticos, consecuencialistas y prudenciales, además de los verbales, decisionales o comunicativos); y por último muestra la aparición de nuevos ámbitos de actuación de naturaleza mixta donde el derecho, la medicina, la psicología, la pedagogía social y la educación moral están forzados a convivir, pues en la figura del menor maduro se produce una convergencia o fusión de horizontes epistemológicos que fuerzan a que todo programa de intervención se realice siempre en términos de corresponsabilidad prudencial. *Vid.* MORATALLA, D.A. *Cit.*, pp. 50-51.

104 Cuya dinámica se imbrica ineludiblemente con el derecho a la integridad. A juicio de MAGDALENO ALEGRÍA, esta manifestación de la autonomía del paciente es parte del haz de facultades preservadas por el derecho a la integridad en el ámbito de la asistencia sanitaria, posición a la que se suma la jurisprudencia del Tribunal Supremo Español al señalar en su Sentencia número 447/2011 de 11 de mayo, que el consentimiento informado constituye "consecuencia necesaria o explicitación de los clásicos derechos a la vida, a la integridad física y a la libertad de conciencia". *Vid.* MAGDALENO ALEGRÍA, Antonio. "Algunas consideraciones constitucionales acerca de la autonomía del paciente. Sobre la necesidad de adaptar el ordenamiento jurídico español a las garantías de los derechos fundamentales" en ARCOS VIEIRA, María Luisa (Directora). *Autonomía del paciente e intereses de terceros: límites.* Thomson Reuters- Aranzadi. Primera edición, Navarra, 2016, pp. 310, 311 y 314. Por su parte, GARCÍA LLERENA adiciona una óptica a la interrelación entre el consentimiento informado y el derecho a la integridad, sobre la base de apreciar la doble dimensión de este último, a saber, una primera concerniente a la protección de la persona contra los ataques directamente encaminados a menoscabar su cuerpo o estado de salud; y una segunda perspectiva, en sentido derivado, que reconoce la facultad de la persona para adoptar decisiones sobre lo que puede o no ser hecho sobre su esfera corpórea o psíquica y brinda protección al contenido de la voluntad del individuo, de permitir o impedir una actuación que recae sobre dicha esfera. *Vid.* GARCÍA LLERENA, Viviana. *Una concepción iusfundamental del consentimiento informado. La integridad física en investigación y medicina.* Junta del Principado de Asturias-Sociedad Internacional de Bioética, Gijón, 2012, pp. 83-84.

105 Propiamente en el ámbito sanitario resultan ilustrativas los aportes de la profesora CORTINA, quien a través de la idea de dignidad sostiene que al reconocer de forma

A juicio de Simón la manifestación de voluntad que implica el consentimiento informado debería asimilarse a un acto cuasi-personalísimo, sobre la base de que en esta entran en juego bienes jurídicos personales y derechos inherentes a la personalidad, los cuales deben ser ejercitados exclusivamente por su titular siempre que cuente con la capacidad para el acto de finalidad médica, aunque cabe su complemento si dicha condición no se cumple[106].

La prestación de consentimiento en relación con los actos médicos configura un proceso complejo en el que participan dos figuras indispensables cuando tiene como sujeto activo a un menor de edad. El primero de ellos es el propio paciente, titular del derecho a su integridad, con capacidad natural para adoptar una decisión específica en esta esfera, quien actuaría "a ciegas" si el profesional asistencial -en cuya posición se configura el otro sujeto- no le proporcionara en términos comprensibles la información médica imprescindible para poder optar de modo razonable por una u otra opción terapéutica[107].

En tal sentido, Kemelmajer de Carlucci refiere que "bajo esta denominación se analiza si el sujeto puede o no entender acabadamente aquello que se le dice, cuáles son los alcances de la comprensión, si puede comunicarse, si puede razonar las alternativas y si tiene valores para poder juzgar"[108], de modo que según alegan Minyersky y Páramo Bernal, "tiene una fisonomía particular que no se confunde con el consentimiento o capacidad como elemento esencial

---

universal la inherente y radical dignidad del paciente, este se rehabilita como sujeto activo protagonista de su vida y deja de ser súbdito pasivo del médico, colocando a ambos en una posición de simetría moral. Sería esto sinónimo de conceder el papel preponderante al derecho de decisión del paciente, en tanto es él quien tiene un acceso privilegiado a su subjetividad, a sus propios ideales de autorrealización. Así, tales decisiones serán expresión de su propio ser, serán autónomas. *Vid.* Cortina, Adela. *Ética aplicada y democracia radical.* Editorial Tecnos, Madrid, 1993, p. 13.

106 *Vid.* Simón, Pablo. *El consentimiento informado.* Editorial Triacastela, Madrid, 2000, p. 318-319, coincidente con la posición de Highton y Wierza. Estas autoras aportan una definición al respecto, al alegar que "implica una declaración de voluntad efectuada por un paciente, por la cual, luego de brindársele una suficiente información referida al procedimiento o intervención quirúrgica que se le propone como médicamente aconsejable, éste decide prestar su conformidad y someterse a tal procedimiento o intervención (...)". Por lo tanto, se puede inferir que el consentimiento informado implica, en definitiva, que la persona que emite una declaración de voluntad lo haga de manera consciente, con conocimiento sobre las consecuencias que se derivan de tal expresión y con la mayor libertad posible. *Vid.* Highton, Elena y Sandra Wierza, citadas por Herrera, Marisa. "Luces y sombras sobre la voz del niño en su adopción". *Conferencia dictada en el marco de las IV Jornadas Regionales y I Jornadas Nacionales Interdisciplinarias de Adopción.* Mendoza, 2006. Disponible en: http://www2.jus.mendoza.gov.ar/organismos/registro_adopcion/ponencias/LUCES%20Y%20SOMBRAS%20SOBRE%20LA%20VOZ%20DEL%20NINO%20EN%20SU%20ADOPCION.htm. Consultado el 20 de julio de 2017.

107 *Vid.* Dopico Gómez-Aller, Jacobo. "Problemas del consentimiento informado *por representación*" en Bidasolo Corcoy, Mirentxu (Coordinadora editorial). *Consentimiento por representación.* Cuadernos de la Fundación Víctor Grífols i Lucas, número 20, Barcelona, 2010, p. 40.

108 *Vid.* Kemelmajer de Carlucci, A. "El derecho del niño ...". *Cit.*, p. 114.

en la formación del contrato, sino que se vincula con la legitimación para disponer de derechos fundamentales"[109].

Además, en esta sede los dos componentes tradicionales de dicho proceso se concretan del siguiente modo: de un lado el derecho a recibir información clara, veraz, detallada y oportuna sobre todos los aspectos del objeto del consentimiento y por otro, el derecho a decidir de manera autónoma, en ejercicio de la voluntad, sin interferencias, manipulaciones ni coerciones[110].

Conjugar estos dos elementos significaría entonces que dicha información debe ofrecer las mismas garantías que a los adultos, pero con notas muy distintivas, pues el profesional que la administra debe ser activo, asegurándose de que es suficiente y comprendida, para lo que debe tener en cuenta que quien la recibe es más vulnerable al modo en que se brinda, por lo que debe crear un ambiente de confidencialidad, confianza y seguridad que permita al niño empoderarse de cara al ejercicio de sus derechos -con una actitud respetuosa hacia sus opiniones aun cuando difieran de las del profesional- de modo que se promueva verdaderamente la consolidación de su autonomía y la conciencia sobre el ejercicio de sus derechos[111].

En el consentimiento informado confluyen dos principios básicos en la protección de la infancia: su capacidad progresiva y su interés superior. Ambos se apoyan en la tesis de que la protección parental debe ceder ante la capacidad progresiva de los menores para decidir de manera que paulatinamente, en el tránsito a la adultez, asuma el control de las decisiones sobre su propia existencia a medida que adquiera las herramientas indispensables para hacerlo[112].

---

109 *Vid.* MINYERSKY, Nelly y Milena PÁRAMO BERNAL. "Reflexiones sobre la capacidad civil y competencia médica de niños, niñas y adolescentes" en *Revista de Derecho de Familia*, Número 85, julio de 2018, p. 191.

110 *Vid.* JIMENA QUESADA, Luís. *La tutela constitucional de la salud: entre el consentimiento informado y la información consentida. La salud: intimidad y libertades informativas.* Editorial Tirant lo Blanch y Universidad de Valencia, Valencia, 2006, p. 44.

111 Afirman GONZÁLEZ Y DURÁN que la promoción de la autonomía como soporte para el ejercicio de sus derechos parte de su capacidad para decidir, la que se construye en parte en la medida en que una persona se expone a decidir. Aunque sea sobre asuntos poco relevantes, que sin embargo afinan sus habilidades y lo preparan para decidir poco a poco sobre cuestiones cada vez más importantes. En este sentido, la madurez de un menor no debe mirarse en términos dilemáticos maduro/inmaduro, sino desde la intención de construir un diálogo que permita que sea él mismo quien autónomamente decida, teniendo como brújula cuestiones intrínsecas del propio menor, como fundamento del verdadero desarrollo de su personalidad, ya sea en sentido jurídico, como psicológico, en tanto poseedor de conocimiento, razón, discernimiento, voluntad, asunción de límites y de las consecuencias de una decisión. *Vid.* GONZÁLEZ, Ana Cristina y Juanita DURÁN. "Consentimiento informado: capacidad de los menores de tomar decisiones sobre su salud sexual y reproductiva" en *Derechos sexuales y reproductivos de la gente joven: autonomía en la toma de decisiones y acceso a servicios confidenciales.* International Planned Parenthood Federation. Región del Hemisferio Occidental. Madrid, 2015, p. 22; también BASSET, Úrsula C. "Autonomía progresiva. Tendencias jurisprudenciales" en *Revista Derecho de Familia y de las Personas.* Número 9, año II, Octubre de 2010, p. 237 y MORATALLA, D.A. *Cit.*, pp. 53-54.

112 *Vid.* GARCÍA, Diego, *et al. Toma de decisiones en el paciente menor de edad.* Instituto de Bioética. Fundación Ciencias de la Salud. Madrid, 2001, p. 181 y además GONZÁLEZ, A. C. y J. DURÁN. *Cit.*, p. 33.

Como corolario, se puede concluir que los términos capacidad jurídica, aptitudes evolutivas, competencia y menor maduro no representan o responden a realidades contrapuestas, en tanto todos apelan a un factor común, es decir, entrañan de algún modo el concepto de capacidad progresiva, cuya construcción responde precisamente al interés superior del menor. Consecuentemente, la madurez conduce a la autonomía cuando el menor muestra su capacidad de discernimiento para adoptar una posición personal propia, lo que significa capacidad para apropiarse o distanciarse de la moral convencional que le ha servido de referencia en la construcción de su personalidad[113].

Pero la evaluación de la competencia del menor no deja de ser un ejercicio de ciencia y arte en el campo de la incertidumbre y en la valoración adecuada de la probabilidad. Arte, en cuanto a ejercicio personal e individualizado y ciencia en el sentido de que subyace el deber de conocer y aplicar todos aquellos instrumentos y conocimientos que ayuden no solo a evaluar las aptitudes del sujeto, sino a facilitar su progresiva incorporación a la toma de decisiones, en función de sus propios intereses[114].

I.4. EL PRINCIPIO DE INTERÉS SUPERIOR DEL NIÑO EN EL CAMPO DE SU SEXUALIDAD Y REPRODUCCIÓN

El interés superior del menor constituye el eslabón básico en todo asunto que concierna a los menores y quizás es este el motivo que ha dificultado su concreción, de lo que han derivado las disímiles conceptualizaciones que desde el ámbito jurídico han pretendido delimitarlo, sobre la base de su interpretación en el contexto de los derechos reconocidos por la Convención sobre los Derechos del Niño[115].

113 Con esto se quiere significar que el menor se sitúa en la moral convencional de una forma generacionalmente nueva como resultado de una serie de cambios biológicos, cognitivos y socio-emocionales que se van produciendo gradualmente a lo largo del *continuum*, fundamentalmente en el periodo de su adolescencia, por lo que la edad deja de tener la posición preponderante, para comenzar a compartir espacios con criterios relativos a la madurez concreta, junto a la reversibilidad o no y gravedad del acto médico en que interviene. *Vid.* DÍEZ GARCÍA, H. "Comentarios al artículo 162" en Bercovitz Rodríguez-Cano, R. (Director). *Comentarios al Código Civil.* Editorial Tirant lo Blanch, Valencia, 2013, p. 1658 y además, BARCIA LHEMANN, R. "La capacidad extrapatrimonial ...". en *Revista Ius et Praxis.* Año 19, Número 2, 2013, p. 5.

114 *Vid.* ESQUERDA I ARESTÉ, M. y Eva MIQUEL FERNÁNDEZ. "El consentimiento informado del menor de edad: evaluación de la competencia para decidir sobre su salud" en *Bioética y pediatría. Cit.*, p. 372.

115 La Convención fue el primer tratado de derecho internacional que reflejó una concepción nueva sobre los niños, ya que en esta son vistos como personas autónomas y titulares de sus derechos, (en contraposición a antiguas concepciones proteccionistas, como por ejemplo, en la Declaración de los Derechos del Niño de Ginebra de 1924), miembro de una familia y una comunidad, con derechos y responsabilidades ajustadas a su edad y madurez. Coherente con un instrumento internacional que debió responder a la realidad de países de tan diversas atmósferas culturales y políticas, no se definió qué se entiende por "interés superior del niño".

Apunta LIEBEL que el interés superior no se refiere únicamente al desarrollo de la vida del niño o al aspecto generacional, sino en vistas a las diferencias entre los niños mismos, no solo en el ámbito de sus competencias y posibilidades de acción que se les concedan, sino en cuanto a la posición en que ellos mismos se ven dentro de la sociedad o su comunidad. Por ello, si se quisiera identificar y comprender el interés de los niños en toda esta diversidad, es preciso tomar en cuenta sus situaciones y autopercepciones[116].

El Comité de los Derecho del Niño de la Organización de Naciones Unidas en su Observación General número 14[117], efectuó una interpretación del principio en análisis que partió de resaltar la importancia de que los propios niños tengan participación en la determinación de lo que es su interés superior y en su implementación. Al mismo tiempo, lo calificó de complejo, flexible y adaptable, y manifestó que si bien se trata de un grupo etáreo con necesidades universales comunes a todos, su expresión depende de una serie de aspectos individuales.

Estimó por estos motivos que su contenido debe determinarse de forma individual, tomando en consideración la situación y contexto de vida específicos de cada niño -que incluyen, además del entorno social y cultural, su identidad y características personales tales como: edad, género, orientación sexual, religión, personalidad, grado de madurez, discapacidades

---

A nivel regional, la Corte Interamericana de Derechos Humanos en su rol consultivo y no contencioso, emitió en fecha 28 de agosto de 2002 la Opinión Consultiva número 17 sobre la "Condición Jurídica del Niño". Mediante este documento se intentó avanzar en la concreción de varios de los conceptos indefinidos que presenta la Convención sobre los Derechos del Niño. En este sentido, su párrafo 59 alega que la observancia del interés superior del niño "(...) *permitirá al sujeto el más amplio desenvolvimiento de sus potencialidades. A este criterio han de ceñirse las acciones del Estado y de la sociedad en lo que respecta a la protección de los niños y a la promoción y preservación de sus derechos*". Sin embargo esta afirmación tampoco termina por definir qué se entiende por interés superior del niño, respecto al cual se ha afirmado que constituye, más que un principio propio del Derecho de Familia, un principio general del Derecho, en tanto le asiste a todo niño, independientemente de que viva en una familia o carezca de esta. *Vid.* MÉNDEZ COSTA, María Josefa. *Los principios jurídicos en las relaciones de familia.* Rubinzal Culzoni, Santa Fe, 2006, pp. 313, 322 y 323; LEPIN MOLINA, Cristian. "Los nuevos principios del Derecho de Familia" en *Revista Chilena de Derecho Privado*, Número 24, diciembre de 2014, p. 19; LORA, Laura N. "Discurso jurídico sobre el interés superior del niño" en *Revista de Ciencias de Mar del Plata,* Primer semestre, Año 2006. Avances de Investigación en Derecho y Ciencias Sociales. X Jornadas de Investigadores y Becarios. Ediciones Suárez, Mar del Plata, p. 481 y HERRERA, M. *Cit.*

116 *Vid.* LIEBEL, Manfred. "Sobre el interés superior de los niños y la evolución de las facultades" en *Bioética y pediatría. Proyectos de vida plena.* Número 49. Ana Rubio Castro (Editora). Anales de la Cátedra Francisco Suárez. Universidad de Granada, 2015, pp. 46 y 47.

117 *Vid. Observación General N° 14 "Sobre el contenido del principio del interés superior del niño".* (Interpretación oficial publicada el 29 de mayo del año 2013). Centro de Investigaciones Innocenti de la UNICEF, Florencia, 2013, p. 2. En consonancia con esta interpretación, véase además: PENATTI, Marcela Virginia y Soledad PENNISE IANTORNO DE MACHADO. "Determinación del interés superior del niño, tras su incorporación en el Código Civil y Comercial" en *Revista de derecho de familia y de las personas,* Número 1, febrero 2016, Año VIII. Editorial Thompson Reuters-La Ley, Buenos Aires, p. 10 y RAVETLLAT BALLESTÉ, I. y Ruperto PINOCHET OLAVE. "El interés superior del niño en el marco de la Convención Internacional sobre los Derechos del Niño y su configuración en el Derecho chileno" en *Revista Chilena de Derecho.* Volumen 42, Número 3, año 2015, pp. 904-906.

u otras- a la hora de tomar decisiones, con la consecuente incorporación a las consideraciones de los conocimientos científico-sociales que sobre el desarrollo infantil vayan adquiriéndose.

Es este un principio íntimamente ligado al de autonomía progresiva -que a su vez descansa en el derecho a ser oído[118]- en tanto la búsqueda de su propio bienestar de modo inexorable debe franquear todo aquello que obstaculice su rol protagónico en la interpretación y uso de sus derechos, lo que significa entonces llevar al plano de su vida cotidiana el verdadero sentido y relevancia implícitos en aquellos para la resolución de problemáticas concretas a las que se enfrenten.

LANSDOWN señala que los niños precisamente desarrollan sus capacidades cuando se les permite asumir responsabilidad y tomar decisiones propias para su vida y en este contexto distingue tres marcos conceptuales diferentes, pero al mismo tiempo interrelacionados:

> una *noción evolutiva*: que reconoce en qué medida la realización de los derechos promueve el desarrollo, la competencia y la gradual autonomía personal del niño;
>
> una *noción participativa* o emancipadora: que destaca el derecho del niño a que se respeten sus capacidades, transfiriendo la responsabilidad del ejercicio de los derechos de los adultos a los niños, en función de su nivel de competencia;
>
> una *noción protectora*: que admite que el niño, dado que sus facultades se siguen desarrollando durante toda la infancia, tiene derecho a recibir protección contra la exposición a actividades que puedan serle perjudiciales[119].

En esta línea de pensamiento, sostiene CILLERO BRUÑOL que el interés superior protege no que se tomen medidas o decisiones respecto a ellos, sino que las medidas y decisiones que los involucren promuevan sus derechos y no los vulneren[120], o si se quiere, que cuando un menor carezca de capacidad para decidir, el principio rector que sustituya al de autonomía sea la búsqueda de su bienestar[121].

---

118 RIVERO HERNÁNDEZ estima "necesario, más que conveniente, apelar al propio menor, su opinión, voluntad, sensibilidad y además, en la búsqueda y determinación de su mejor interés, para lo que puede aportar datos de especial relevancia objetiva y subjetiva" (*Vid.* RIVERO HERNÁNDEZ, F. "El interés del menor" en *Homenaje al profesor Bernardo Moreno Quesada.* Volumen III, Universidades de Almería, Granada y Jaén, Editorial Dykinson, Madrid, 2000, pp. 1548-1551), criterio con el que coincide AUTORINO STANZIONE, Gabriella. *Diritto di Famiglia.* G. Giappichelli Editore, Torino, 1997, p. 280.

119 *Vid.* LANSDOWN, Gerison, citado por LIEBEL, M. "Sobre el interés superior...". *Cit.*, p. 51.

120 *Vid.* CILLERO BRUÑOL, Miguel. *El interés superior del niño en el marco de la Convención internacional sobre los derechos del niño.* Ministerio de Justicia y del Derecho, Bogotá, 1997, p.2 y en igual sentido, RAMOS CHAPARRO, E. "Niños y jóvenes en el Derecho civil constitucional" en *Revista Derecho Privado y Constitución,* Volumen 3, número 7, Año 1995, p. 183.

121 El bienestar podría traducirse como la realización de cuanto esfuerzo sea preciso para rodear al menor de un conjunto de circunstancias especialmente favorables para su desenvolvimiento en esta etapa vital de su desarrollo como ser humano, cuestión que se dificulta en su aplicación, pues quienes lo definen en muchas ocasiones, aun actuando

De ese modo, la señalada limitación a la autonomía no implicaría caer nuevamente en el anterior sistema tutelar, sino que se toma un eslabón de dicha doctrina al decidir sobre la vida del niño, pero con la particularidad que se lo hace justamente solo para resguardar sus derechos fundamentales. Por lo tanto, no significa apartarse del sistema de protección integral[122], por el contrario, lo hace posible[123].

---

con la mejor intención, no logran sustraerse a sus propias convicciones y prejuicios y, consciente o inconscientemente, valoran ese interés desde su propia óptica vital e ideología, en lugar de hacerlo pensando exclusivamente en el niño, con sus sentimientos, necesidades y escala de valores distintos a los de los adultos. (*Vid.* RAVETLLAT BALLESTÉ, I. "El interés superior del niño: concepto y delimitación del término" en *Revista Educatio Siglo XXI*. Volumen 30, número 2, Año 2012, p. 91). MADRIGAL MARTÍNEZ-PEREDA amplía el anterior criterio al señalar que determinados conceptos metajurídicos, como pueden ser conceptos éticos, prejuicios, estereotipos sociales, convicciones, cultura o incluso secuelas de la propia experiencia vital, operan consciente o inconscientemente en padres, educadores, jueces, fiscales, personal médico, que necesariamente actúan desde su particular concepción del mundo y de la vida y esto trasciende de la decisión familiar a la aplicación judicial, pudiendo llegar incluso a su expresión legal. Se debe recordar que la determinación del interés superior surge siempre en situación de conflicto o colisión de intereses, a que a su vez lleva a la ponderación de los distintos valores en concurrencia y es precisamente en este contexto que surge el riesgo de valorar conforme a las preferencias personales del intérprete o a las costumbres sociales instauradas, en razón de lo cual se han estudiado posibles cautelas que intentan conjurar dicho peligro. Al respecto, *Vid.* MADRIGAL MARTÍNEZ-PEREDA, C. *Cit.*, pp. 95-97.

122 La protección integral es el nuevo paradigma introducido por la Convención sobre los Derechos del Niño en sustitución de la mirada tutelar y asistencialista propugnada por la doctrina de la situación irregular, que consideraba a los niños incapaces de asumir responsabilidad por sus acciones. Por ello, se constituían en objetos pasivos de la intervención "proteccionista" o represiva del Estado. La Convención acogió la doctrina de la protección integral, que comprende la restitución o satisfacción de derechos mediante la implementación y ejecución de políticas públicas, con referencia además al modo de ejercer esos derechos, donde se inserta el principio de capacidad progresiva. *Vid.* Opinión Consultiva OC-17/2002 de 28 de agosto de 2002, solicitada por la Comisión Interamericana de Derechos Humanos. Centro por la Justicia y el Derecho Internacional (CEJIL). Suecia, 2002, pp. 9, 14, 17-18; y en la arena doctrinal: BRANDONE, María Mercedes. "La capacidad de las personas menores de edad ¿una cuestión menor?" en *Revista de Derecho de Familia y Persona*, Número 2, Año VII, marzo de 2015, Editorial La Ley, p. 126; CILLERO BRUÑOL, M. "Los derechos del niño: de la Proclamación a la protección efectiva" en *Revista Justicia y Derechos del Niño*, Número 3, Buenos Aires, Año 2001, p. 55 y del propio autor, "Infancia, autonomía y derechos..." *cit.*, p. 24; BELOFF, Mary, "Un modelo para armar y otro para desarmar: protección integral de derechos del niño vs. derechos en situación irregular" en *Justicia y Derechos del Niño*, número 1, Santiago de Chile, Año 1999, p. 9; HERRERA, M. "Ensayo para pensar una relación compleja: Sobre el régimen jurídico de la capacidad civil y representación legal de niños, niñas y adolescentes desde el principio de autonomía progresiva en el derecho argentino" en *Revista Jurídica y Derechos del Niño*, número 7, Buenos Aires, 2009, p. 7 y BARATA, Alessandro. "Infancia y Democracia" en García Méndez, Emilio y M.Beloff (Compiladores). *Infancia, Ley y Democracia en América Latina*. Editorial Temis- Depalma, Bogotá, 1998, p. 31.

123 *Vid.* DELLE VEDOVE, María Julia. *La autonomía progresiva: el principio que garantiza el ejercicio personal de los derechos del niño. La posible colisión con el interés superior. Especial análisis de los actos médicos del adolescente*, p. 8. Disponible en www.derecho.unc.edu.ar. Consultado el 10 de enero de 2017.

Precisamente, para contrarrestar la ambigüedad que encierra el término "bienestar"-característica apreciable además en el concepto de "interés superior" - se prefiere orientar su interpretación hacia la satisfacción mayoritaria de los derechos reconocidos en la Convención, es decir, que la decisión adoptada resguardará o responderá a su interés superior en la medida que garantice unitariamente el ejercicio del niño de la mayoría de sus derechos. Así, se sustrae el concepto de bienestar del terreno equívoco de las interpretaciones subjetivas[124] para concretarlo en la aplicación práctica de los principios convencionales.

En resumen, opinan GONZÁLEZ y DURÁN[125] que al momento de resolver un potencial conflicto, el interés superior se manifiesta a través de tres premisas básicas: la incapacidad del menor no puede convertirse en una desventaja para la protección de su salud y de su vida, el ejercicio por parte de los padres de las potestades derivadas de su función parental debe ceder ante el derecho del hijo a preservar su integridad o su vida y por último, nadie puede adoptar decisiones cuyas consecuencias negativas directas, como el detrimento del bienestar, recaigan sobre un tercero sin capacidad para evitarlas.

1.4. UNA SÍNTESIS NECESARIA...

La pluralidad de cuestiones analizadas impone que sean sintetizadas con un enfoque hacia la concepción moderna que aporta la teoría del niño como sujeto de derecho, aplicada al ámbito de su sexualidad y reproducción como manifestación de su derecho a la integridad física.

En primer orden, su cualidad de persona, que toma como base su dignidad humana para reconocerlo como titular de derechos de todo orden y que, en sede de los inherentes a su personalidad, conduce a ideas en torno a su capacidad jurídica no solo de derecho, sino también de hecho para su ejercicio y defensa, dado su carácter intransmisible.

Es entonces cuando las tradicionales ideas que socavaban esta posibilidad quedan desterradas, a partir de razonamientos que van más allá del simple dato objetivo de la edad, para buscar en criterios subjetivos, concernientes a su madurez, capacidad natural, aptitudes graduales y competencias, ámbitos de confluencia en pos de conceder al niño espacios de actuación que

124 En esta dinámica en que se inserta el juicio emitido por terceros acerca de la presencia o no en el niño de las competencias o aptitudes necesarias para adoptar una decisión específica siempre será determinante además lo que en una sociedad dada sea definido como funcional. DÍEZ-PICAZO ha efectuado importantes consideraciones en esta línea, al apreciar que tratándose el "beneficio de los niños" de una fórmula de gran ambigüedad, solo la casuística puede perfilar sus contornos, aunque se puede avanzar que lo más beneficioso no es lo que subjetivamente el padre entiende, tampoco son decisivas las creencias de los órganos jurisdiccionales, aunque puedan *de facto* terminar por imponerse; por consiguiente, serán las convicciones generalizadas de la sociedad o grupo humano las que determinen lo que haya de considerarse más beneficioso. Además, tratándose de personas de corta edad, ha de ponderar el beneficio futuro por encima del presente. *Vid.* DÍEZ-PICAZO, L. "El principio de protección integral de los hijos" (*Tout pour l'enfant*) *en La tutela de los derechos del menor.* Córdoba, 1984, pp. 130-131.

125 *Vid.* GONZÁLEZ, A.C. y J. DURÁN. *Cit.*, p. 24.

conjuguen la evolución de sus facultades con su participación responsable en la toma de decisiones acerca de su sexualidad y reproducción, en un entorno de protección a su integridad corporal y de respeto por su proyecto de vida.

No se trata de una regla aplicable a ultranza, sino luego de comprobados determinados presupuestos personales del niño, en estrecho vínculo con el acto de que se trate y el nivel de comprensión que logre acerca de los efectos que de él derivarán. En este ámbito, se aconseja efectuar análisis casuísticos, a partir de descubrimientos científicos modernos que han demostrado la progresión variable de las aptitudes cognitivas, volitivas y emocionales de un sujeto a otro fundamentalmente durante la adolescencia, etapa del ciclo vital en la que se inicia mayoritariamente el ejercicio de sus derechos sexuales y reproductivos.

Así, determinado el grado de madurez y discernimiento que el niño demuestre para tomar una decisión concreta, respecto a un asunto específico de su vida sexual y reproductiva, le será admitido un margen de actuación en consecuencia, en el que habrá de ser considerado en qué medida su validez deberá hacerse depender de la intervención de terceros para su plena eficacia.

El interés superior del niño debe aparecer en el escenario expuesto como fundamento para toda postura que se adopte, en tanto principio cuyo cumplimiento encierra en sí el resto de las conquistas de la Convención sobre los Derechos del Niño, de modo que su interpretación conduce inexorablemente a una valoración individualizada del niño, de su entorno y de las circunstancias que rodean la decisión a tomar.

Pero ¿cómo definir en la práctica -o sea, en el plano de la satisfacción de los derechos- qué es el interés superior del niño y quiénes asumen tal responsabilidad? Los adultos: personal asistencial, jueces u otros operadores o profesionales que trabajan con niños y adolescentes, los padres o tutores... Son ellos quienes le otorgan contenido a esta máxima en materia de infancia y adolescencia. ¿Cómo conjugar el principio de protección del menor -en el que han descansado las limitaciones a su capacidad de obrar- con el del libre desarrollo de su personalidad?

Y es que ambos principios, expone MARTÍNEZ DE AGUIRRE, "se complementan y, a la vez, se limitan mutuamente, delimitando el equilibrio que debe encontrar su regulación civil, de forma que no caiga en una protección exacerbada que ahogue las posibilidades de desarrollo de la personalidad, ni de a esta tanta amplitud que acabe por establecer un régimen de protección marcadamente insuficiente"[126]. Ello, indudablemente, genera un sinnúmero de problemáticas cuando se pretende llevar esta divisa más allá del plano conceptual.

En este sentido, su expresión formal en el horizonte normativo y jurisprudencial patrio y foráneo merece detenimiento, en tanto vía efectiva para la realización de tales derechos.

---

126 *Vid.* MARTÍNEZ DE AGUIRRE, Carlos. "La protección jurídico-civil de la persona por razón de la menor edad" en *Anuario de Derecho Civil*, octubre-diciembre 1992, p. 1396.

Capítulo II

Premisas teórico-jurídicas para el ejercicio autónomo, responsable, de los derechos sexuales y reproductivos por personas menores de edad

Develados los fundamentos teóricos y científicos que sustentan que en determinados supuestos la capacidad de obrar no debe estar vinculada a la edad, sino a la capacidad natural de juicio -presupuesto que cobra afiliación prácticamente unánime de la doctrina cuando de derechos inherentes a la personalidad se trata[1]- resulta indispensable valorar su reflejo normativo tanto en el espacio nacional como foráneo.

Ello será conducente a desandar los caminos legales que trazan dichas regulaciones, para lo cual es preciso indagar acerca de la enunciación propia de tales derechos con una lógica desde lo general hasta lo particular. Resulta relevante además el respaldo a tales posturas doctrinales ofrecido por la jurisprudencia, prolífera a escala internacional, comportamiento que no se replica en el espacio nacional, donde muestra matices muy singulares.

II.1. Capacidad jurídica y derechos sexuales y reproductivos de los niños. Configuración legal y perspectiva jurisprudencial

II.1.1. De los cimientos constitucionales al sustrato sustantivo civil

Hallar alusión expresa a los derechos sexuales y reproductivos en el ámbito privado deviene imposible en la actualidad normativa cubana, en tanto no se destina a aquellos un marco normativo específico en el Código Civil, como tampoco ocurre con el resto de los derechos inherentes a la personalidad, sino a través de la mera remisión al texto constitucional[2].

Esta omisión legislativa ha sido advertida por estudiosos del tema[3], siendo perceptible el consenso en cuanto a que tampoco la Carta Magna vigente

---

1 *Vid. Infra* epígrafe I.3.2.

2 *Cfr.* Artículo 38 de la Ley 59 "Código Civil", de 16 de Julio de 1987, Publicada en Gaceta Oficial Extraordinaria número 9 de 15 de octubre de 1987.

3 *Vid.* Valdés Díaz, C. del C. "Comentarios al artículo 38", en Pérez Gallardo, Leonardo B. (Coordinador) *Comentarios...*, p. 4, Pérez Gallardo, Leonardo B. "De la Codificación Civil" en Valdés Díaz, C. del C. (Coordinadora). *Derecho Civil. Parte General.* Editorial Félix Varela, La Habana, 2000, pp. 67 y 73 y Prólogo al texto *El Código Civil cubano de 1987: veinticinco años después. Libro homenaje al profesor Dr. Tirso A. Clemente Díaz.* Editorial

en nuestro país hasta el año 2019 lograba sistematizar un catálogo al menos generalizado de los derechos personalísimos[4], cuestión que ha sido superada en el texto constitucional recientemente promulgado.

De tal suerte, corresponde indagar con óptica interpretativa, a fin de integrar armónicamente tales regulaciones, teniendo en cuenta que la tutela jurídica de los derechos de la persona y su autonomía, inciden de modo directo en la dignidad del individuo, espacio donde resulta innegable la confluencia de los ámbitos público y privado[5].

La noción de dignidad humana aparece esbozada desde el propio precepto primero del nuevo texto constitucional cubano, en la que sustenta su respaldo a todos los derechos y su ejercicio[6], al tiempo que la reconoce como uno de sus pilares fundamentales[7] y soporte para el reconocimiento de los derechos humanos[8] que a su vez sirven de raíz a derechos fundamentales relevantes conectados a su esfera privada[9], tales como el derecho a la vida, la integridad física y moral, intimidad personal y familiar, a la imagen, al honor e identidad,

---

UNIJURIS, Unión Nacional de Juristas de Cuba, La Habana, 2014, p. XIII e igualmente en la última obra citada, ORDELIN FONT, Jorge Luis. "¿Representación voluntaria de los derechos inherentes a la personalidad?: Consideraciones para un debate desde el ordenamiento jurídico cubano", pp. 112-114 y MONTEJO RIVERO, J.M. "El derecho a la identidad y el reconocimiento de filiación: una mirada desde la posición jurídica del menor en el siglo XXI", pp. 142 y 143.

4 *Cfr.* Constitución de la República de Cuba de 24 de febrero de 1976, Constitución Socialista reformada constitucionalmente en el año 2002. Ministerio de Justicia, La Habana, 2005, cuyo texto reconoció un amplio conjunto de derechos y libertades a los ciudadanos agrupados en el Capítulo VII, bajo la denominación "Derechos, Deberes y Garantías Fundamentales". Merece especial referencia el anterior artículo 9 a) tercera pleca, que rezaba "*El estado garantiza la libertad y la dignidad plena del hombre, el disfrute de sus derechos, el ejercicio y cumplimiento de sus deberes y el desarrollo integral de su personalidad*". A pesar de que el enunciado de este precepto aludía al término "hombre" era posible colegir que lo hacía con un enfoque amplio de la persona, del ser humano, siendo también esta regulación extensiva a niños y adolescentes. En el ámbito de la integridad personal del ser humano, la Carta Magna no se detenía en su definición o contenido, sino que la única referencia expresa se hallaba contenida en el precepto 58 respecto al preso o detenido, mientras que garantiza la inviolabilidad de la persona en sentido general. Todo ello permitía apreciar una identificación a través de tales preceptos de la esfera negativa de manifestación de este derecho, en su categoría más general, tocante a la integridad física del individuo.

5 *Vid. Supra* epígrafe I.3.2.1.

6 En relación con el artículo 40 de la Constitución de la República de Cuba, publicada en la Gaceta Oficial Extraordinaria número 5 de 10 de abril de 2019.

7 Y además, como uno de los fines del Estado. *Cfr.* Artículo 13, inciso f), el que refleja además en la proyección internacional del Estado cubano, *ex* precepto 16 g) de la Constitución de la República de Cuba.

8 *Cfr.* Artículo 41 de la Constitución de la República de Cuba.

9 Con una lógica similar se puede citar el artículo 10, apartado primero, de la Constitución española, que parte de la dignidad de la persona, para conjugarla con los derechos que le son inherentes y el libre desarrollo de la personalidad y en igual línea se sitúa la Constitución Política de la República de Nicaragua en el primer párrafo de su artículo 5 en relación con el 36 del propio cuerpo legal.

tomando como punto de partida el libre desenvolvimiento de la personalidad y el desarrollo integral de la persona[10].

Particularmente, a los derechos sexuales y reproductivos les dedica el texto las disposiciones del segundo párrafo del precepto 43, aunque enfocado únicamente en la figura femenina como su titular, lo que pudiera interpretarse como un intento por fortalecer su posición tanto desde el punto de vista social como jurídico y reforzar su protección frente a conductas de discriminación o violencia de género en cualquier ámbito de su vida. Sin embargo, hombres y mujeres por igual disfrutan de tales derechos y el enunciado de la norma debió consignarlo de ese modo, independientemente de que pudiera particularizar de modo paralelo en regulaciones que consolidaran su estatus de igualdad[11].

Asimismo, aunque solo a través de algunos elementos que le otorgan contenido, también puede deducirse referencia a los derechos sexuales en el precepto 42, al aludir concretamente al sexo, al género, la orientación sexual y la identidad de género.

La protección de los derechos reproductivos también resulta relevante y es posible hallarla en el novedoso cuerpo constitucional a través de su principal referencia[12] a la maternidad y paternidad contenida en el artículo 84, que en sus párrafos segundo y tercero dibuja los contornos para considerarlas "responsables".

En ello radica -en opinión de la autora- su mayor virtud, pues la aptitud para procrear en sí misma no es siempre sinónimo de actitud o posibilidad favorables para cuidar, educar y en definitiva proteger al ser por nacer; en

---

10 *Cfr*. Preceptos del 46 al 48 de la Constitución de la República de Cuba. Además, el texto reafirma la protección al derecho a la integridad en todas sus dimensiones *ex* artículo 95 d), cuyo respeto se erige como garantía dentro de todo proceso penal. En coherencia, la salud también es integrado a la gama de derechos que hallan respaldo en el artículo 46, dada la inevitable conexión existente entre esta, la vida y la integridad corporal.

11 En línea con estas ideas, merecen detenimiento, por meritorias, las regulaciones de la Constitución de la República del Ecuador del año 2008 , que parte en su artículo 32 de reconocer la salud como derecho fundamental de todos sus ciudadanos, particularizando en la salud sexual y reproductiva y en la prestación de los servicios de este tipo con *enfoque de género*; para luego, en su artículo 43 disponer que: *El Estado garantizará a las mujeres embarazadas y en periodo de lactancia los derechos a: 1. No ser discriminadas por su embarazo en los ámbitos educativo, social y laboral (...)*; además de que los apartados noveno y décimo de su artículo 66 (precepto dedicado a los derechos personalísimos) establecen que "*el Estado reconoce y protege el derecho a tomar decisiones libres, informadas, voluntarias y responsables sobre su sexualidad, y su vida y orientación sexual. El Estado promoverá el acceso a los medios necesarios para que estas decisiones se den en condiciones seguras. 10. El derecho a tomar decisiones libres, responsables e informadas sobre su salud y vida reproductiva y a decidir cuándo y cuántas hijas e hijos tener.*

12 Aunque no la única, pues el derecho a fundar una familia consagrado en el artículo 81 alude tanto las constituidas por lazos de afecto marital como filial. Sin embargo, considera la autora que de igual modo se debió reconocer el derecho de toda persona a pertenecer a una familia, aspecto que se conecta otros bienes que le son inherentes como *v.gr.* su identidad, que en las primeras etapas de la vida puede incidir de modo significativo en el pleno desarrollo de su personalidad y que de algún modo es deducible del último párrafo del artículo 83 del propio texto.

tanto la condición de ser padre o madre lleva implícita un amplio número de responsabilidades atribuibles, con carácter primordial, a los progenitores[13]. En este sentido, al refrendar el citado precepto 46 de modo unitario la vida, la integridad, la libertad y la salud se puede apreciar una intención hacia su consideración inseparable y perfectamente aplicable al ámbito reproductivo, en tanto se trata de derechos que acertadamente VELA BARBA[14] ha calificado

13 En relación con esta temática, KEMELMAJER DE CARLUCCI analiza el voto particular de Luis Roberto Barroso, juez del Superior Tribunal de Justicia de Brasil, sobre el *Habeas Corpus* 124.306 de la sala I del Superior Tribunal de Justicia de Brasil (29/11/2016). El magistrado, en franca oposición a la penalización del aborto, argumenta: "*El embarazo, bendición cuando es deseado, se convierte en un tormento cuando es indeseado. Adviértase que continuar con el embarazo implica asumir una obligación para toda la vida, exige renuncias y compromisos muy profundos respecto del otro ser. Tener un hijo por imposición del derecho penal y no por la voluntad libre configura, entonces, un ataque a la integridad física y psíquica*". *Vid.* KEMELMAJER DE CARLUCCI, A. "Una sentencia brasileña...", *cit.*, p. 164.

14 Particularmente, la autora señala la interpretación que sobre esta temática ha sentado la Suprema Corte de Justicia de la Nación mexicana, en consonancia con la posición de la Corte Interamericana de Derechos Humanos que, sobre la base del artículo 11 de la Convención Americana de Derechos Humanos y el 17 del Pacto Internacional de Derechos Civiles y Políticos, ha dejado sentado que "*la vida privada incluye la forma en la que el individuo se ve a sí mismo, y cómo decide proyectarse hacia los demás, y es una condición indispensable para el libre desarrollo de la personalidad*". Al respecto, señala la Suprema Corte mexicana que comprende, entre otras, la "*libertad de contraer matrimonio o no hacerlo; de procrear hijos y cuántos, así como en qué momento de su vida, o bien, decidir no tenerlos; de escoger su apariencia personal y...por supuesto, la libre opción sexual, pues todos estos aspectos, evidentemente, son parte de la manera en que el individuo desea proyectarse y vivir su vida y que, por tanto, solo él puede decidir en forma autónoma.*" Amparo Directo Civil 6/2008, Suprema Corte de Justicia de la Nación mexicana, p. 86 *cit. pos.* VELA BARBA, E. *Cit.*, p. 495.

En esta línea, se puede citar también la postura del Tribunal Constitucional colombiano, que en su Sentencia número 355/2006 dispuso: "*(...) el derecho a la salud tiene una estrecha relación con la autonomía personal y el libre desarrollo personal que reserva al individuo una serie de decisiones relacionadas con su salud libre de interferencias estatales y de terceros.*" En idéntico sentido se ha pronunciado también el profesor LANDA, quien fuera Presidente del Tribunal Constitucional de Perú, y que a través de emblemáticas sentencias de Salas de Justicia del área latinoamericana y de la Corte Interamericana de Derechos Humanos expone cómo estos derechos han sustentado la protección que en los últimos años se ha dispensado a "*novísimos derechos humanos relativos a los derechos sexuales y reproductivos, como la orientación sexual e identidad de género (...) y la reproducción sexual asistida (...)*". *Vid.* LANDA, César. "Los derechos sexuales y reproductivos en la jurisprudencia de la Corte Interamericana de Derechos Humanos" en *Revista da AJURIS*. Volumen 44, Número 142, Porto Alegre, junio de 2017, pp. 323-324.

Es posible encontrar además esta interrelación en el ámbito jurisprudencial argentino, a través de la Sentencia de 23 de octubre de 2013 que firma que "*existe un vínculo estrecho entre la autonomía personal, la libertad reproductiva y la integridad física y psicológica, este último conectado, a su vez, con el derecho a la salud, debido a que siendo la preservación de las condiciones físicas, psicológicas y espirituales de la persona objeto de protección del derecho fundamental a la integridad personal existe una estrecha relación entre este derecho y el derecho a la salud [pues este último] protege igualmente la preservación de la integridad de la persona humana*". Cámara de Apelaciones en lo Civil, Comercial, Mendoza, Argentina, Sala II, causa I. F. L. y otros contra *Swiss Medical* S.A. sobre acción de amparo, de 23 de octubre de 2013, en DE LA TORRE, Natalia. "Panorama jurisprudencial sobre las técnicas de reproducción humana

como "paraguas", es decir, que bajo su manto tutelan indirectamente múltiples aspectos de la sexualidad y la reproducción[15].

Siguiendo la idea de la igualdad proclamada como uno de los principios que inspiran su articulado[16], resulta significativa la inclusión de la edad entre las causales de discriminación proscritas[17] expresamente en la norma 42, de modo que así otorga cabal resguardo a aquellas personas que, dado el momento por el que transcurren sus vidas (entiéndase tanto personas menores de edad como adultos mayores), podrían encontrarse en situaciones de vulnerabilidad, al tiempo que toma a la persona como eje de su titularidad a través de la garantía de su pleno goce y ejercicio, lo que debe ser visto como un acierto si se toma en cuenta la posición que al unísono respalda la doctrina acerca de la consideración del menor como tal[18].

Respecto a la constitucionalización de los derechos de la niñez, es loable el sentido del artículo 86[19], enfocado hacia la responsabilidad tanto a nivel

---

asistida en cobertura médica". Disponible en: http://www.salud.gob.ar/dels/entradas/panorama-jurisprudencial-sobre-las-tecnicas-de-reproduccion-humana-asistida-en-cobertura. Consultado el 12 de febrero de 2018.

15 En el espacio internacional se hallan referencias expresas a estos derechos. Así, la Constitución de los Estados Unidos Mexicanos prevé en su artículo 4 el derecho de toda persona a decidir de manera libre, responsable e informada sobre el número y espaciamiento de sus hijos. A idéntico sentido se contrae el artículo 16, párrafo primero, inciso e) de la Convención sobre la Eliminación de todas las formas de Discriminación contra la Mujer (CEDAW), que dispone que las mujeres y los hombres tendrán "*los mismos derechos a decidir libre y responsablemente el número de sus hijos y el intervalo entre los nacimientos y a tener acceso a la información, la educación y los medios que les permitan ejercer estos derechos*". Adoptada y abierta a firma y ratificación o adhesión desde el 18 de diciembre de 1979, en vigor desde el 3 de septiembre de 1981 y de la que Cuba fue uno de sus primeros países signatarios.

16 *Cfr.* Artículos 1, 13 d), 42 y 44 de la Constitución de la República de Cuba.

17 Y en este sentido ha expresado PALAZZANI que "La misma doctrina de los derechos humanos lo subraya con evidencia: la edad no tiene que ser un factor de diferenciación o, peor aún, de discriminación". *Vid.* PALAZZANI, Laura. "Menores, Bioética y Derecho: autonomía y responsabilidad en la toma de decisiones en relación a tratamientos sanitarios en el derecho italiano", en RUIZ-GALLARDÓN, Isabel y Antonio GARCÍA DE PABLOS MOLINA (Editores). *Los menores ante el Derecho.* Facultad de Derecho, Universidad Complutense, Madrid, 2005, p. 232.

18 *Vid. Infra* epígrafe I.1.1.

19 Precepto que no aparece aislado dentro del Título IV destinado a la ciudadanía, pues en principio se concatena inevitablemente con el artículo 84 -que en su tercer párrafo impone a los progenitores el deber de *respetar y garantizar el pleno ejercicio de sus derechos,* en función de su interés superior- pero además desde los artículos 66, 68, 73 y 74 del Capítulo II, dedicado a los "*Derechos*", se hace evidente la preocupación de la sociedad y del Estado por la formación integral de la niñez, pero además responsabilizan a las familias y particularmente a los progenitores en la defensa de sus legítimos intereses, de modo que a través de la atención y protección a las familias -como espacio primario de formación del niño- se persigue, por transitividad, dispensarles un entorno de garantías para sus derechos. En esta línea, la Sala Tercera de Revisión de la Corte Constitucional de Bogotá, D.C., en su sentencia de 7 de febrero de 2011 manifestó que "*(...) existe dentro del ordenamiento jurídico colombiano e internacional un imperativo para la familia, la sociedad y el*

estatal, social y familiar en la formación integral y pleno desarrollo de sus potencialidades, como garantía para el pleno ejercicio de sus derechos[20].

Precisamente este último aspecto receptado en la norma constituye uno de los méritos más notables de su articulado en materia de protección a las personas menores de edad, pues encarna la recepción constitucional de uno de los más relevantes principios convencionales a través del reconocimiento hacia su personalidad jurídica no solo en el goce y titularidad de los derechos, sino además a través de su capacidad natural para su ejercicio y defensa, a cuyo fin su interés superior deviene brújula que guiará toda decisión que les atañe[21].

Estos preceptos son coherentes con la obligación asumida por Cuba, como Estado signatario de la Convención sobre los Derechos del Niño, de acoger sus postulados en su normativa interna -cuestión respaldada por países como España, Argentina, Ecuador, Colombia, Brasil y Bolivia[22]- en tanto como

---

Estado de brindar una auxilio prevalente a los niños, niñas y adolescentes; y de adoptar medidas de protección efectivas, que estén orientadas primariamente a garantizar el ejercicio integral y simultáneo de los derechos de estos sujetos".

20 En consonancia, la jurisprudencia constitucional colombiana ha reconocido la especial protección que merecen los niños al señalar que los niños han pasado *"de ser sujetos incapaces con derechos restringidos y hondas limitaciones para poder ejercerlos pasaron a ser concebidos como personas libres y autónomas con plenitud de derechos, que de acuerdo a su edad y a su madurez pueden decidir sobre su propia vida y asumir responsabilidades. La condición de debilidad o vulnerabilidad en la que los menores se encuentran, la cual van abandonando a medida que crecen, ya no se entiende como razón para restringir sus derechos y su capacidad para ejercerlos. Ahora es la razón por la cual se les considera "sujetos de protección especial" constitucional. Es decir, la condición en la que se encuentra un menor no es razón para limitar sus derechos, sino para protegerlo. Pero esta protección tiene una finalidad liberadora del menor y promotora de su dignidad. Por eso, los derechos de los niños deben interpretarse a la luz del respeto y la defensa que demanda la Constitución de su autonomía y de su libertad (pro libertatis)"*. Corte Constitucional de Colombia, Sentencia C-507 de 2004.

21 La Corte Suprema chilena, en Sentencia de 11 de abril de 2011, resume la definición que está siendo utilizada por la jurisprudencia de ese país para identificar esta cláusula abstracta del interés superior del niño, al pronunciarse del siguiente tenor literal: *"este principio tiene directa relación con el pleno respeto de los derechos esenciales del niño, niña o adolescente, en procura del cabal ejercicio y protección de sus derechos esenciales y se identifica con la satisfacción plena de los derechos de los menores, en su calidad de personas y sujetos de derechos. Asimismo, constituye un elemento importante de interpretación como norma de resolución de conflictos jurídicos, permitiendo decidir así situaciones de colisión de derechos, según su contenido y la ponderación de los que se encuentran en pugna"*. Esta percepción fue ratificada unos años más tarde por la propia Corte Suprema, en Sentencia de 14 de enero de 2013. *Vid.* Revetllat Ballesté, I. y R. Pinochet Olave. "El interés superior del niño..." *cit.*, p. 927.

22 *Cfr.* Artículo 4 de la Convención sobre los Derechos del Niño y Observación General número 5 del año 2003 del Comité de los Derechos del Niño, sobre medidas de aplicación de dicho instrumento internacional, entre las cuales el Comité de los Derechos del Niño menciona el requerimiento a introducir cuantas reformas legislativas sean precisas para adaptar el derecho interno a las obligaciones derivadas de la Convención, así como la posibilidad de invocación directa de los derechos de los niños ante los tribunales.

El cumplimiento de dicho mandato se refleja en textos constitucionales como el de España, que ha refrendado expresamente que los niños gozarán de la protección prevista en los acuerdos internacionales que velan por sus derechos. (artículo 39.4, en relación con el

acertadamente asevera PÉREZ GALLARDO, "no se concibe hoy una interpretación de las normas jurídico-civiles si no se hace desde la Constitución y desde los Tratados Internacionales de Derechos Humanos"[23], los que además reconoce KEMELMAJER DE CARLUCCI como instrumentos vivos y, en defensa de una exégesis dinámica, agrega que "su interpretación tiene que acompañar la evolución de los tiempos y las condiciones de vida actuales"[24].

Sin embargo, el magno texto no confiere abiertamente la posibilidad de aplicación directa de la Convención en la resolución de determinados asuntos[25], en tanto eje jerárquico en el resguardo de los bienes esenciales

---

artículo 10.2). Por su parte, la Constitución argentina otorga a la Convención sobre los Derechos del Niño, *ex* artículo 75, jerarquía superior a las leyes (apartado 22) y prevé expresamente entre las atribuciones del Congreso: *legislar y promover acciones positivas para garantizar el pleno goce y ejercicio de los derechos reconocidos en la Constitución y en los tratados internacionales sobre derechos humanos, particularmente aquellos referidos a los niños* (apartado 23). Resultan relevantes los dictados de los preceptos constitucionales del 44 al 46, 51, 57, 66, 81 y 175 de la República del Ecuador, las normas 44 y 45 de la Constitución Política de Colombia de 1991, el artículo 5, apartado LXXX.2 y 227 de la Constitución de la República Federativa de Brasil (en relación con el precepto 24, apartado primero y de la Constitución Política del Estado Plurinacional de Bolivia sus normas del 58 al 61 y 65, que logran individualizar un estatuto jurídico del niño, con indicación específica de los derechos que disfrutarán de acuerdo con los instrumentos internacionales de derechos humanos que los protegen.

23 *Vid.* PÉREZ GALLARDO, L.B. "El Código Civil cubanos de 1987 y los tiempos actuales: ¿Es la hora de celebración o la del réquiem?" en *Revista Cubana de Derecho*. IV Época, Número 50. Julio-diciembre de 2017. Editorial UNIJURIS, La Habana, p. 15. Justamente, en este sentido se pronunció la Sala Civil y Comercial de la Suprema Corte de Justicia de la República Dominicana, que en su Sentencia número 122, de 6 de febrero de 2013 consideró que *"es deber del tribunal al momento de adoptar una decisión en donde se involucren los derechos fundamentales del niño, analizar las normas internacionales que rigen la materia (...)"*, por lo que la Convención sobre los Derechos del Niño, al haber sido ratificada por el Congreso Nacional, forma parte del derecho interno.

24 *Vid.* KEMELMAJER DE CARLUCCI, A. Taller sobre la codificación del Derecho Familiar. La experiencia de América Latina. Impartido en La Habana, entre los días primero y 4 de abril de 2019.

25 Como sí existía en el artículo 39, segundo párrafo, del Proyecto de Constitución publicado para su consulta popular. No obstante, si bien es cierto que a diferencia de los textos constitucionales referidos *supra*, la Carta Magna cubana no refiere directa o indirectamente cuáles serán los derechos humanos de los que disfrutarán los niños o alude directamente a la Convención sobre los Derechos del Niño como norma internacional destinada por excelencia a su protección, se aprecia a través del inciso c) de su artículo 16 la intención constituyente de aplicar a la realidad socio-jurídica cubana los dictados de los instrumentos internacionales, al disponer: *"La República de Cuba (...) sostiene su voluntad de observar de manera irrestricta los principios y normas que conforman el Derecho Internacional, en particular la igualdad de derechos (...)"* en conjugación con el precepto 8, que, sin soslayar el respeto por la supremacía constitucional, integra al ordenamiento jurídico nacional lo prescrito por los tratados internacionales ratificados por Cuba, los que servirán a la interpretación de las normas vigentes en el país al tener como sustrato la dignidad plena del ser humano (artículo 40). Significa esto entonces, en términos de derechos de la infancia, que cuando se ventilen cuestiones relacionadas con sus derechos, la Convención sobre los Derechos del Niño podrá servir de pauta orientativa para su resolución y sus principios podrán ser invocados directamente por los tribunales en la aplicación e interpretación de las

del ser humano y en especial, de aquellos cuyos derechos pudieran ser más susceptibles de vulneración, aspecto que debió merecer tutela constitucional a fin de lograr, con ello, garantía superior[26].

Adyacentemente, las principales normas de desarrollo vigentes encargadas de individualizar el estatuto jurídico del niño en el ámbito civil tanto a nivel personal, familiar, como social son el Código Civil de 1987, el Código de Familia de 1975 y el Código de la Niñez y la Juventud de 1978, desfasadas en relación con el nuevo texto constitucional.

En el orden puramente privado, es conocido el desliz del legislador del Código Civil en el artículo 1 al omitir las relaciones personales puras, a lo que se suma que la norma sustantiva cubana no particulariza en los derechos inherentes a la personalidad, aunque la autora coincide con la postura de ÁLVAREZ-TABÍO ALBO al observar que no resulta imprescindible una descripción pormenorizada de poderes concretos, o de su objeto, sería suficiente la mención y el establecimiento de medidas protectoras de carácter general, quedando en manos de la jurisprudencia, en su apreciación de cada caso, la labor de perfilar progresivamente los modos de protección de cada supuesto[27].

En su defecto, el artículo 38 se erige como el único sostén de regulación de tales derechos -gracias al precedente que sienta el artículo 24 al reconocer la personalidad y con ello, los derechos que le son inherentes- aunque únicamente a través de la remisión al texto constitucional, lo que en el panorama normativo actual resulta más prometedor que en el de su predecesor[28]. No obstante, no puede pensarse que la técnica del legislador patrio es tendencia generalizada a escala internacional, en tanto es posible citar ejemplos de Códigos civiles como el brasileño, el paraguayo, mexicano, el venezolano, el francés, el peruano, el italiano y el colombiano que contienen referencias expresas a tales derechos, entre los cuales resaltan los dos últimos

---

normas vigentes en Cuba, en virtud de la fórmula que emplea el segundo párrafo del artículo 86, al declarar que los niños disfrutarán, además de *los derechos reconocidos en esta Constitución, de los propios de su especial condición de persona en desarrollo* -los que tienen como instrumento de máximo respaldo a la Convención- y en unión de la potestad que les reserva el párrafo segundo *in fine* del artículo 148 del texto constitucional. Esta posición ha sido respaldada además por la jurisprudencia del Tribunal Constitucional español, que ha catalogado de carácter de vinculante este criterio para la interpretación de su normativa interna en las Sentencias 20/99 de 31 de enero, 91/2000 de 30 de marzo y 123/05 de 12 de mayo, citadas por MADRIGAL MARTÍNEZ-PEREDA, C. *Cit.*, p.80.

26 *Vid.* PRIETO VALDÉS, Martha. "La Constitución, el Código Civil y las interconexiones necesarias" en PÉREZ GALLARDO, L.B (Coordinador). *El Código Civil cubano..., 30 años después*. Ediciones ONBC, La Habana, 2018, p. 47.

27 *Vid.* ÁLVAREZ-TABÍO ALBO, A.M. "Los derechos inherentes a la personalidad", en *Boletín de la Organización Nacional de Bufetes Colectivos,* Número 16, La Habana, julio-septiembre 2004, p. 52.

28 Para una referencia comparativa más extensa y acabada, en contraste con los elementos aportados con anterioridad, consúltese VALDÉS DÍAZ, C. del C. "Comentarios al artículo 38", *Cit.*, 2014, pp. 1-20 y PRIETO VALDÉS, M. "La Constitución, el Código Civil...", *Cit.*, pp. 33-52.

señalados, por sus enfoques particularizados a los supuestos en que recae en el niño su titularidad[29].

Sin embargo, el sentido semántico de la propia norma podría eclipsar su alcance si se observa que resume su ámbito a los actos lesivos que afecten el patrimonio o el honor del titular del derecho de que se trate[30]. En primer orden, porque cualquier afectación infringida a la personalidad y con ella, a la dignidad del individuo, no tiene como eje primario o directo de lesión su patrimonio -aunque esto no desdice la posibilidad de que resulte afectado paralelamente- sino aquellos bienes personales que conforman la esencia del sujeto, ya sea en el plano de su subjetividad o en otro más objetivo, es decir, el tocante al ámbito físico de la persona, que vendría a conformar el segundo argumento y resultó lamentablemente obviado en el precepto.

---

29 *Cfr. Código Civil Brasileiro do 2002 y legislação correlata. 2da edição, atualizada até julho do 2008. Edição do Senado Federal. Brasilia*, 2008, con un capítulo de su texto dedicado a tales derechos, dentro del cual regula por ejemplo el derecho a la integridad física (artículos del 13 al 15), al nombre (artículos del 16 al 19), a la propia imagen y a la intimidad (artículo 20); el paraguayo, que en su artículo 13 contiene un reconocimiento expreso a los derechos reproductivos, aunque los limita exclusivamente a "los cónyuges" al disponer que tendrán derecho a *decidir libre y responsablemente el número y espaciamiento de sus hijos y tienen derecho a recibir al respecto orientación científica en instituciones estatales.* (Ley No. 1 de Reforma Parcial al Código Civil de 15 de julio de 1992). En México, el Código Civil Federal (publicado en el Diario Oficial de la Federación, Texto vigente según la última reforma publicada en el año 2012) contempla el derecho a la integridad física en sus tres manifestaciones, así como el derecho al honor, a la propia imagen y a la intimidad en ocasión de regular el contenido del daño moral y sus efectos a partir del precepto número 1916. Venezuela, por su parte, lo dispone de modo semejante, por vía de la obligación de reparación ante cualquier acto ilícito que ocasione daños materiales o morales, con la facultad adicional de que el Juez fije una indemnización en supuestos en que se lesione el derecho a la integridad, al honor o reputación personal o familiar, la libertad y la intimidad (artículo 1196). Por su parte, el *Code* desde su artículo 9 proclama la protección al derecho a la intimidad a través del respeto a la "vida privada"; el número 16 protege la dignidad de la persona y su derecho a la integridad, y al nombre *ex* artículo 57. Resulta digno de destacar este último precepto señalado en el sentido de que enfoca su protección de modo especial hacia el niño, colocando su interés superior en el eje para la determinación del nombre en su trascendencia hacia la persona del menor o de terceros. De igual modo, el derecho a la integridad, al nombre, a la imagen encuentran protección expresa en Italia en los artículos 5, 6 y 10 del *Codice Civile. (Approbato con Regio Decreto N.262 del 16 de marzo de 1942 e come modificato dalla Decreto N.291 de 7 de dicembre de 2016)*. También en la norma sustantiva colombiana consta protección expresa al derecho a la identidad y al nombre del niño en su artículo 218 (Código Civil Colombiano, según la modificación operada en virtud de la Ley 1060 de 2006) y el peruano (Código Civil promulgado por el Decreto legislativo número 295 de 24 de julio de 1984) dedica su artículo 5 a los derechos de la persona humana, dentro de los que contempla la vida, la libertad, la integridad física, el honor y los demás inherentes a la persona humana y declara irrenunciables e intransferibles. Otros como la intimidad personal y familiar hallan espacio (artículo 14), como también a la propia imagen y voz (artículo 15), el nombre (del 19 al 32).

30 Reza el artículo 38: *La violación de los derechos inherentes a la personalidad consagrados en la Constitución, que afecte el patrimonio o al honor de su titular (...).* Ley 59, Código Civil, de 16 de Julio de 1987, Publicada en Gaceta Oficial Extraordinaria número 9 de 15 de octubre de 1987.

El primero de ellos parecería haber sido salvado por el codificador al referirse expresamente al honor, pues de acuerdo con la clasificación más generalizada de los derechos inherentes a la personalidad, este se incluye dentro de aquellos protectores de la esfera espiritual. Aunque, en opinión de la autora, tal formulación no agota la gama de matices que engloba esta categoría[31], peor suerte corrieron los que tutelan la corporeidad del individuo. En estas circunstancias, sabiamente VALDÉS DÍAZ contrarresta los efectos nocivos de una interpretación restrictiva del citado artículo a través de un criterio hermenéutico, en defensa de que su contenido dispense de modo integrador las garantías necesarias para hacer valer cualquiera de los derechos mencionados[32].

Cuestiones vinculadas a factores de hecho requeridos para su ejercicio y defensa tampoco son esclarecidas de modo expreso en el texto sustantivo civil, sino que la capacidad jurídica aparece delineada a partir del artículo 28, para distinguirla en virtud de los preceptos a partir del 29, de la capacidad de hecho[33], con base a lo que define PÉREZ RIPOLL[34] como un sistema de capacidad civil estructurado sobre una relación de inclusión-exclusión.

El punto de partida en torno a estas regulaciones en el ámbito que ataña a este trabajo lo constituye el apartado dos de este último, que acoge la posibilidad de que la ley establezca determinadas edades para realizar ciertos actos, como vía de acceso[35] para que la normativa nacional establezca las actuaciones que, en el ámbito jurídico, serían admisibles incluso por debajo de la exigida para la plena capacidad de obrar, dispuesta en el apartado primero.

Esto podría implicar la asimilación de un sistema normativo marcado por edades o actos, pero que no logra materializarse, pues la ley no lo desarrolla en beneficio de la minoridad. A partir de esta lógica de lo general a lo particular, admite según el tenor del artículo 30 limitadas posibilidades de actuación a sujetos en edades entre los 10 y 18 años, cuya capacidad es restringida al

---

31 *Vid. Supra.* epígrafe I.3.2.1.

32 *Vid.* VALDÉS DÍAZ, C. del C. "Comentarios al artículo 38", *cit.*, p. 11.

33 En sintonía con la tendencia jurisprudencial nacional, que las distingue al apreciar acertadamente que la capacidad de obrar "*como componente esencial de la capacidad jurídica, permite su graduación o modificación, en tanto no es uniforme, quedando sujeto su ejercicio a condiciones de madurez y válido discernimiento, que se traducen en causales de restricción sobre la libre actuación del individuo en sociedad*". *Vid.* Sentencia 752 de 30 de septiembre de 2016. Tribunal Supremo Popular. Sala de lo Civil y de lo Administrativo. *Cit. pos.*, PÉREZ GALLARDO, L.B. *Código Civil de la República de Cuba. Ley № 59/1987 de 16 de julio (Actualizado, anotado y concordado).* Quinta edición. Ediciones ONBC, La Habana, 2019, p. 49.

34 *Vid.* PÉREZ RIPOLL, A. "La capacidad progresiva de los menores de edad. Apuntes sobre su expresión en la normativa civil y familiar cubana". Inédito, p. 5.

35 También interpretada "una puerta abierta a la aplicación de la capacidad progresiva de los niños", como ha sostenido Alicia RAJMIL (Presidenta del Instituto de Derecho e Integración. Colegio de Escribanos de Rosario, Argentina), a pesar de las propias limitaciones semánticas que impone el enfoque de la norma en análisis. Al respecto, *Vid.* RAJMIL, Alicia. "Impacto de las grandes convenciones internacionales sobre derechos humanos en la función notarial". Conferencia pronunciada durante la XIII Jornada Internacional de la Sociedad del Notariado Cubano. Hotel Habana Libre, La Habana, 7 y 8 de noviembre de 2018.

circunscribirla mediante términos demasiado genéricos a aquellas que tengan por finalidad *satisfacer sus necesidades normales de la vida diaria*[36], *(...) disponer de estipendios* o de la *retribución por su trabajo* (una vez alcanzada la edad laboral)[37].

Si bien la mera corporificación legal de un estadío intermedio de capacidad sustenta la admisión de la evolución cognoscitiva o de discernimiento que experimenta el niño a través de su vida, no es posible asimilar esta tendencia a

---

36 Redacción no exenta de disímiles interpretaciones -por cuanto tales *necesidades* pueden variar de un sujeto a otro, quienes probablemente, aun siendo aquellas semejantes, las verán satisfechas de distinto modo, lo que justificaría entonces que se valore casuísticamente si el acto en que pretenda intervenir el sujeto puede ser asimilado al enunciado del precepto, aunque en opinión de la autora lo más sensato debería ser admitir que las personas mayores de 10 años contarán siempre con aptitud legal para satisfacer personalmente todo tipo de requerimientos habituales de su vida. Sin dudas, esta postura legislativa se inclina hacia la concesión de espacios de actuación a personas en estas edades, cuestión que ha sido sostenida y ampliada por criterios doctrinales enfocados al ámbito negocial. Al respecto, ROSELLÓ MANZANO apunta que "Ver al menor de edad como una persona absolutamente incapaz, es una concepción totalmente superada: desde el punto de vista filosófico, atendiendo a su dignidad como persona, y desde el punto de vista fáctico, atendiendo a que es una realidad insoslayable que cada vez más los menores, después de una determinada edad, se ven envueltos libremente y por voluntad propia en relaciones jurídicas obligatorias, que aun cuando muchas tengan su fuente en el contacto social, no dejan de ser tales." (*Vid.* ROSELLÓ MANZANO, R. "La unificación de los regímenes contractual y extracontractual de responsabilidad civil en Cuba". Tesis presentada en opción al grado científico de Doctor en Ciencias Jurídicas, La Habana, 2011, p. 20.) Al unísono con este criterio, JORDANO FRAGA y LÓPEZ SAN LUIS estiman que en la práctica se desarrolla una actividad jurídica contractual creciente en la que intervienen los menores por sí mismos sin que sea cuestionada su validez y eficacia, entre los que colocan como ejemplos la compra de objetos para su uso personal, libros o golosinas, contratos de transporte, espectáculos, entre otros. (*Vid.* JORDANO FRAGA, F., "La capacidad general...", *cit.*, p. 857 y LÓPEZ SAN LUIS, R. *La capacidad contractual... Cit.*, p. 59), transacciones patrimoniales cuyo fundamento jurídico, según HERRERA, descansa en "La presunción de aceptación o autorización paterna, es decir, que los niños actuaron con la anuencia de sus progenitores, por lo cual, se trataría de un acto mixto donde los niños prestan el consentimiento y los padres asienten, pero de modo presunto." *Vid.* HERRERA, M. "Ensayo para pensar una relación compleja... *Cit.*, p. 22.

37 *Cfr.* Inciso a) del citado artículo. Sin embargo, en el ámbito internacional resaltan regulaciones de países como Francia, que sitúa en el apartado primero del artículo 388 el núcleo de protección hacia la personalidad del niño, al tiempo que hace descansar en su *capacidad de discernimiento* la posibilidad de intervenir en cualquier *procedimiento que le afecte*, tanto si lo hace *solo, con intervención de un abogado u otra persona de su elección*. (Código Civil de la República de Francia de 21 de marzo de 1804. Disponible en: *http://195.83.177.9/upl/pdf/code_41.pdf*. Consultado el 24 de mayo de 2016) y también el Código Civil español reconoce la autonomía en cuanto al ejercicio personal, *de acuerdo con su madurez*, de los derechos de la personalidad del menor *ex* artículo 162. (*Boletín Oficial del Estado*. Edición actualizada a 31 de mayo de 2017. Catálogo de publicaciones de la Administración General del Estado). En igual sentido, el Código Civil peruano contiene previsión al respecto en su precepto 455, que reconoce en el menor *capaz de discernimiento* aptitud para aceptar bienes a título gratuito, ya sean donaciones, legados o herencias voluntarias sin intervención de sus padres, así como para el ejercicio de *derechos estrictamente personales*; los postulados contenidos en los artículos 26 en relación con el 24 del Código Civil y Comercial de la Nación argentina (Aprobado por Ley 26.994 de 2014. Primera edición. Editorial Misterio de Justicia y Derechos Humanos, Ciudad Autónoma de Buenos Aires, 2014).

la infancia en sentido general, pues el artículo 31 suprime en la persona menor de 10 años cualquier atisbo de capacidad para obrar por sí en ningún ámbito de su esfera jurídica.

La formulación del precepto entorpece su aplicación a actos trascendentales como lo son los relativos a sus derechos inherentes a la personalidad, enlazados directamente a la "dignidad y autonomía de la persona, básica manifestación de su libertad e igualdad como derechos fundamentales"[38], de manera que se erige en barrera legal, basada simplemente en el dato fáctico de la edad del sujeto[39].

Una solución plausible en este ámbito podría ser la adopción de un sistema normativo que establezca límites de edad, pero con admisión de cierta flexibilización, *id est*, abierto a la demostración del discernimiento o madurez. Para ello sería preciso que la propia Ley disponga en qué ámbitos concretos podrá verificarse dicho ejercicio, sin excluir segmentos de edades de tal posibilidad, como resulta del artículo 31.

Entonces, se podría partir de establecer criterios generales, a partir de cuya demostración sea admisible la actuación *sui propium* en el ámbito personalísimo, con la admisión de una línea de edad biológica mínima que funcionaría a modo de presunción *iuris tantum,* rebatible por responsables legales del niño o personal facultativo -ya en sede de sus derechos sexuales o reproductivos- si estimaran que tales parámetros no se verifican en su persona, por lo que llevaría implícita una valoración casuística; cuestión que según los términos de la Sentencia 819 de 2003 de la Corte Constitucional colombiana debe zanjarse desde la propia legislación, en tanto "*La protección ideal de los derechos de los niños no se logra con una jurisprudencia constitucional robusta y protectora que los garantice cada vez que sean violados; el ideal es que las prácticas aseguren los derechos de los menores de tal forma que no sea necesario ir ante un juez a solicitar su defensa*"[40].

Sin embargo -y en línea con la postura doctrinal de YUBA[41]- no se agota la temática en la inflexibilidad de tales preceptos. En su defecto, puede ser

---

38 Tribunal Supremo. Sala de lo Civil y de lo Administrativo. Sentencia Número 752 de 30 de septiembre de 2016. Primer y Segundo Considerandos de la primera Sentencia. Ponente Valdés Rosabal. *Cit. pos.* PÉREZ GALLARDO, L.B. *Código Civil de la República de Cuba. Ley № 59/1987 de 16 de julio (anotado y concordado)*. Ediciones ONBC, La Habana, 2016, p. 54.

39 En tal sentido, VALDÉS DÍAZ -siguiendo la línea de pensamiento de DIEZ-PICAZO y GULLÓN- ha enfatizado que la limitación de la norma se agudiza en el caso de estos derechos pues dado su carácter intransmisible, se entiende que su ejercicio es siempre personalísimo, de lo que se desprende una limitación de hacerlo a través de representante, tanto legal como voluntario. *Vid.* DÍEZ-PICAZO, A. y L. GULLÓN BALLESTEROS. *Sistema de Derecho Civil. Op. ult. cit.*, p. 257 y VALDÉS DÍAZ, C. del C. "Comentarios al artículo 30". *Cit.*, p. 517.

40 Disponible en: http://www.corteconstitucional.gov.co. Consultado el 12 de marzo de 2019.

41 Refiere la autora que "una interpretación sesgada de la ley con una mirada acotada a la rígida estructura de la norma, va de contramano con la perspectiva de derechos humanos, que importa una visión acorde con la realidad, con los postulados de tratados internacionales de derechos humanos, interpretando el ordenamiento jurídico de modo coherente" *Vid.* YUBA, Gabriela. "Interpretación de la ley conforme al principio *pro minoris*:

esgrimido el contenido entrelazado de los artículos 12, apartado primero y 20, ambos del cuerpo legal en análisis[42], en virtud de lo cual quedaría zanjada cualquier controversia a través de la aplicación directa de los dictados de la Convención sobre los Derechos del Niño -si no ajustadas al contexto nacional- al menos en notas generales.

Como corolario, el espacio legislativo ideal para regular un estatuto del niño ajustado a su realidad se ha de conseguir a través de una norma que lo coloque como principal destinatario de sus contenidos, en la que cristalicen las disposiciones de los restantes cuerpos legales vigentes tanto a nivel nacional como internacional y que vendría a ser, en el contexto cubano, el Código de la Niñez y la Juventud de 1978.

II.1.2. La protección de la infancia en Cuba: ¿digna expresión de los principios convencionales?

El impacto normativo de la Convención sobre los Derechos del Niño en los ordenamientos jurídicos de la mayoría de los países del mundo ha sido abrumador. Así, resulta usual hallar instrumentos legales cuyo objetivo esencial es conceder protección a la infancia y la adolescencia en sintonía con los postulados de la Convención[43], así como con las características y condiciones sociales, culturales o de cualquier otra índole, propias de su país[44].

---

una herramienta para la realización de los derechos del niño" en *Revista de Derecho de Familia y Persona*, Número 8, Año VII, septiembre de 2015, Editorial La Ley, p. 80.

42 En concordancia con los razonamientos expuestos en la Nota número 162 de este texto. Del Código Civil cubano, *Cfr.* Artículo 12.1: *La capacidad civil de las personas para ejercer sus derechos y realizar actos jurídicos se rige por la legislación del Estado del cual son ciudadanas.* Artículo 20. *Si un acuerdo o un tratado internacional del que Cuba sea parte establece reglas diferentes a las expresadas en los artículos anteriores o no contenida en ellos, se aplican las reglas de dicho acuerdo o tratado.*

43 En opinión de MADRIGAL MARTÍNEZ-PEREDA esta influencia responde a los tres grandes ejes que canalizan el influjo determinante de este instrumento, a saber, el interés superior del niño, visto en su tránsito de estándar jurídico a derecho subjetivo; el derecho al libre desarrollo de la personalidad y el derecho del niño a ser escuchado. *Vid.* MADRIGAL MARTÍNEZ-PEREDA, C. *Cit.*, p. 64 e incardina con la posición jurisprudencial del Superior Tribunal de Justicia de la provincia del Chubut, Argentina, que plasmó en su Sentencia de 17 de abril del año 2007 una visión integradora de los valores convencionales en los siguientes términos: *"la fórmula a la que alude el interés superior del niño como pauta de hermenéutica constitucional y principio rector para la solución de los derechos en pugna, deberá ser determinado en lo que hace a su contenido en cada caso concreto", (...) "la Convención protege la actualidad del niño como un valor en sí mismo, sin enervar la idea según la cual la preservación de ese interés en la niñez permitirá su mejor desarrollo en su juventud y en su vida adulta". (...) El restablecimiento de su vulnerada dignidad personal es lo que mejor atenderá a satisfacer la formación de la personalidad del niño, en el respeto que importa conjugar su interés superior con las restantes disposiciones de la Convención".*

44 Adicionalmente, este fue uno de los propósitos del artículo 4 de la Convención sobre los Derechos del Niño, en tanto los marcos constitucionales, aunque fundamentales, en sí mismos resultan insuficientes, siendo necesarias dichas normas complementarias, lo que se ha hecho palpable a escala internacional. Acerca de las experiencias de adecuación legislativa interna a la Convención sobre los Derechos del Niño de los distintos países

La Ley 16 de 1978, Código de la Niñez y la Juventud cubano, aunque es anterior a la Convención, condensa en su articulado los valores fundamentales que sustentan las políticas del Estado hacia los niños y jóvenes, sin precisar rangos de edades en el tránsito de la infancia a la adolescencia y de esta, a la juventud, en tanto la única referencia en este sentido ubica en la edad de 30 años el final de esta etapa de la vida[45].

Predomina en su articulado la preponderancia que le concede su contenido a la integración de los destinatarios de la norma en la realidad política y social del país, con pautas enfocadas mayoritariamente en su apreciación como grupo etáreo, en pos de lo cual hace énfasis en la formación en ellos de una personalidad comunista[46].

Dedica a su vez la mayor parte de sus regulaciones a los derechos fundamentales reconocidos constitucionalmente, en correspondencia con los principios consagrados luego por la Convención, tales como la igualdad y la no discriminación, independientemente de su origen nacional, sexo, raza o cualquier otro motivo (artículos 3 y 9 y Por Cuanto segundo del Código y artículo 1 de la Convención), la salud (artículo 13 y 113 del Código y 24 de la Convención), la educación desde la instrucción, la investigación y la cultura, (octavo Por Cuanto y Título III del Código y artículo 28 de la Convención), el recreo y el descanso (artículos 13 y del 93 al 100 y 31 de la Convención) y su incorporación al trabajo según la edad cumplida (Tercer Por Cuanto y artículos 14, 38 y Título IV del Código y 32 de la Convención).

---

del área latinoamericana se recomienda consultar el Trabajo de Diploma: "El ejercicio de la capacidad restringida de sujetos en edades de 14 a 18 años en sede notarial", de la estudiante Rocío Calatayud Sanabria. Universidad de Matanzas, 2015, con la dirección de esta autora; aunque el espacio legislativo nacional no se ha hecho eco de dicha tendencia, en tanto el Código de la niñez y la Juventud cubano es incluso anterior. Su puesta en vigor data del 28 de junio de 1978. Consultado en

http://www.parlamentocubano.cu/index/option.com_ley-16-codigo-de-la-niñez-y-la-juventud. Fecha: 12 de enero de 2018.

45 *Cfr.* Artículo 1 del Código de la Niñez y la Juventud. En contraste con esta regulación, el artículo 1 del Código de los Niños y Adolescentes de Perú, define al niño como todo ser humano desde la concepción hasta los 12 años y de esta edad, hasta los 18, la adolescencia. En idéntico sentido se pronuncia el tercer precepto del Código de la Infancia y la Adolescencia colombiano, el segundo de la Ley 7739 promulgada en 1998 "Código de la Niñez y la Adolescencia" de Costa Rica y coincidentemente el de la Ley Orgánica para la Protección del Niño y del Adolescente de Venezuela y de la Ley para la protección de los derechos de las niñas, niños y adolescentes de los Estados Unidos Mexicanos y también el tercero de Ley de Protección Integral de la Niñez y la Adolescencia de El Salvador y de la la Ley 26.061 de Protección integral de niñas, niños y adolescentes argentina, promulgada el 21 de octubre de 2005.

46 Término acuñado en los artículos 1, 5, 14, 15 y 18 y que, según su sentido, pretendió hacer referencia a la conciencia comunista y actitud como tal de niños y jóvenes frente al colectivo social, como relevo generacional en la conducción de la nación y el mantenimiento de los valores Socialistas. En opinión de la autora, al tratarse de un cuerpo legal, no debió su redacción pecar en la confusión de conceptos, máxime si en otros preceptos alude propiamente a la personalidad, en el sentido técnico-jurídico del término.

Correlativamente, transmite cierto desdén por su esfera más íntima e individual, por cuanto los derechos inherentes a la personalidad aparecen suprimidos en absoluto[47]. Quedan así en un segundo plano el despliegue libre de sus aptitudes y capacidades y el desarrollo pleno de su personalidad -que solo aparecen indirectamente en el sexto. Por Cuanto y de manera aislada en los artículos 9, 16, 47 y 80- al igual que su desarrollo integral y el ejercicio de sus derechos, reconocido únicamente en el primero de sus Por Cuanto y cuyo estímulo deposita el artículo 4 en manos de la familia[48].

También destaca negativamente la inexistencia de cualquier alusión al carácter preeminente de los derechos de los niños frente a los derechos de

47 A diferencia de lo que constituye tendencia a nivel internacional. Constituyen ejemplo de ello el Código de la Niñez y la Adolescencia de Costa Rica, que dedica sucesivos artículos a regular de manera independiente derechos como la vida (artículo 12), la identidad (artículo 23), la integridad (artículo 24), la privacidad (artículo 25), el honor (artículo 26), la imagen (artículo 27). También lo hace el Código de los Niños y Adolescentes de Perú, ex artículos 1, 4, 6 dedicados respectivamente a los derechos a la vida, la integridad y la identidad. En esta línea se puede situar además la Ley Orgánica para la Protección del Niño y del Adolescente de Venezuela, que luego de traspolar a su realidad principios convencionales tales como el de capacidad progresiva, el interés superior del niño y su condición de sujeto de derecho, su derecho a ser oído y el libre desarrollo de su personalidad, regula el derecho a la vida (artículo 15), a la identidad (artículos del 16 al 25), a la integridad personal (artículos del 32 al 34), al honor, propia imagen e intimidad (artículo 65). Por su parte, la Ley Orgánica española 8/2015 de 22 de julio, de modificación del sistema de protección de la infancia y la adolescencia, contiene protección al derecho a la vida y a la identidad en sus distintas facetas en los incisos a) y d) de su precepto número 2. También Ley de Protección Integral de la Niñez y la Adolescencia de El Salvador contiene previsiones sobre el derecho a la vida (artículos 16 y 17), a la integridad personal (artículo 37), al honor, imagen, vida privada e intimidad (artículo 46); la Ley de protección Integral de niñas, niños y adolescentes argentina concede especial protección a derechos como a la vida, la integridad, la intimidad, la identidad en sus preceptos del 8 al 11 y la Ley para la Protección de los Derechos de Niñas, Niños y Adolescentes de México tutela el derecho a la vida, ser protegido en su integridad e identidad(Artículos 15, 19, 21 y 22).

48 Todo lo cual tributa indudablemente a la protección de su interés superior. Vale señalar como ejemplo el artículo 3 de la Ley 26.061 de protección integral de niñas, niños y adolescentes argentina, que explicita y desarrolla el interés superior de las niñas, niños y adolescentes, como la máxima satisfacción, integral y simultánea de los derechos y garantías reconocidos en la ley, debiendo respetar, entre otros, a) Su condición de sujeto de derecho; b) el derecho de las niñas, niños y adolescentes a ser oídos y que su opinión sea tenida en cuenta; d) Su edad, grado de madurez, capacidad de discernimiento y demás condiciones personales; además de establecer como regla de interpretación que, cuando exista conflicto entre los derechos e intereses de las niñas, niños y adolescentes frente a otros derechos e intereses igualmente legítimos, prevalecerán los primeros, aunque pretendiendo lograr un equilibrio entre las garantías a sus derechos y las exigencias del bien común. Otros aspectos significativos de la norma que permiten un contraste con su homóloga cubana son condensados por D'Ippolito y Leiro, quienes suman a las virtudes ya citadas las garantías procesales y el reconocimiento expreso de sus derechos personalísimos. *Vid.* D'Ippolito, Claudia Alejandra y Vanina Leiro. "Algunas reflexiones sobre el abogado del niño" en *Revista de Derecho de Familia y de las Personas*, número 6, Año VIII, marzo de 2016, p. 20.

las demás personas[49] o a la necesidad de incluir en los programas docentes objetivos encaminados a la educación y promoción de los derechos de los que es titular, como tampoco existe referencia expresa a su dignidad como seres humanos.

Si bien es cierto que la data de la norma en análisis precedió en más de una década a la Convención sobre los Derechos del Niño, al menos debió dispensarle una protección más respetuosa hacia sus derechos desde su individualidad -al margen del orden público y de los deberes que le vienen

---

49 Particular al que ha hecho alusión la doctrina, *v. gr.* SÁNCHEZ DE LEÓN GUARDIOLA, Paula y Javier COMPANY CARRETERO. "El interés superior del menor y el derecho del niño a ser escuchado". *Diario La Ley* 9279, Actualidad Civil. Sección Persona y Derechos, julio de 2017, p. 10 y que ha adquirido además rango normativo a través de cuerpos legales dedicados a la infancia consultados: Código de Familia de Panamá (que dedica su Capítulo III a todo lo concerniente a la protección integral del menor y su artículo 587.2; Perú, artículos IX y X, Título preliminar; El Salvador, artículo 14 y Venezuela, artículo 7, bajo la denominación "Prioridad absoluta". También la normativa especial argentina dispone este particular en su artículo 3, último párrafo y congruentemente, la jurisprudencia colombiana mediante la Sentencia de la Corte Constitucional C-092-02 de 13 de febrero de 2002, realzó la protección privilegiada que se debe conceder al niño al estimar que en cualquier interpretación normativa o fáctica que se realice debe entenderse que los derechos de los niños prevalecen sobre los derechos de los demás.

De igual modo, la Sala I, Cámara Civil y Comercial de Lomas de Zamora, en autos número 71805 sobre proceso de filiación de 26 de marzo de 2015 puso de relieve la interpretación adecuada de la Ley frente a la tensión entre dos derechos: por un lado, el derecho patrimonial determinado por la imposibilidad de una madre de efectuar los pagos de honorarios profesionales y aportes exigidos por ley y por otro, el derecho a la identidad de un menor de edad y la inscripción registral de su filiación determinada en el fallo, decisión que reconoció que en supuestos como este se debe conceder al menor un "plus de protección" indicativo de la prioridad de los derechos del niño, en virtud del principio *pro minoris.* En este caso, la importancia del reconocimiento de la personalidad jurídica del niño que importa su emplazamiento filiatorio y su inscripción, resulta vital para la construcción de su personalidad, reconocimiento que lo ubica en el mundo jurídico como un sujeto de derechos, garantizando también el disfrute pleno y efectivo de los derechos previstos en la Convención. (*Vid.* YUBA, G. *Cit.*, pp. 77-78 y de la propia autora: *Derecho del niño a que sus intereses primordiales tengan consideración primordial.* Editorial La Ley Online. Consultado en: www.laley.ar/doc/2288/2013. Fecha: 12 de enero de 2019). Además, sobre el principio *pro minoris o favor debilis* véase GAGLIERO, Yamila. "Revinculación materno-filial por iniciativa del menor" en *Revista de Derecho de Familia y Persona.* Agosto de 2014, Editorial La Ley, p. 91.

Igualmente, la Corte Suprema de Justicia de la Nación en su fallo de 11 de agosto de 2009 consideró: *"si, delimitados los hechos y el derecho (...) no es posible deducir de ellos una solución de la controversia porque surge un campo de tensión entre derechos de rango similar (...) el tribunal deberá hacer un juicio de ponderación que mida con extremo cuidado el peso de cada principio en el caso concreto", cit. pos.* RABBI-BALDI CABANILLAS, Renato. "Comentario al artículo 2" en *Código Civil y Comercial de la Nación comentado.* Rivera, Julio Cesar y Graciela Medina (Directores). Tomo I, Editorial La Ley, Buenos Aires, 2014, p. 11 y también la postura de la Corte Constitucional colombiana asumida en su Sentencia T-225 de 2007, que decidió que *"el derecho fundamental a la salud del menor debe primar sobre la obligación del cubrimiento de las cuotas moderadoras o copagos, para lo cual deberá protegerse los derechos constitucionales del niño ordenando la prestación de los servicios de manera integral, como quiera que los derechos fundamentales están por encima de las reglamentaciones."*

impuestos en dicho ámbito- en consideración de su grado de madurez, capacidad de discernimiento y demás condiciones personales[50], todo ello en función de desarrollo armónico e integral[51] y su interés prevalente dentro de la familia y del colectivo social[52].

Para conseguirlo, es preciso que el adecuado reconocimiento como sujeto de derechos consagrado constitucionalmente sea desarrollado en toda la normativa de inferior jerarquía, de modo que en lo atinente a cada aspecto de su vida les sea admitida progresivamente su participación de acuerdo con su edad y la evolución de sus aptitudes psíquicas[53], a lo que deben tributar además las disposiciones dedicadas a familia.

---

50 El Tribunal Supremo español en la Sentencia 47/2015, de 13 de febrero, dejó sentado que el interés superior del menor es la suma de varios factores y solo es posible determinarlo en los casos de *"un menor perfectamente individualizado, con nombre y apellido, que ha crecido y se ha desarrollado en un determinado entorno familiar, social y económico (...)"*, por lo que el análisis en abstracto no es suficiente para orientar las decisiones que le incumban; tendencia con la que estuvo conteste la Cámara Nacional de Apelaciones en lo Civil de Buenos Aires, que en su Sentencia de 13 de marzo de 2007 tomó postura en los siguientes términos: *"la protección del interés superior del niño (...) no puede ser aprehendido ni entenderse satisfecho sino en la medida de las circunstancias particulares comprobadas en cada caso"*. Ambos criterios jurisprudenciales conectan con la posición doctrinal que propugna que los atributos, cualidades o circunstancias de la persona física hacen a la esencia de su personalidad y determinan su individualidad. *Vid.* Rivera, J.C. *Instituciones de Derecho Civil. Parte general.* Tomo I, Editorial Abeledo-Perrot, Buenos Aires, 1994, p. 363.

51 Y así lo ha señalado la Corte Constitucional de Colombia, en su fallo C-507 de 2004: *"Las medidas de protección especial que se debe a los menores deben tener por finalidad garantizar a los niños (i) su desarrollo armónico e integral y (ii) el ejercicio pleno de sus derechos. El desarrollo de un menor es integral cuando se da en las diversas dimensiones de la persona (intelectual, afectiva, deportiva, social, cultural). El desarrollo de un menor es armónico cuando no se privilegia desproporcionadamente alguno de los diferentes aspectos de la formación del menor, ni cuando se excluye o minimiza en exceso alguno de ellos"*.

52 Recuerda Hernández-Gil Álvarez-Cienfuegos que *"el adjetivo "superior" significa que se trata de un interés que "debe" prevalecer sobre otros intereses en conflicto y al que "hay que" estar en todo momento. Desde luego, debe prevalecer sobre el interés de los padres"*. *Vid.* Hernández-Gil Álvarez-Cienfuegos, Antonio. *Contestación al discurso leído por Consuelo Madrigal Martínez-Pereda el día 29 de octubre de 2018 en el acto de su recepción.* Real Academia de Jurisprudencia y Legislación. Madrid, 2018, p. 233. Así lo refrenda también la Sentencia del Tribunal Supremo español número 251/2018 de 25 de abril, para la que el interés superior del niño opera como *"contrapeso de los derechos de cada progenitor"*; y de idéntico tenor resulta la Sentencia número 453/2014 de 23 de septiembre del foro aludido. En el ámbito latinoamericano, también la Cámara Nacional de Apelaciones en lo Civil de Buenos Aires, en su Sentencia de 13 de marzo de 2007, estimó la necesidad de *"(...) considerar y hacer prevalecer por sobre todos los intereses en juego –legítimos desde cada óptica- el del sujeto más vulnerable y necesitado de protección a través del mantenimiento de situaciones de equilibrio que aparecen como más estables (...)"*.

53 Que según la Sentencia 154/2002, de 18 de julio, del Tribunal Constitucional español configura el concepto del *"derecho de autodeterminación, que consiste en su actuación directa y progresiva en todo aquello que pueda hacer el niño por sí mismo con arreglo a su edad y capacidad de discernimiento"*.

II.1.3. EL ENTORNO LEGAL FAMILIAR COMO ESPACIO PRIMORDIAL

ÁLVAREZ-TABÍO ALBO ha sostenido que es a la familia a quien corresponde asumir un rol y función protagónicos protegiendo a sus integrantes y en correspondencia, la protección de la familia beneficia tanto a la persona como a la sociedad por ser la institución más propicia para lograr el bienestar de todos sus miembros y la armonía social. Al referirse al ámbito normativo, la propia autora deposita en el Derecho Constitucional la responsabilidad de "abonar" el camino para la positivación de reglas legales propias del Derecho familiar en sus distintas áreas de protección[54], propósito que la nueva Carta Magna consigue en su Capítulo III del Título V dedicado a "Las Familias"[55].

Este anhelo, con tan profundo fundamento desde la más elemental lógica jurídica, en el escenario cubano actual corresponde aun al espacio ideal, en tanto se mantiene vigente el Código de Familia, con las limitaciones elementales impuestas por su data -que se remonta al año 1975- y que específicamente en la temática que nos ocupa se traduce en una visión proteccionista del niño[56], enunciada desde los objetivos declarados en su propio artículo 1[57].

---

54 *Vid.* ÁLVAREZ-TABÍO ALBO, A.M. "Retos del Derecho ...". *Cit.*, pp. 7 y 22.

55 *Cfr.* Artículos del 81 al 89 de la Constitución de la República de Cuba, que resumen los principios fundamentales para el adecuado cumplimiento de los fines de la familia, estableciendo una corresponsabilidad estatal a tal fin.

56 Tendencia apreciable a través de la interpretación de sus normas referidas a la función de la familia en el cuidado y formación ya sea desde la óptica estatal, matrimonial, parental o tutelar. Quizás como contrapartida de esta regulación y pretendiendo una redacción más a tono con los postulados de la Convención sobre los Derechos del Niño, el Anteproyecto de Código de Familia en su última versión propone una doble visión del contenido de la patria potestad -en contraste con el previsto en los artículos 82, 84 y 152 del cuerpo legal vigente en materia familiar, que supedita al niño a la voluntad y decisiones de sus padres o tutores- pues desde su definición en el artículo 110, dispone que su ejercicio estará en correspondencia con la evolución de las facultades del niño y en función de su beneficio, para luego en su artículo 116 colocar el centro de atención en su persona como sujeto de derecho, en congruencia con principios como el de su capacidad progresiva e interés superior, que posteriormente no descuida en el precepto 124, que consagra los deberes de los padres en el desarrollo integral de la personalidad del menor, con énfasis en su participación en la toma de decisiones en atención a dichos principios. *Cfr.* Anteproyecto de Código de Familia. Coordinado por la Federación de Mujeres Cubanas y la Unión Nacional de Juristas de Cuba, La Habana, 2011. Regulación semejante, aunque más pormenorizada, logra el Código de Familia panameño, que en su artículo 489 regula específicamente los derechos del menor, con atención especial hacia los principios consagrados en la Convención, traducidos fundamentalmente en el reconocimiento a su personalidad, su interés superior, capacidad progresiva y su derecho a ser oído. Dentro de sus formulaciones, resultan dignos de destacar los dictados de los artículos del 575 al 581, que traspolan los derechos personalísimos al escenario familiar como espacio privilegiado para su protección. *Cfr.* Ley No. 3 de 17 de mayo de 1994, Código de Familia de Panamá.

57 Este precepto luego engarza con el número 26, referido al contenido personal del matrimonio en lo tocante a la obligación que les queda impuesta a los cónyuges en la *educación, formación y guía de los hijos conforme a los principios de la moral socialista* -obsérvese que las características personales del niño, así como el entorno familiar en que se desenvuelve, también deben constituir factores determinantes en el cumplimiento de esta trascendental función-. Resalta de la redacción del precepto que el legislador no se refirió

Sin embargo, adelantándose a sus tiempos, no es ajeno el Código de Familia cubano vigente a trascendentales conquistas del referido cuerpo de derechos humanos de la infancia, pues cuestiones como su interés o la posibilidad de ser escuchado encuentran, aunque con limitaciones, espacio en su texto.

Tal es el supuesto del artículo 57, que en ocasión de regular la privación de la patria potestad a uno o ambos padres sustenta dicha posibilidad en el interés de los hijos; también en las previsiones del artículo 89, respecto a las convenciones derivadas del ejercicio de la patria potestad y específicamente, de la guarda y cuidado, que coloca en el beneficio de los menores la brújula para su concesión -incluso cuando ello fuere contrario al acuerdo adoptado por los padres[58]-, de modo análogo a como lo dispone el artículo 90, referido al régimen de comunicación; o en sede de adopción, según regula el artículo 99, con un enfoque en el que prima el desarrollo y educación del adoptado.

Pero no solo se resumen estas referencias al orden personal, por cuanto el interés y beneficio del menor también son orientadores de cualquier decisión que se adopte respecto a su patrimonio, y de ello dan fe los artículos 85, apartados cuarto y quinto en relación con el 87 del propio cuerpo legal.

No obstante, en todo los supuestos señalados *ut supra* hubiera resultado interesante admitir la posibilidad de escuchar el parecer de los menores[59], como pleno reconocimiento de sus capacidades graduales para participar y decidir en aquellos asuntos que le conciernen a su persona, bienes y familia, aunque solamente existe referencia al respecto en el artículo 3, sobre la formalización de matrimonio por púberes menores de edad, el 107 y el 145.1, referidos respectivamente a la constitución de la adopción y la tutela del menor de edad siempre que haya cumplido los 7 años[60].

---

a los progenitores, sino a los cónyuges, de lo que se puede intelegir su pretensión de conceder protección incluso a aquellos hijos que no fueren comunes de ambos miembros de la pareja, regulación que hoy resulta fundamental dado el alto índice de divorcialidad que experimenta la sociedad cubana, que ha dado paso a que con frecuencia se constituyan nuevos tipos de familias como la reconstituida o también denominada ensamblada. *Cfr.* Artículos 1 y 26 de la Ley 1289 de 14 de febrero de 1975, Código de Familia, publicada en la Gaceta Oficial Ordinaria número 35 de 24 de agosto de 1977.

58 Regulación coincidente con el apartado tercero del precepto 290 del Código Civil francés y el 92.8 del Código Civil español.

59 Tal como ocurre en la norma sustantiva civil española, que dispone en su artículo 92, apartados segundo y sexto, del que resalta además que incluso la escucha se puede producir a petición del propio menor si este tuviere *suficiente juicio.*

60 El Anteproyecto de Código de Familia, en su versión del año 2011, agrega la escucha de los menores y les concede un doble valor: como derecho del niño y como deber de los padres (Cfr. Artículos 111.4 y 118.4). Con la premisa de que cuente con madurez psíquica y emocional suficientes- independientemente de su edad- dispone esta posibilidad durante la sustanciación del proceso de divorcio, cuando existiere algún tipo de controversia al momento de deferir la guarda y cuidado o si fuere la decisión tomada por los padres atentatoria contra los intereses de los menores, al tiempo que impone como requisito *sine qua non* la exploración de la voluntad de los hijos al respecto teniendo en cuenta el aval ofrecido por un equipo de expertos, presupuestos que aplica en idénticas condiciones al momento de deferir su tutela. De idéntico modo ocurre respecto a los contrayentes menores de edad, que manifestarán su posición en audiencia privada junto al fiscal,

Resalta la ausencia de toda referencia a la planificación familiar, siquiera como parte del contenido personal del matrimonio, lo que podría introducir la interrogante acerca de si el definido en el Código da cabida al desarrollo pleno de derechos sexuales y reproductivos de los cónyuges. La autora se inclina por una respuesta afirmativa, a pesar de no aparecer formulados taxativamente, en tanto la comunidad de afectos realzada según el tenor del artículo 25, en sí misma constituye un modo válido de expresar la sexualidad, máxime en un espacio de igualdad como el proclamado por el artículo 24.

Ahora bien, no debe tampoco ser entendido el matrimonio como único espacio para su realización a plenitud, en tanto su protección debe extenderse también a quienes por voluntad no diseñen su proyecto de vida sobre las bases de dicha institución -por demás con manifestación minoritaria en el grupo poblacional en que se enfoca este estudio- y de ello dan cuenta los índices demográficos nacionales[61].

El inciso a)[62] del artículo 85 contiene la única alusión explícita del Código al ámbito de la salud de los hijos menores y por consiguiente, constituye pauta exclusiva para hallar cualquier referencia, siquiera oblicua, a su sexualidad y reproducción[63]. Sin embargo, destaca de modo negativo su insuficiencia si se tiene en cuenta justamente la función genética de los derechos sexuales y reproductivos en la formación de la mayoría de las familias[64], sea cual fuere

---

siempre que se someta su conocimiento y resolución al tribunal. También al momento de la integración del niño a una familia sustituta, escenario en que se potencia su opinión al grado de supeditar a ella la decisión definitiva. *Cfr.* Artículos 71, 222.1, 129, 12 y 159 respectivamente del Anteproyecto de Código de Familia.

61 *Vid. Infra* epígrafe II.2.1.

62 *Cfr.* Artículo 85 del Código de Familia: *a) La patria potestad comprende los siguientes derechos y deberes de los padres: (…) cuidar de su salud (…); darles la debida protección (…)* y velar por su *formación y desarrollo.*

63 Limitación que es superada con creces en el Anteproyecto de Código de Familia del 2011, que desde su artículo primero proclama el respeto de todas las regulaciones del futuro Código hacia el principio de no discriminación (*Cfr.* Artículo 1.3), con mención expresa a causales tales como el sexo, la identidad de género, orientación sexual o género, el que es aplicado más adelante a las relaciones entre padres e hijos (*Cfr.* Artículo 111.2.3). Sobresale el Título VII, "Del reconocimiento de los derechos de las personas por razón de su orientación sexual e identidad de género" y en especial su Capítulo I, que sintetiza el eje de luz del futuro cuerpo normativo en el reconocimiento y respeto hacia los derechos sexuales y reproductivos por parte de la familia, la sociedad y el Estado y del que destaca la importancia de su adecuada comprensión y tratamiento en todos los órdenes, especialmente cuando su titular es una persona menor de edad, dada su incidencia en el pleno desarrollo de su personalidad. Por su parte, también el artículo 266 de modo expreso alude a la sexualidad y respecto a la reproducción, lo hace al referirse a la maternidad, paternidad y planificación familiar, precepto enfocado específicamente en las personas en situación de discapacidad. Las cuestiones relacionadas con la reproducción encuentran acogida además a través de los preceptos dedicados a la reproducción humana asistida (Artículos 108 y siguientes del Anteproyecto).

64 No significa esto que deba imponerse la reproducción para que exista familia (criterio que reafirma el Tribunal Constitucional español en su Sentencia número 116/1999, de 17 de junio, disponible en http://www.poderjudicial.es. Consultado el 23 de marzo de 2019), sino que aquella constituye el hecho natural o artificial mediante el cual se logra la

la tipología que adopte, pues si bien es cierto que la norma sustantiva civil puede y debe contener regulaciones en torno a los derechos personalísimos, al adquirir el Código de Familia existencia independiente, debería ser el responsable de pormenorizar en este tipo particular derechos[65].

Resalta el artículo 153[66], el cual establece cuáles serán los deberes del tutor y del que resulta evidente su profunda tendencia patrimonialista, por cuanto al intentar proteger en el ámbito personal del tutelado menor de edad contempla como único deber el de cuidar su educación, pero nada dispone respecto al cuidado de su salud, al respeto por su autonomía o a potenciar su desarrollo como ser en evolución, de acuerdo con su grado de madurez.

Precisamente, el reconocimiento de aptitudes del niño constituye un importante tema pendiente para la norma familiar a pesar de su probada relevancia, en tanto punto de partida para el efectivo despliegue de sus potencialidades en el ejercicio de sus derechos. Solo el apartado segundo del artículo 85 se encarga de citarlas, aunque con un enfoque de padres a hijos, en tanto responsabilidad de los primeros no en función de potenciarlas, sino de ajustarlas a sus posibilidades, pero constreñidas únicamente al ámbito educativo[67].

---

perpetuación de la especie y el incremento de los miembros del núcleo familiar, máxime en aquellas de tipo monoparental, cuya existencia en algunos supuestos se funda en la descendencia (Sobre esta temática en particular, resulta de relevancia el trabajo del catedrático Vicente BELLVER CAPELLA titulado: "¿Nuevas tecnologías? Viejas explotaciones. El caso de la maternidad subrogada internacional" en *SCIO Revista de Filosofía.* Número 11, noviembre de 2015, pp. 19-52), en tanto no parten de la comunión de intereses y afectos de dos personas que se unen, con más o menos formalidades, pero en definitiva con la pretensión de hacer una vida en común (*Cfr.* art. 2 del Código de Familia y 81 de la Constitución de la República) -aun cuando ello no sea sinónimo de convivencia- lo que lleva implícito el ejercicio igualmente de sus derechos sexuales, ya sea en sentido positivo o negativo, independientemente de su edad. A esto se refiere además el foro aludido *supra* cuando sostiene que "*desde el punto de vista constitucional, tienen la consideración de familias aquellos grupos o unidades que constituyen un núcleo de convivencia, independientemente de la forma que se haya utilizado para formarla y del sexo de sus componentes, siempre que se respeten las reglas constitucionales*" (Sentencia número 320/2011, de 12 de mayo, disponible en http://www.poderjudicial.es. Consultado el 23 de marzo de 2019).

65 Aspecto que sí resulta conseguido por las disposiciones del Código de Familia panameño -además con la virtud de deslindar la sexualidad de la reproducción- cuyo artículo 582 reza: *Son derechos familiares de la persona humana: 1. Formación e integración de una familia; 2. La convivencia conyugal y familiar; 3. La procreación y decisión responsable del número de hijos;(…).* Ley No. 3 de 17 de mayo de 1994, Código de Familia de Panamá.

66 En estrecha relación con el 137.1 del Código de Familia.

67 *Cfr.* Artículo 85.2 del Código de Familia: "*atender la educación de sus hijos, inculcarles el amor al estudio; cuidar de su asistencia al centro educacional donde estuvieren matriculados; velar por su adecuada superación técnica, científica y cultural con arreglo a sus aptitudes y vocación y a los requerimientos del desarrollo del país y colaborar con las autoridades educacionales en los planes y actividades escolares*". Como contrapartida, el artículo 111.5 del Anteproyecto de Código de Familia establece como uno de los derechos de los niños el desarrollo libre y pleno de su personalidad, *teniendo en cuenta las distintas fases evolutivas de su desarrollo, que implican un reconocimiento al ejercicio de su autonomía progresiva en el tránsito de la niñez y la adolescencia a la adultez,* precepto que conecta con el 87, que dispone: *Para reconocer un hijo o hija basta*

Esto obstaculiza el ejercicio autónomo del niño de sus derechos, pues radica en la familia y particularmente en los padres o personas responsables por su cuidado y atención, la base para propiciar espacios de participación de los menores en consonancia con los postulados de la Convención[68], ya sea *per se* o a través de figuras jurídicas "protectoras" -a cargo de la familia o de terceros- que le sirvan de faro a tal fin.

II.1.3.1. Perfil representativo de la patria potestad y la tutela. ¿Acaso instituciones idóneas?

Apunta Montejo Rivero que en la modernidad resulta fecundo el panorama normativo que toma en cuenta el desarrollo evolutivo del menor en el ejercicio de los derechos fundamentales que no admiten sustitución en la voluntad de su titular. De tal suerte, estima más favorable pensar en responsabilidades de los padres respecto a los hijos, en sustitución de las tradicionales potestades, lo que conduce hacia la noción de responsabilidad parental[69].

En este sentido expresa González Mirasol que "el moderno Derecho de Familia constituye la patria potestad como una función, la construye con deberes, la atribuye a los padres y la diluye reconociendo una progresiva autonomía a los hijos"[70]. Y es que precisamente este deber-función en el ámbito representativo se revierte en el respeto por la opinión del niño, es decir, concatena con su derecho a ser escuchado y tiene su contrafaz en el deber de los padres o tutores de atender y valorar sus expresiones sobre sus deseos, anhelos o preferencias, por lo que se ha apuntado que más que un acto concreto, constituye una actitud y un proceso[71].

---

la capacidad natural para haberlo engendrado, regulación que indudablemente constituye un significativo paso de avance al aplicar el citado principio a su esfera personalísima.

68 *Cfr.* Artículo 3.2 en relación con el artículo 5 ambos la Convención sobre los Derechos del Niño.

69 *Vid.* Montejo Rivero, J.M. *Cit.*, p. 73 y "Menor de edad y capacidad de ejercicio: reto del Derecho Familiar contemporáneo" en *Revista sobre la infancia y la adolescencia.* Número 2, marzo de 2012, p. 28.

70 *Vid.* González Mirasol, Pablo. "Autonomía sanitaria del menor y responsabilidad médica" en *Revista jurídica española de doctrina, jurisprudencia y bibliografía*, Número 4, Año 2005, Editorial La Ley, p. 1621, afirmación que ha hallado reflejo en el orden normativo en el Código Civil argentino, que regula la responsabilidad parental en su artículo 639 con arreglo a principios como el interés superior del niño, su autonomía progresiva y su derecho a que sus opiniones sean tomadas en cuenta, a partir de una fórmula que reconoce una relación inversamente proporcional entre la madurez y evolución cognoscitiva o de discernimiento en el niño y la necesidad de su representación por parte de los progenitores; postura que alaba Famá, María Victoria, "Capacidad progresiva de niñas, niños y adolescentes en el Código Civil y Comercial" en *Diario La Ley*, Año LXXIX, número 197, octubre de 2015, p. 10.

71 *Vid.* Madrigal Martínez-Pereda, C. *Cit.*, p. 110, en función de lo cual puede afirmarse que se configura actualmente como una función tuitiva para la asistencia y protección de los hijos. *Apud.* Velazco Mugarra, Miriam, *La guarda y cuidado de los menores de edad sujetos a patria potestad*, Ediciones ONBC, La Habana, 2008, p. 17.

A fin de dilucidar en qué medida son armonizables estos presupuestos con el escenario normativo patrio, es preciso partir de que la representación legal de las personas menores de edad aparece delineada en las funciones atribuidas -según sea el caso- a los padres, *ex* artículo 85.5, o a los tutores por el imperio del artículo 137.1, ambos del Código de Familia[72].

En sede de patria potestad el texto familiar contempla, entre el abanico de deberes atribuidos, "*completar* la *personalidad*"[73] de los hijos "*en aquellos actos en que se requiera la plena capacidad de obrar*", por lo que cabría preguntarse cómo llenar de significado a este particular cometido. Parecería *ab initio* que la pretensión del legislador se orienta a la representación en todos los ámbitos, al aplicarla a *todos los actos y negocios en que tengan interés* los menores bajo tal potestad, pero procura luego matizarla -presumiblemente en dependencia de que se verifiquen en el niño aptitudes psíquicas y capacidad natural suficientes para intervenir en el acto de que se trate, particular no precisado en la norma- en virtud de lo cual solo sería necesario su "completamiento".

De modo semejante, el referido artículo 137 en su apartado primero dedicado a la tutela de las personas menores de edad, coloca entre sus objetivos primordiales "*(...) la defensa de los derechos y la protección de los intereses patrimoniales de los menores de edad que no estén bajo patria potestad*"[74],

---

72 Aunque estos son los dos supuestos previstos por excelencia para la representación legal de los niños, es preciso acotar que existen otros dos normativamente establecidos. El primero de ellos, contemplado en el propio Código de Familia, por virtud de una mixtura normativa, aplicable según los términos del artículo 147 de dicho cuerpo legal a los menores de edad sujetos a guarda administrativa (denominada tutela legal en el artículo 216 del Anteproyecto para la modificación de dicho texto normativo) que atribuye idénticas funciones que las reservadas para los titulares de la patria potestad a los *directores de los establecimientos asistenciales o de los de educación o reeducación, y los jefes de las unidades militares o paramilitares*, y que tratándose de representación legal, *puede ser delegada en un miembro del cuerpo jurídico de los respectivos organismos.* El segundo, se concreta en la Ley de la Fiscalía por medio de sus artículos 8g) y 18d), aplicable, según los términos del último artículo citado, cuando los niños sujetos a ella "*carezcan de representante legal o cuando los intereses de este sean contrapuestos a los del menor (...)*".

73 Término que en pura técnica jurídica no es acertado, por cuanto no es posible disminuir o fragmentar la personalidad jurídica y mucho menos someterla a concesiones paulatinas durante la vida del sujeto. Más adecuado hubiera sido aludir a la capacidad de obrar limitada del hijo, en cuyo sentido sí sería oportuno su complemento, más que su completamiento. (*cfr.* Artículos 24 y 25 del Código Civil cubano). El Tribunal Supremo Popular cubano sostiene una postura en consonancia con los elementos doctrinales y legales apuntados, al estimar que "*... la personalidad es la aptitud o idoneidad para ser titular de derechos y obligaciones, por lo que todo individuo por el mero hecho de serlo tiene personalidad y consecuentemente posee capacidad jurídica manifestándose ésta como el atributo o cualidad esencial de la personalidad (...)*". Tribunal Supremo, Sala de lo Civil y de lo Administrativo, Sentencia № 742 de 29 de junio del 2001. Único Considerando. Primera sentencia. Ponente Díaz Tenreiro, *cit. pos.* PÉREZ GALLARDO, Leonardo B. *Código Civil de la República de Cuba, Anotado y concordado.* Ediciones ONBC, La Habana, 2006, p. 24. El Anteproyecto de Código de Familia del año 2011 prevé una construcción normativa *ex* artículo 119 que supera este desliz del legislador de 1975.

74 Coincidentemente con los dispuesto en el artículo 204 del Anteproyecto de Código de Familia de 2011, en relación con el 220, que reitera el contenido del vigente artículo 151: *El*

precepto modulado por el artículo 151 para la admisión de una franja de actuación personal siempre que la ley lo permita.

Conviene entonces delimitar dos cuestiones trascendentales: de un lado, el alcance del término "*completar*" empleado en la norma y de otro, cuál será esa esfera de actuación autorizada y consecuentemente, la normativa a la que remite el Código de Familia como sustento para esa intervención *per se* en sede de sexualidad y reproducción de los adolescentes.

Sobresale del análisis la amplitud de la norma o, si se quiere, su falta de concreción en cuanto al ámbito de las funciones representativas de padres o tutores, contraviniendo las más modernas tendencias esgrimidas no solo por la doctrina, sino también por la jurisprudencia y la legislación a escala internacional, las que atañan fundamentalmente en el ámbito personal[75], en el que las funciones de la patria potestad han cedido espacios en pos de la

tutor representa al menor de edad o incapacitado en todos los actos civiles o administrativos, salvo en aquellos que por disposición expresa de la ley, el tutelado pueda ejecutar por sí mismo.

75 Como ejemplo legislativo se pueden citar los artículos 313 Código Civil colombiano, que regula la concesión voluntaria de la emancipación del hijo adulto por parte de los padres, acto que se formaliza en instrumento público, *con el consentimiento del hijo* y el 309, sobre la capacidad del hijo de otorgar testamento sin autorización paterna y en idéntico sentido se pronuncia el artículo 1306 del Código Civil mexicano, siempre que el testador haya cumplido los 16 años de edad. De igual modo, de la norma sustantiva española los artículos 154, sobre la obligación de tomar en cuenta las opiniones del menor para adoptar decisiones que le afecten en sentido general, cuestión que se particulariza en el 159, acerca de la determinación de la guarda y cuidado, si el hijo tuviere *suficiente juicio* y como regulación descollante, el artículo 162, apartado primero, exceptúa de las funciones representativas de los titulares de la patria potestad los actos relacionados con los derechos de la personalidad del hijo, si sus condiciones de madurez lo permiten. Son destacables, por meritorias, las disposiciones de la legislación civil argentina, que en su artículo 26 -recognoscitiva de su capacidad progresiva para todo los actos legalmente admitidos, siempre que el menor cuente con condiciones de edad y grado de madurez suficientes- le reserva la adolescente con 16 años cumplidos el pleno ejercicio de los derechos relacionados con el propio cuerpo, y si hubiere cumplido al menos 13 podrá decidir sobre tratamientos que no resulten invasivos o comprometan su salud, su integridad física o su vida y si lo fueren, prestará su consentimiento con asistencia de sus progenitores y estas disposiciones enlazan coherentemente con lo dispuesto en el artículo 646, en tanto impone a los progenitores la responsabilidad primordial en el respeto hacia el ejercicio de los niños de sus derechos en su esfera jurídica personalísima. En cuanto a las reglas legales sobre la adopción, prevé el artículo 608 como requisito que en niño comparecerá como parte, si cuenta con edad y madurez suficientes y con asistencia letrada. Tratándose de progenitores adolescentes emancipados o no, el artículo 644 dispone que ejercen la responsabilidad parental de sus hijos personalmente en el ámbito de su educación, salud y cuidado, en concordancia con el 680, que admite que el hijo adolescente pueda estar en juicio sin autorización de sus progenitores cuando sea acusado criminalmente, o pretenda reconocer hijos. El Código Civil francés (artículo 17.3) prevé la posibilidad de que la persona que haya cumplido 16 años efectúe personalmente la solicitud para adquirir, recuperar o perder la nacionalidad francesa y si tuviere 13 años, podrá prestar su consentimiento para cambiar su nombre y el artículo 371, apartado primero, dispone el deber de los padres en el ejercicio de la patria potestad, de permitir la participación de los hijos *en las decisiones que les afecten, según su edad y grado de madurez.*

autonomía del menor según su grado de madurez, lo que ha llevado a que sea catalogada como residual y excepcional[76].

En su sentido etimológico "completar" significa *"volver completa una cosa"* y es además sinónimo de añadir[77], lo que traspolado al ámbito jurídico vendría a configurar el concepto de asistencia, como medio de integración o validación de una manifestación de voluntad conscientemente emitida, pero que en sí misma resulta insuficiente para producir plenos efectos jurídicos.

Barre con la tradicional concepción que instauraba solo dos categorías totalmente antagónicas: por un lado, la plena capacidad y consecuente despliegue máximo de ejercicio por parte de los propios interesados; y por el otro, la de incapacidad y correspondiente actuación a través del representante legal, para alojar como figura intermedia el instituto de la asistencia[78].

En suma, la acción de "completar" la capacidad del menor parte de la existencia en el niño de al menos un grado mínimo de aptitud para conducirse volitivamente de modo independiente, aunque sin soslayar la imposibilidad del representado de concluir, sin el auxilio de terceros, actos jurídicos válidos, aunque solo en función de asistirlo o apoyarlo en la medida que lo precise. *Contrario sensu*, en la práctica esto se traduce en la suplencia de su participación por la del representante legal[79], en tanto para este tipo de representación la ley funciona como fuente para su nacimiento y al mismo tiempo, para delimitar su alcance[80].

---

76 *Vid.* RODRÍGUEZ PINTO, María Sara. *"Una relectura de la patria potestad como función tuitiva sobre la persona y bienes de los hijos"*, *cit. pos.* MONTEJO RIVERO, J.M. *La capacidad progresiva de adolescentes... Cit.*, p. 94. En el orden legal, el contenido del artículo 639 del Código Civil y Comercial de la Nación argentina dispone que la responsabilidad parental está regida, entre otros, por el principio de *autonomía progresiva del hijo conforme a sus características psicofísicas, aptitudes y desarrollo. A mayor autonomía, disminuye la representación de los progenitores en el ejercicio de los derechos de los hijos (...).*

77 *Vid.* Diccionario de la Lengua Española. Real Academia de la Lengua Española. Edición Tricentenario, Actualización 2018. Disponible en: https://dle.rae.es/?id=A1S3usX. Consultado el 3 de septiembre de 2018.

78 *Vid.* PÉREZ RIPOLL, A. *Op. ult. cit.*, p. 11.

79 Postura que ha esgrimido además la jurisprudencia del Tribunal Supremo Popular cubano, al señalar que *"la aptitud para el ejercicio de los derechos y para concluir actos jurídicos, o sea, la posibilidad de realizar actos con valor y eficacia (...) que por ende confiere la posibilidad de que un sujeto influya en su propia situación con su voluntad(...)presupone, por tanto, la madurez de la voluntad, que le permita querer jurídicamente, existiendo en el caso de la minoría de edad un supuesto prohibitivo de la capacidad de obrar que da lugar a la representación legal por dicha circunstancia natural (...)"*. Tribunal Supremo, Sala de lo Civil y de lo Administrativo, Sentencia número 832 de 22 de diciembre del 2006 e idéntico criterio reproduce el Tribunal Provincial de La Habana, Sala Segunda de lo Civil y de lo Administrativo, Sentencia número 63 de 29 de junio del 2012; Sentencia número 60 de 5 de junio del 2013.

80 *Cfr.* Artículo 59 del Código Civil cubano en relación con los preceptos 30, inciso a) y 32 del propio cuerpo legal. Al respecto, refiere DÍEZ GARCÍA que es la ley la que atribuye a los progenitores la representación y ha de ser ella también quien delimite el ámbito de su actuación representativa, que deberá ejercitarse siempre en beneficio del representado y atendiendo al interés primordial del hijo con respeto a su personalidad, por lo que, de forma clara, se alcanza a comprender que su finalidad ha de ser fundamentalmente tuitiva y no limitadora. *Vid.* DÍEZ GARCÍA, H. *Cit.*, p. 1659.

Sin embargo, este último particular constituye materia omisa tanto en la norma familiar como civil patrias, en razón de lo cual ha de corresponder a los operadores del Derecho la interpretación holística del ordenamiento jurídico en pos del respeto a la dignidad humana del niño y bajo el manto de su interés superior que, en opinión de ALONSO PÉREZ, se respeta en la medida en que las funciones familiares fomentan equilibradamente la libertad del niño y el sentido de la responsabilidad, en armonía inescindible entre derecho y deber[81].

Por otro lado, son escasos los supuestos normativos vigentes[82] en Cuba que regulen funciones de asistencia en la posición de terceros[83]. LANDESTOY MÉNDEZ[84] apunta que el ejercicio restringido de la capacidad ha de verse realmente como un nuevo estado de la capacidad cuyo contenido es que

81 *Vid.* ALONSO PÉREZ, Mariano. *La situación jurídica del menor en la Ley Orgánica, 1/1996, de 15 de enero, de protección jurídica del menor, de modificación del Código Civil y de la Ley de Enjuiciamiento: luces y sombras. Cit. pos.*, SÁNCHEZ-CALERO ARRIBAS, Blanca. *La actuación de los representantes legales en la esfera personal de menores e incapacitados.* Editorial Tirant lo Blanch, Valencia, 2005, p.30. En este sentido, la Sala de lo Civil del Tribunal Supremo de la provincia de Buenos Aires en su Sentencia número 835 de 6 de febrero de 2014 expresó que *"La concreción de dicho interés del menor (...) sirve para interpretar y aplicar la ley y colmar sus lagunas y debe ponderarse con los demás bienes jurídicos concurrentes"*. Disponible en: http://www.csjn.gov.ar. Consultado el 20 de abril de 2018.

82 El primer párrafo del artículo 117 del Anteproyecto de Código de Familia cubano prevé la figura de la patria potestad de asistencia en los siguientes términos: *los menores de edad no emancipados ejercen la patria potestad hacia sus hijos e hijas asistidos por su madre y padre y, a falta de ambos, por sus abuelos o abuelas o por su tutor.*

83 Los que se concretan en la intervención de las personas autorizadas para asentir el matrimonio de un menor de edad (*cfr.* Artículo 3 del Código de Familia) y el Dictamen Número 4/2014 de la Dirección Nacional de Notarías y Registros Civiles del Ministerio de Justicia, bajo el amparo de la obligatoriedad que comporta para la actividad notarial a nivel nacional el artículo 35, inciso e) de la Ley 50/1984 "De las Notarías Estatales" y el precepto 3 de la Resolución 70/1992 del Ministerio de Justicia "Reglamento de la Ley de las Notarías Estatales". El citado dictamen dispone que *los progenitores deben completar el ejercicio de la capacidad de obrar de su hija menor de edad devenida en madre soltera, y asistirla en el acto notarial de autorización donde se requiere de su plena capacidad, que de hecho está restringida debido a la edad pero no en cuanto al ejercicio del derecho personalísimo derivado de la patria potestad con respecto a su menor hijo. Vid.* PÉREZ DÍAZ, Olga Lidia. *Repertorio de disposiciones de la Dirección de Notarías y Registros Civiles del Ministerio de Justicia.* Primera parte, Ediciones ONBC, La Habana, 2018.

En el ámbito internacional es más frecuente su regulación. Así, Código Civil español dispone en su artículo 20, apartado segundo, inciso b), que si un menor con 14 años cumplidos decidiera optar por la nacionalidad española podrá formular la solicitud por sí mismo, *asistido por su representante legal,* en relación con el 1263.1, que admite la posibilidad de que presten consentimiento en determinadas circunstancias y el precepto 157, que reza: *El menor no emancipado ejercerá la patria potestad sobre sus hijos con la asistencia de sus padres y, a falta de ambos, de su tutor; en casos de desacuerdo o imposibilidad, con la del Juez;* en consonancia además con el artículo 644, tercer párrafo de la norma sustantiva civil argentina: *El consentimiento del progenitor adolescente debe integrarse con el asentimiento de cualquiera de sus propios progenitores si se trata de actos trascendentes para la vida del niño(...).*

84 *Vid.* LANDESTOY MÉNDEZ, Pedro L. "La capacidad jurídica del menor de edad y el Dictamen № 4/2014 de la Dirección de Notarías y Registros Civiles" en *IUS. Revista del Instituto*

la persona afectada por este puede realizar por sí los actos jurídicos pero asistidos por una persona que constituya un régimen especial de protección, que no supla su voluntad, que no lo represente, sino que complemente su consentimiento.

En este contexto, no sería necesaria la representación legal en la magnitud que implica, a saber, sustitución volitiva del representado y consecuente injerencia en su esfera jurídica, si se sigue la lógica: capacidad restringida/ mayor participación personal/ régimen asistencial si se precisare controlar el actuar[85]; trinomio que puede ser definido o diseñado por la conjugación de las normas sustantivas civil y familiar cubanas en ausencia de otras figuras más idóneas[86].

Entonces restará concretar su actuación "asistida" en función de la naturaleza del acto que pretenda realizar, para lo cual es preciso ahondar en los marcos legales establecidos para ello en las normas especiales, en tanto los cuerpos legales hasta aquí analizados no contienen previsión al respecto.

---

de Ciencias Jurídicas de Puebla AC. Volumen IX, Número 36, julio-diciembre de 2015, pp. 119-133.

85 A lo que se refiere precisamente la Ley Orgánica de Protección Jurídica del Menor española (modificada por las Leyes Orgánicas 8 y 26/2015 de 22 y 28 de julio respectivamente) cuando desde su exposición de motivos señala que la mejor forma de garantizar social y jurídicamente la protección a la infancia es promover su autonomía como sujetos y luego dispone en su artículo 2.1 que *las limitaciones a la capacidad de obrar se interpretarán de forma restrictiva y siempre en beneficio del interés superior del niño;* en razón de lo cual opina Ramos Chaparro que la realidad es muy compleja, y tanto a nivel legislativo como psicológico desmiente a cada paso aquella idílica convivencia, teóricamente posible, entre el principio de igualdad, la diversa consideración jurídica de las edades y la protección integral de la persona. *Vid.* Ramos Chaparro, E. *Op. ult. cit.*, p. 171.

86 Como, *v. gr.*, podría ser la curatela, entendida como institución protectora de personas que tienen limitada su capacidad de ejercicio y cuyo cometido prevé la intervención del curador en todos aquellos actos en los que deba intervenir el curatelado con el propósito de prestarle asistencia, en contraposición a la tradicional función de la tutela, destinada a sustituir su voluntad por medio de la representación. Precisamente, este cometido parece coincidente con la propuesta formulada en el Anteproyecto de Código de Familia del año 2011, que le reserva en el artículo 247 una función puntual en el complemento de la capacidad o la asistencia a la persona que la precise por razones de edad o enfermedad, de acuerdo con sus condiciones personales.

Adquiere especial significado la finalidad que le atribuye Guilarte Martín-Calero, para quien la intervención del curador puede equipararse a una "adhesión habilitante", es decir, que no implica la sustitución de la voluntad (representación legal) sino que consiste en un reforzamiento de esta (...)". (*Vid.* Guilarte Martín-Calero, Cristina. *La curatela en el nuevo sistema de capacidad graduable.* Editorial MacGraw-Hill, Madrid, 1997, pp. 149 y 150). Acerca de la naturaleza jurídica de la curatela y la posibilidad de aplicar su esfera asistencial más allá de los criterios tradicionales que la aplican preferentemente a la actividad patrimonial, se pueden consultar los valiosos argumentos de la profesora Álvarez-Tabío Albo, A.M. "Evolución del concepto de la curatela. Discapacidad y curatela" en Kemelmajer de Carlucci, A. y L.B. Pérez Gallardo (Coordinadores). *Nuevos perfiles del Derecho de Familia. Libro homenaje a la profesora Dra. Olga Mesa Castillo.* Rubinzal-Culzoni Editores, Buenos Aires, 2006, pp. 386-387.

II.1.4. Salud sexual y reproductiva de los niños en Cuba: por el camino de los derechos

La Ley 41 "Ley de la Salud Pública" de 13 de julio de 1983[87], constituye norma rectora de la actividad sanitaria en Cuba. Proclama en su quinto Por Cuanto como uno de sus propósitos normar los deberes y derechos del pueblo en la actividad de salud, así como de los órganos y unidades de dicho sector, al tiempo que establece el derecho a la salud de toda la población en el inciso a) de su cuarto artículo.

Individualiza este cuerpo normativo en la atención de salud que se debe dispensar a las personas menores de edad, responsabilidad que coloca en las instituciones asistenciales del Ministerio de Salud Pública, protección orientada a la salud de la familia y en especial de los niños[88], mientras que el precepto 27 persigue idéntico propósito, respecto a los adolescentes.

De modo particular, el artículo 18[89] condensa la política administrativa en materia de capacidad jurídico-sanitaria respecto a aquellos procederes médicos que involucren o puedan comprometer la salud de los niños, mediante la supeditación de su voluntad a la decisión que adopten sus representantes legales. Esta disposición concatena con la norma 35, que atribute al personal facultado para realizar dichos procedimientos la competencia para valorar las decisiones que se adopten al respecto, y a tal fin deben informar al paciente o a los familiares acerca de la conducta a seguir, en observancia de una actitud respetuosa hacia su *pudor y sensibilidad*[90].

Algunas consideraciones se imponen sobre estas regulaciones.

En primer orden, respecto a la permisividad del artículo 18 en cuanto a los procederes médicos, por cuanto únicamente impone la obligación de contar con la aprobación del paciente en los casos en que dicha actuación implique riesgos para su salud[91], por lo que una interpretación *contrario*

---

87 Publicada en la Gaceta Oficial de la República de Cuba, Edición Ordinaria número 61, La Habana, 15 de agosto de 1983.

88 *Cfr.* Artículos del 22 al 26 de la Ley 41 de 1983 "Ley de la Salud Pública".

89 *Cfr.* Artículo 18: *En la práctica médica se aplican los medios preventivo-curativos y de rehabilitación aprobados por el Ministerio de Salud Pública. Los métodos de diagnóstico que impliquen riesgos, se realizan con la aprobación de los pacientes, excepto en los menores de edad o incapacidad mental, en cuyos supuestos se requiere la autorización del padre, madre, tutor, o representante legal en su caso.*

90 *Cfr.* Artículo 35: *Las decisiones para la realización de los procederes médicos en las instituciones del Sistema Nacional de Salud, se valoran por el personal facultado para ello, teniendo en consideración la alteración de la salud de que se trate e informando al paciente o familiares la conducta a seguir. En todos los casos se respeta el pudor y la sensibilidad de los pacientes y familiares.*

91 Autorización de la que la propia Ley exceptúa para aquellos casos urgentes en los que peligre la vida, en cuyo supuesto las intervenciones quirúrgicas, procederes diagnósticos o terapéuticos se realizarán sin dicha autorización. *Cfr.* Artículo 19 de la Ley 41 de 1983 "Ley de la Salud Pública". Contrasta con esta parca regulación, el contenido de los artículos 3 de la Ley 41/2002, de 14 de noviembre, básica reguladora de la autonomía del paciente y de derechos y obligaciones en materia de información y documentación clínica de España, lo define como "la conformidad libre, voluntaria y consciente de un paciente,

sensu del artículo sería conducente a entender que cuando no sea presumible que la intervención comprometa la salud e integridad corporal de aquel, su consentimiento respecto a cualquier injerencia en su propio cuerpo no será requerida.

Cabe afirmar entonces que el precepto en análisis infringe el contenido del derecho a la integridad del paciente, al no recabar su opinión ante cualquier tipo de intervención sanitaria que incida con carácter transitorio o permanente en su esfera corporal[92].

La voluntad del paciente menor de edad es suprimida de manera absoluta y sustituida por la de sus representantes legales en franca contradicción con las posturas doctrinales y tendencias jurisprudenciales[93] antes apuntadas

---

manifestada en el pleno uso de sus facultades después de recibir la información adecuada, para que tenga lugar una actuación que afecta a su salud", disponiendo en su artículo 2.2 que, "toda actuación en el ámbito de la sanidad requiere, con carácter general, el previo consentimiento de los pacientes usuarios", lo que legitima como autónoma toda actuación en el ámbito de la salud mientras el paciente ostente capacidad para decidir por sí mismo. El artículo 9.3 c) de la propia Ley reza: *Se otorgará el consentimiento por representación en los siguientes supuestos: ...c) Cuando el paciente menor de edad no sea capaz intelectual ni emocionalmente de comprender el alcance de la intervención. En este caso, el consentimiento lo dará el representante legal del menor después de haber escuchado su opinión.*

92 Y justamente así lo ha reiterado la doctrina jurisprudencial del Tribunal Constitucional español, que en sucesivas sentencias ha sostenido que el derecho a la integridad física protege *"la inviolabilidad de la persona, no sólo contra ataques dirigidos a lesionar su cuerpo o espíritu, sino también contra toda clase de intervención en esos bienes que carezca del consentimiento de su titular"*. Consúltense los fallos 220/2005, de 12 de septiembre, 160/2007, de 2 de julio y 20/1990, de 27 de junio y 119/2001, de 24 de mayo. Según ha sostenido el foro, estos derechos, destinados a proteger la incolumidad corporal, *"han adquirido también una dimensión positiva en relación con el libre desarrollo de la personalidad"*, orientada a su plena efectividad, razón por la que *"se hace imprescindible asegurar su protección no sólo frente a las injerencias ya mencionadas, sino también frente a los riesgos que puedan surgir en una sociedad tecnológicamente avanzada"*(Fallos 119/2001, de 24 de mayo y 207/1996, de 16 de diciembre). De ahí que para poder apreciar la vulneración del derecho a la integridad no sea preciso que su lesión se haya consumado, sino que basta con que exista un riesgo relevante de que la lesión pueda llegar a producirse (Sentencia 221/2002, de 25 de noviembre). Además, dicho Tribunal ha afirmado que *"el derecho a que no se dañe o perjudique la salud personal queda también comprendido en el derecho a la integridad personal"* (Sentencia 35/1996, de 11 de marzo), aunque tan sólo se genere un peligro grave y cierto para la salud (Sentencias 119/2001, de 24 de mayo y 5/2002, de 14 de enero).

93 En la sentencia T-1019 de 2006 de la Corte Constitucional de Colombia, se confirmó la decisión del juez de instancia de ordenar a una institución de salud de ese país que garantizara la realización de una cirugía de ligadura de trompas a una menor con discapacidad mental, siempre y cuando la decisión de practicarla fuera producto de un debido proceso que protegiera, en la mayor media posible, la libre voluntad de la niña. El foro señaló que *"previo a que los padres de la menor den su consentimiento sustituto, si este llegare a ser necesario, es imperioso que la menor sea sometida una valoración médica especializada que permita establecer su capacidad cognoscitiva y su nivel de desarrollo mental que indique si dicha condición de retraso mental le va a permitir a futuro, tener o no la suficiente autonomía en su voluntad para asumir una decisión de tal trascendencia. Para ello un cuerpo médico multidisciplinario, que deberá estar integrado por lo menos por un neurólogo y un ginecólogo, acompañados por un sicólogo y un médico de Medicina Legal, determinará el grado de retraso mental de la menor y establecido su nivel de discapacidad, y si éste fuere de tal dimensión que*

respecto a su competencia en el ámbito de su salud y al consentimiento informado que debe brindar cuando aquella puede resultar lesionada[94].

Cuestiones acerca de la calidad, cantidad o profundidad de la información que debe proporcionar el personal facultativo al paciente tampoco resultan esclarecidas en el texto normativo, sino que se infiere de su tenor que primará el principio de confidencialidad[95] médico-paciente o médico-representantes legales de aquel, como respeto a su derecho a la intimidad personal y familiar.

La alusión de la norma a la *sensibilidad* del destinatario de la información puede ser interpretada como indicativa del modo en que ha de transmitirse aquella, aspecto que si bien es de relevancia -sobre todo cuando se trata de pacientes menores de edad- no agota todos los requerimientos que debe revestir sobre todo en cuanto a su transparencia o claridad dada su importancia psicopedagógica. En su defecto podría transmitirse un mensaje incomprensible, con potencial para provocar un giro radical en la vida del paciente y su familia.

En resumen, en la legislación especial en materia de salud no existe regulación acerca de la competencia de los niños para consentir las acciones y servicios de este tipo, de modo que no existe marco legal específico para

---

permita asegurar que nunca la paciente podrá ser consciente ni tener la suficiente autonomía personal para decidir por sí misma, el cuerpo médico deberá informar a los padres de la menor para que estos, de manera razonada y válida otorguen su consentimiento sustituto para la realización del procedimiento quirúrgico ya anotado, en estricto cumplimiento de los protocolos médicos exigidos, a efectos de garantizar una recuperación satisfactoria de la paciente, que asegure el menor riesgo para su integridad física, su salud y su propia vida (...)."

Caso semejante fue sometido al Juzgado número 1 de Familia de Mendoza, Argentina, foro que valoró en su fallo de 16 de septiembre de 2008 la solicitud de la madre de una niña que había sido violada para interrumpir el embarazo producto de tal acción violenta. Como parte de las actuaciones y la valoración del equipo multidisciplinario y del Comité de Bioética del centro de salud que atendía a la menor, se determinó la voluntad libre y conscientemente expresada de la niña para continuar la gestación, con énfasis en su intención de proteger al producto de la concepción de cualquier agresión o daño a su salud, de modo que pudiera llegar a feliz término. De igual forma, se opuso con firmes argumentos a entregar a su bebé en adopción. El órgano jurisdiccional apreció que "*el derecho de las niñas, niños y adolescentes a ser oídos y que su opinión sea tenida en cuenta, se encuentra enhebrado con el principio rector guía del interés superior, constituyendo un modo objetivado de tal enunciado genérico e indeterminado.*"

94 La jurisprudencia del Tribunal Supremo español ha apuntado que "*El consentimiento informado del paciente cabe considerar que constituye un acto de ejercicio de su autonomía personal y, por tanto, de sus derechos básicos, y en tal sentido lo ha admitido implícitamente como un nuevo derecho fundamental*". (Sentencias de 12/1/2001 y de 11/5/2001), criterio compartido además por PLAZA PENADÉS, Javier. "La ley 41/2000, básica sobre autonomía del paciente, Información y Documentación Clínica" en *Actualidad Jurídica Aranzadi*, Número 562, año 2003, p. 2, GARCÍA GARNICA, M. del C. *El ejercicio de los derechos... cit.*, p. 102 y DÍEZ GARCÍA, H. *Cit.*, p. 1667.

95 Deducible del término "*pudor*" *Cfr.* Artículo 19 de la Ley 41 de 1983 "Ley de la Salud Pública", empleado en la norma y consistente con el criterio de la Corte Interamericana de Derechos Humanos, que en su resolución del caso "De La Cruz Flores Vs. Perú", dictada el 18 de noviembre de 2004 que falló: "*los médicos tienen un derecho y un deber de guardar confidencialidad sobre la información a la que tengan acceso en su condición de médicos*".

su actuación en el ejercicio de sus derechos sexuales y reproductivos. Sin embargo, ¿significa esto que no disfrutan de ellos en absoluto los niños cubanos? El análisis de sus más diversas manifestaciones en la realidad cubana, así como las condiciones en que ocurre tal realización, con énfasis en las acciones y políticas públicas en materia sanitaria y educativa orientadas a ello dan respuesta a esta interrogante.

II.2. Salud y educación: roles institucionales en la promoción de los derechos sexuales y reproductivos de los niños en Cuba

La infancia y más particularmente, la adolescencia, es una etapa de rápidos cambios y dificultades concernientes a la evolución de la persona como ser humano, en el que debe enfrentar su sexualidad a través del aprendizaje. En consecuencia, debe elegir cómo participar en los diversos tipos de actividad sexual, descubrir la manera de identificar el amor y asimilar los conocimientos necesarios para impedir que se produzca un embarazo no deseado u otras consecuencias negativas para su salud biológica y emocional[96].

La relevancia que le concede el Estado cubano a sexualidad y reproducción de la niñez se verifica a través de los programas elaborados a nivel institucional para los sistemas de salud y educacional, los que responden a las prioridades identificadas a nivel social en función de las expresiones más frecuentes por medio de las que toman virtualidad estas trascendentales facetas de sus vidas, elemento que constituye el punto de partida para cualquier proyección que se trace.

II.2.1. Manifestaciones más frecuentes de los derechos sexuales y reproductivos de los niños cubanos

Identificar los despliegues más significativos de la conducta sexual y reproductiva de los niños cubanos, a fin de canalizar las actitudes que constituyen tendencia en este sentido en términos de derechos se torna un empeño complicado, por cuanto en ambas facetas de su vida se involucran

96 *Vid.* Gourguet Pi, Iliana. *Comportamiento sexual humano.* Editorial Oriente, Santiago de Cuba, 2008, p. 39. En tal sentido, estudios realizados en Colombia en el año 2012, con adolescentes de colegio entre 12-19 años de edad, demuestran que la psicoeducación sobre los derechos sexuales y reproductivos disminuye en gran medida los riesgos en las prácticas sexuales, como embarazos no deseados o infecciones de transmisión sexual e incrementa el conocimiento y formación para la protección y el respeto de tales derechos. *Vid.* Niño Bautista, Lucila, *et al.* "Cambios persistentes en conocimientos, actitudes y prácticas sobre sexualidad en adolescentes y jóvenes escolarizados de cuatro municipios de Santander-Colombia" en *Revista Salud UIS*, Número 44, Volumen 2, Año 2012. Disponible en: http://www.scielo.org.co/pdf/suis/v44n2/v44n2a05.pdf. Consultado el 3 de mayo de 2019.

factores biológicos, psicológicos, culturales, socio-económicos e incluso geográficos que influyen en ello de manera determinante[97].

La variabilidad implícita en este empeño lo hace aun más complejo, motivo por el cual no es posible conseguirlo únicamente del examen de textos legales o científicos, sino que es preciso contextualizarlo en el espacio nacional a través del intercambio con los expertos que en su quehacer profesional interactúan con los niños y sus familiares. Entonces, como resultado de las entrevistas sostenidas con especialistas en Ginecología y Obstetricia, Psicología, Pedagogía, Psiquiatría Infanto-Juvenil y Medicina Legal y en conjugación con las estadísticas de salud compiladas, fue posible precisar las manifestaciones más frecuentes de cada uno de los derechos en estudio.

Así, los reproductivos logran su mayor incidencia en la maternidad adolescente[98], a los que se vincula directamente el índice de abortos practicados

---

97 Incluso a nivel regional latinoamericano se habla de su influencia, habida cuenta de que las condicionantes sociales y las brechas económicas entre los distintos sectores poblacionales en muchos países del área son conducentes a que no todos los niños tengan iguales posibilidades de acceso a una adecuada educación o acceso a materiales educativos, atención médica especializada y protección y apoyo familiar respecto a la sexualidad. En el mundo, el 20% de las mujeres más pobres tienen más probabilidades de dar a luz sin asistencia médica, mientras que el 95% de los embarazos adolescentes ocurren en países en desarrollo y estos embarazos no deseados se relacionan con la pobreza, la residencia en zonas rurales y las carencias educativas. *Vid.* "Mundos aparte: La salud y los derechos reproductivos en tiempos de desigualdad". Informe acerca del Estado de la Población Mundial 2017 del Fondo de Población para las Naciones Unidas publicado el 17 de octubre de 2017. Disponible en: http://www.unfpa.org/es/press/estado-de-la-poblaci%C3%B3n-mundial-2017 Consultado el 12 de enero de 2019.

98 El Centro de Estudios Demográficos (CEDEM) de la Universidad de La Habana realizó un análisis basado en la integración de los registros de nacimientos, estadísticas del Ministerio de Salud Pública, censos, encuestas nacionales y resultados de investigaciones que indica entre los años 2010 y 2014 las adolescentes entre 15 y 19 años, representaron el 16% de la fecundidad total a nivel nacional. Igualmente, la fecundidad de las adolescentes entre 12 y 14 años representó menos del 0,5% del total, aunque resulta significativo el incremento paulatino bianual en su manifestación. *Vid.* Rodríguez Javiqué, Daylin y Matilde de la C. Molina Cintra. "Fecundidad adolescente en Cuba: algunas reflexiones sobre su comportamiento por provincias y zonas de residencia" en *Revista Novedades en población.* Número 23, enero-junio de 2016, Año XII, pp. 78-96.

Cifras más recientes aportadas por la Dirección de Registros Médicos y Estadísticas de Salud del Ministerio de Salud Pública a través del Anuario Estadístico de Salud del año 2018 publicado en La Habana refieren que al cierre de ese año la población cubana menor de 20 años representaba el 17.08% de los habitantes del país. Asimismo, expone que en el año 2017 fueron captados 1845 embarazos en mujeres menores de 20 años de un total de 8313 (para un 22.19%) y la tasa de fecundidad según edad de la madre en los años 2016 y 2017 fue de 50.0 y 52.0 respectivamente (por cada 1000 embarazos), cifra que se ha mantenido relativamente estable en el último decenio (por debajo de 60 por cada 1000 captaciones).

Sin embargo, estas cifras aluden únicamente a la niña grávida, sin que haya sido posible determinar la cantidad de casos en que el progenitor era también un menor de edad, dato no compilado por el Ministerio de Salud Pública, aunque el referido estudio demográfico arroja algunas luces al respecto, pues alude que al ser analizada la edad promedio de la pareja al iniciar sus relaciones sexuales, la diferencia entre sus edades no es significativa,

como método erróneamente empleado para el control de la natalidad[99], pues a pesar de su conexión directa a la libertad de decidir cuántos hijos procrear y cuándo hacerlo, los especialistas recomiendan el empleo de los métodos anticonceptivos, con resultados probables menos riesgosos para la salud, en tanto algunas de sus variantes no someten a la paciente a procederes invasivos[100]. También destaca la solicitud y acceso a métodos anticonceptivos y contraceptivos, a través de dispositivos intrauterinos, tratamientos hormonales medicamentosos[101], aplicados mediante vacunas o de implantes subdérmicos y a través del uso de condones, según los criterios médicos de elegibilidad ajustados a cada caso.

Precisamente este último recurso empleado como método de control de la fecundidad, al mismo tiempo es una vía de realización responsable de los derechos sexuales, aunque en opinión de especialistas es aún insuficiente su uso, de lo que dan cuenta el número de pacientes adolescentes tratados por infecciones de transmisión sexual, cifra a la que contribuye además la precocidad en el momento de inicio de las relaciones coitales, que oscila alrededor de los 12 años de edad[102].

---

por cuanto en los hombres era igual la edad de la pareja y del iniciado, mientras que en las niñas, la edad de la pareja fue como promedio 4 años mayor.

99 Un adecuado control de la fecundidad evita secuelas para la salud sexual y reproductiva y contribuye directamente a que los adolescentes sean capaces de desarrollar sus competencias a plenitud en el orden psicológico, social, educativo y familiar, de modo que pueda enfrentar la maternidad en condiciones más propicias para su bienestar y el de su prole.

100 Datos estadísticos del Ministerio de Salud Pública compilados como parte del panorama de salud de los adolescentes cubanos en el año 2013 y del Programa Nacional de Salud para la Atención Integral en la Adolescencia para los años 2013-2018, refieren que entre los grupos de edad de la población cubana el porcentaje más elevado de personas que no usan ningún método anticonceptivo se encuentra entre los 10 y 19 años de edad, cifra que asciende al 33.0% de la población en esas edades. Respecto al resto de dichos métodos, el estudio arrojó como resultado que el 29.8% de dicho grupo poblacional emplea el condón masculino, el 13.3% la píldora, el 18.8% los dispositivos intrauterinos (DIU), el 4.7% emplea otros, mientras que la esterilización femenina representa únicamente el 0.4%, en tanto su empleo responde a tratamientos terapéuticos (ante la detección de tumores germinales malignos de ovario y las lesiones cérvico-uterinas, enfermedades cuya incidencia ha aumentado en los últimos años) y no anticonceptivos.

101 Estadísticas compiladas en el año 2013 por este programa del Ministerio de Salud Pública cubano muestran que la tasa de abortos inducidos en las adolescentes entre los años 1990 y 2013 han oscilado entre el 31.1% y el 39.6% de los practicados, con la excepción del propio año 1990, en el que la cifra fue del 62.7%.

102 El citado estudio del CEDEM refiere los resultados de una encuesta sobre indicadores de Prevención por el VIH/SIDA aplicada en los años 2009 y 2011 a nivel nacional, los que confirmaron que el 8% de los niños entre 12 y 14 años habían iniciado sus relaciones sexuales, cifra que aumentaba hasta el 43.1% en los adolescentes entre 15 y 16 años y al 81.7% en los de edades comprendidas entre los 17 y 18.

Otro indicador que permite valorar la conducta sexual de las personas menores de edad está dado por las cifras referidas al estado civil según su edad y que indica que de una población de un total de 704126 personas en edades de 15 a 19 años, 28734 son casados, 74746 están unidos, 2653 son divorciados, 4118 se han separado y 1082 son viudos, lo que

RODRÍGUEZ JAVIQUÉ y MOLINA CINTRA resumen los factores más relevantes que inciden en esta conducta sexual y reproductiva adolescente desde el punto de vista socio-demográfico, a saber: la iniciación temprana de la unión y las relaciones sexuales, la desprotección de las primeras relaciones y el uso inadecuado y discontinuo de los anticonceptivos; así como una cultura sobre el acceso y la seguridad del aborto y la regulación menstrual que posibilitan la interrupción del embarazo, variables que contribuyen a explicar una práctica intermitente de protección y conducen a una sostenida fecundidad adolescente[103].

Facetas relacionadas con la identidad de género se verifican también con frecuencia, a través de actitudes del niño respecto a su sexualidad apreciadas fundamentalmente en el ambiente familiar, en tanto constituyen símbolos indeliberados de su personalidad que encuentran su espacio primigenio de expresión en el entorno familiar y escolar.

Así, es usual que en consultas de Psicología infantil y Psiquiatría Infanto-Juvenil sean atendidos niños que concurren por iniciativa de sus representantes legales, quienes se remiten a ellas en busca de consejo de terapeutas especializados en infancia y sexualidad con el propósito de "corregir" -ya sea través de tratamientos psicológicos e incluso hormonales- inclinaciones de género "desorientadas" o "incorrectas", que perciben como diferentes o distantes, según sus expectativas, en cuanto a su desarrollo, comportamientos, lenguaje corporal u otras expresiones[104].

---

denota que alrededor del 16% de las personas en dichas edades mantiene una vida sexual y reproductiva activa, de los cuales la mayoría no han formalizado su unión matrimonial. (Aunque los últimos datos aportados solo se compilan durante las encuestas censales, motivo por el cual se refieren las últimas obtenidas. *Vid.* Informe Nacional del Censo de población y viviendas, República de Cuba, año 2012. Consultado en: www.one.cu_publicaciones_cepde_informenacional_71_tabla_IV_8.

103 *Vid.* RODRÍGUEZ JAVIQUÉ, D y M.C. MOLINA CINTRA. *Cit.*, p. 82.

104 Esta visión conduce a la inferiorización tanto de toda orientación sexual considerada "anormal", como de cualquier identidad genérica que no sea representativa de las imágenes del sistema sexo-género escindido culturalmente en hombre-mujer. Por lo tanto, distingue negativamente a las persona desde su simple proyección dentro del colectivo social y aunque en la primera infancia no pueda hablarse de una conducta transexual, transgénero o intersexual perfectamente delimitada en el niño -en tanto no ha iniciado su vida sexual activa- la literatura especializada moderna ha probado que puede experimentar una identificación persistente y acusada con el otro sexo junto con el disgusto reiterado con el propio sexo o sentimiento de inadecuación con su rol genérico, lo cual provoca un profundo malestar psicológico y alteraciones significativas en el área social, ocupacional o en cualquier otro aspecto importante del funcionamiento. *Vid.* COHEN-KETTENIS, Peggy T. y Friedemann PFÄFFLIN. *Transgenderism and intersexuality in childhood and adolescence: Making choices.* Sage Publications, Thousand Oaks, 2003, *passim*; WALLIEN, Madeleine S. y P. T. COHEN-KETTENIS. "Psychosexual outcome of gender-dysphoric children" en *Journal of the American Academy of Child Adolescence Psychiatry.* Número 12, Volumen 48, Año 2008, pp. 1413-1423; GUERRA, Luciana: "Familia y heteronormatividad" en *Revista Argentina de Estudios de Juventud,* Volumen 1, Número 1, año 2009. Disponible en: http://perio.unlp.edu.ar. Consultado el 9 de enero de 2019. Consúltese igualmente *The World Professional Association for Transgender Health-WPATH. Historical compilation of Standars of Care Versions 1 through 6. s.f.* Disponible en: http:// www.wpath.org/

Se trata de conductas objetivas y subjetivas de los adultos hacia los niños permeadas por un contenido cultural, transversalizado por estereotipos genéricos y sexuales, que se interpretan como las expectativas diferenciales acerca de los comportamientos sociales y privados apropiados o no a su sexo-género, lo que aumenta el estado de vulnerabilidad del niño[105].

Sin embargo, en terminología científica tales manifestaciones de su sexualidad deben catalogarse como básicas y espontáneas expresiones de su identidad genérica, en tanto pueden ser asimiladas al derecho que le corresponde a toda persona a desarrollar su vivencia de género, lo que encuentra respaldo en el Derecho Internacional a través del reconocimiento de las personas LGTBI que se logró por medio de los "Principios sobre la aplicación de la legislación internacional de derechos humanos en relación con la orientación sexual y la identidad de género" o Principios de Yogyakarta[106] y en el artículo 8.1 de la Convención sobre los derechos del niño, en respuesta a lo cual la Comisión Interamericana de Derechos Humanos ha reconocido que son nuestras creencias acerca del género, y no la ciencia, las que definen el sexo[107].

Por este motivo, es usual que en la mayoría de los casos de ello derive el diagnóstico de patología alguna[108], en tanto han pasado de ser consideradas

---

documents/SOC/Compilation.pdf. Consultado el 5 de noviembre de 2017; Álvarez-Diz, José A., *et al.* "Nuevas perspectivas en el tratamiento hormonal de la disforia de género en la adolescencia" en *Actas Especialidad Psiquiatría,* Número 43, Volumen I, Año 2015, p. 25 y American Psychiatric Association. *Diagnostic and statistical manual of mental disorders,* Quinta edición Development, 2010. Disponible en: http://dsm5.org. Consultado el 12 de enero de 2019.

105 Al respecto, se recomienda consultar la ponencia presentada en la VII Conferencia Internacional de Derecho de Familia por Pereira Ramírez, Rita M. "La práctica de "corregir" a niños, niñas y adolescentes en la familia en Cuba: Una aproximación necesaria" en Mesa Castillo, Olga y Yamila González Ferrer. (Coordinadoras). *Memorias de la VII Conferencia Internacional de Derecho de Familia y II Escuela Ibero-Latinoamericana de Derecho de Familia y otras disciplinas afines.* Editorial UNIJURIS, La Habana, 2013, pp. 343-344 y Rodney Rodríguez, Yoanka y Mirtha García Leyva. "Políticas públicas sobre violencia escolar en Cuba: entre lo jurídico y la realidad" en *Revista sexología y sociedad.* Número 21, Año 2015, pp. 146-180.

106 En consecuencia, en el texto correspondiente al tercer principio se menciona que *"la orientación sexual o identidad de género que cada persona defina para sí, es esencial para su personalidad y constituye uno de los aspectos fundamentales de su autodeterminación, su dignidad y su libertad" y que "ninguna persona será sometida a presiones para ocultar, suprimir o negar su orientación sexual o identidad de género"* de conjunto con el párrafo sexto de su Preámbulo y el Principio 24, inciso d), referido a los niños y confiere consideración primordial a su interés superior y a su capacidad progresiva, en función de su edad y madurez. Disponible en: http://www.yogyakartaprinciples.org/principles_sp.pdf. Consultado el 12 de abril de 2019.

107 *Vid.* Comisión Interamericana de Derechos Humanos. Informe sobre Violencia contra personas lesbianas, gays, bisexuales, trans e intersex en América. 2015. Disponible en: http://www.oas.org/es/cidh/informes/pdfs/violenciapersonaslgbti.pdf Consultado el 12 de abril de 2019.

108 De hecho, en estos casos la relación es inversa, es decir, en la búsqueda de rectificar sus inclinaciones naturales, ocasionan serios trastornos psicológicos a través de estereotipos

como trastornos a ser definidas como una condición relacionada con la conducta sexual[109]; es decir, son configurativas de modos de autorrealización de la personalidad en relación con la sexualidad, dentro de las cuales los gérmenes de conductas de transexualidad constituyen los más corroborados.

Muy a lamentar, también resultan relativamente frecuentes las expresiones de los derechos sexuales en su esfera negativa, es decir, cuando no se verifican por un acto voluntario de su titular, sino a través de su vulneración. Se trata de hechos configurativos de conductas delictivas que ultrajan la sexualidad en cualquiera de sus facetas mediante una afectación violenta a su integridad psíquica y física, los que logran su expresión más dramáticamente reiterada, cuando la víctima es una persona menor de edad, en los delitos de violación y abusos lascivos[110].

De estos resultados se puede concluir que el ejercicio y expresión de los derechos reproductivos se verifica fundamentalmente en la adolescencia, debido a la intrínseca relación de dependencia que guardan con la pubertad; mientras que es posible identificar expresiones de los derechos sexuales incluso desde las etapas más tempranas de la vida, fundamentalmente mediante las facetas relativas a la identidad de género; aunque es palpable además una marcada tendencia a lograr mayor virtualidad en el campo de la conducta sexual manifiesta -en cuanto a la orientación y práctica activa- a partir de los 12 años de edad como promedio, según dan cuenta los datos estadísticos compilados.

De tales manifestaciones es posible deducir la responsabilidad que corresponde tanto a la familia como al Estado –a través de los sistemas de

---

culturales negativos que trascienden a sus relaciones sociales, familiares e íntimas incluso durante la etapa adulta de su vida, según refirieron los expertos entrevistados.

109 La Instrucción de 23 de octubre de 2018, de la Dirección General de los Registros y del Notariado de España, sobre cambio de nombre en el Registro Civil de personas transexuales, expone que *"en la actualidad, tras la publicación por la Organización Mundial de la Salud de su Clasificación Internacional de enfermedades, por sus siglas, CIE-11 (que entrará en vigor en enero de 2022), la transexualidad no aparece calificada como enfermedad, sino como «condición», en el epígrafe dedicado a las «condiciones relacionadas con la conducta sexual», denominándola «incongruencia de género», y caracterizándola como una marcada y persistente incongruencia entre el género experimentado por un individuo y el género que se le asigna"*. *Cit. pos.* DE LA ROSA CORTINA, José Miguel. "El Fiscal en la Constitución: intervención en el orden jurisdiccional civil" en *40 años de Constitución española. Perspectivas desde el Ministerio Fiscal. Revista del Ministerio Fiscal*, número especial, octubre-noviembre, Año 2018, p. 251, elementos que con anterioridad habían sido esbozados por RUDOLF, Bernhart, "European Court of Human Rights: legal status of postoperative Transsexuals" en *International Journal of Constitutional Law*, Volumen 1, Número 4, año 2003, pp. 716721.

110 Delitos previstos y sancionados en los artículos 298 y 330 respectivamente del Código Penal cubano. Se debe significar que ambos preceptos prevén como agravantes a la sanción que la víctima sea un niño, con marcos sancionadores que aumentan en dependencia de la edad del perjudicado, en base a la pretensión de reforzar la protección que se les dispensa en tanto personas más vulnerables. Por este motivo, KEMELMAJER DE CARLUCCI ha resaltado que durante la fase investigativa "se buscará explicarle la razón y utilidad de las diligencias a llevarse a cabo o la naturaleza de los peritajes a los cuales se le someterá, siempre con base en su edad, grado de madurez y desarrollo, y conforme a su derecho a la información".

salud pública y educacionales- en la creación y diseño de ambientes seguros para el ejercicio personal de los niños de los derechos en estudio. Resultan relevantes igualmente los roles de las instituciones pertinentes en el acceso a una educación y salud sexual y reproductiva integral, libre de estereotipos y adaptada a la etapa de la vida por la que transcurren, de modo que los contenidos transmitidos les sean comprensibles y aprehensibles, única vía posible para ejercerlos de manera racional y consciente.

II.2.2. Los programas educativos y las estrategias de salud sobre sexualidad y reproducción dedicados a la infancia

Garantizar que la población infanto-juvenil haga uso del derecho de una sexualidad plena y consciente constituye uno de los principios de la política estatal cubana, a lo que se añade el deber de la sociedad de brindar los conocimientos suficientes para ayudar a ejercer este derecho sin riesgos. Entonces, la educación sexual debe ser entendida como educación para el ejercicio responsable de la sexualidad[111].

El sistema educacional cubano actual ha incorporado contenidos y enfoques que integran los elementos cognitivos y afectivos que pueden incidir en las actitudes de la infancia hacia la sexualidad, sobre la base de su progresión en profundidad a medida que el niño transcurre por las distintas etapas de su desarrollo biológico, cuestión a la que la Corte Constitucional colombiana puntualizó en su fallo C-355 de 2006, al proclamar que "*la educación sexual para niños y adolescentes debe impartirse desde el inicio del ciclo educativo y al mismo tiempo, que la complejidad del tema implica ante todo tomar en consideración la edad y desarrollo de los estudiantes para determinar las metodologías y contenidos*

---

111 Lo que explica Gourguet desde el punto de vista de la práctica psicológica y clínica, cuando expone que recibir educación sexual contribuye a evitar una ITS, una relación coital sin estar debidamente preparados, un aborto y sus riesgos, un embarazo no deseado o una conducta de cambio frecuente de pareja. (*Vid.* Gourguet Pi, I. *Cit.*, p. 40), criterio que es compartido por especialistas del Ministerio de Educación, quienes significan que los avances realizados por Cuba en esta área han sido reconocidos por entidades internacionales, aunque a partir de las evidencias aportadas en las investigaciones realizadas por expertos cubanos se demuestra que aún persisten mitos y falsos conceptos asociados a la sexualidad en los niños que imponen la necesidad de continuar perfeccionando los currículos y el sistema de actividades formativas en todos los niveles y modalidades educativas, particularmente el relacionado con el sistema de formación y superación permanente del personal docente. *Vid.* Morejón Barrueto, Yanet, *et al.* "La escuela: un eslabón de la promoción para la salud sobre la epidemia del VIH/SIDA" en *Revista Conrado.* Publicación pedagógica de la Universidad de Cienfuegos. Número 11, marzo de 2015, pp. 42-47.

También en este ámbito resultan esclarecedores los argumentos expuestos en la Sentencia T-220 de 2004 de la Corte Constitucional colombiana, que consideró que desde la perspectiva del derecho de los educandos, la política en materia de educación sexual debe incorporar un programa específico que satisfaga ciertos requisitos básicos según los derechos reconocidos en la Constitución. *Vid.* Fichas de análisis de jurisprudencia. Sentencias de constitucionalidad. Derecho del Bienestar Familiar. Avance Jurídico Casa Editorial. Bogotá, 2019.

adecuados de la educación sexual, así como la idoneidad de los docentes en cada grado escolar"[112].

Se debe citar en el logro de este propósito la Resolución Conjunta MINED-MINSAP número 1 de 4 de enero de 1997, que reguló las "Indicaciones para el trabajo conjunto entre los Ministerios de Educación y de Salud Pública" y el Programa Director de Promoción y Educación para la Salud en el Sistema Nacional de Educación, promulgado en 1999, la cual estableció los ejes temáticos a desarrollar en el currículo escolar, de los que dedica uno a la Educación de la Sexualidad.

Tributa a este fin además la Resolución Ministerial 88/98, referida al Reglamento Escolar en todos los niveles de enseñanza, que en su artículo 11 dispone que prohíbe actitudes físicas o verbales *"que hieran el prestigio social de los compañeros"*, lo que resulta significativo, pues en ocasiones la falta de comprensión de los propios niños acerca de ciertas conductas de sus pares derivadas de las actitudes de género, son conducentes a que utilicen palabras degradantes porque son distintos de lo que se considera aceptado desde su propia percepción.

Las relaciones de pareja entre los estudiantes, como uno de los perfiles de su sexualidad de más frecuente manifestación, encuentran en el artículo 12 pautas para su sano desenvolvimiento, precepto que enfrenta conductas de promiscuidad que en ocasiones se manifiestan en los adolescentes y contribuye a la prevención de la violencia derivada de los estereotipos y los papeles de género impuestos por la sociedad.

Mediante la Resolución del Ministerio de Educación número 139/2011, fue aprobado el Programa de Educación de la Sexualidad con Enfoque de Género y Derechos Sexuales en el currículo escolar del Sistema Nacional de Educación, que concibe la educación de la sexualidad como derecho humano y como parte de la formación integral de los niños y jóvenes, razón por la cual sus contenidos han sido incluidos en los diversos niveles del currículo escolar y sometido al trabajo de perfeccionamiento educacional desarrollado por el Ministerio de Educación[113].

---

112 *Ídem.*

113 En el ámbito internacional, Colombia aporta una experiencia importante en esta temática. Así, la sentencia T-368 de 2003 de la Corte Constitucional, al revisar un caso en el que se implicaban prácticas docentes inadecuadas, hizo énfasis en la complejidad de la enseñanza con este específico perfil a impartir en los siguientes términos: *"La educación sexual no tiene un equivalente en los modelos convencionales de aprendizaje. Lejos de ser un simple recuento de anatomía, fisiología y de los métodos de control de la natalidad, se trata de un verdadero proceso que se inicia desde el nacimiento y que tiene en los padres a la instancia que más influencia ejerce en la misma. Si bien se reconoce el papel preponderante que aquí deben desempeñar los padres respecto a sus hijos, es conveniente que la escuela moderna, de manera coordinada con ellos, coadyuve a su esfuerzo, practique una pedagogía que incorpore el reconocimiento y la comprensión cabal de la sexualidad, de suerte que los educandos reciban en cada momento conocimientos serios, oportunos y adecuados y gracias a esta interacción lleguen al pleno dominio de su yo y de respeto y consideración humana por el otro". Vid.* Fichas de análisis de jurisprudencia. Sentencias de constitucionalidad. Derecho del Bienestar Familiar. Avance Jurídico Casa Editorial. Bogotá, 2019.

El programa busca fortalecer en todos los niveles de enseñanza la educación de la sexualidad y la prevención del VIH y otras infecciones de transmisión sexual, con enfoque de género y derechos sexuales, mediante el currículo base, propio y optativo-electivo, así como en la superación postgraduada sobre bases científicas que promuevan modos de desarrollo personal y social en las diferentes etapas de la vida y contextos, sustentados en el respeto, la responsabilidad, la equidad, la cooperación y la reciprocidad, que superen toda forma de discriminación sexista hacia el hombre o la mujer[114].

Por último, fue aprobada la Resolución 11, de 12 de enero de 2012, que actualizó las regulaciones sobre la vida escolar en todos los subsistemas de educación, con excepción de la educación superior, a fin de eliminar la dispersión legislativa en relación con los reglamentos escolares, que entre las modificaciones que introdujo en su artículo 15 las medidas organizativas y de control que garantizan el reglamento de salud, en virtud de lo cual el estudiantado debe manifestar una conducta sexual responsable.

De este modo, se han implementado programas que prevén contenidos que faciliten la comprensión de la sexualidad como faceta del ciclo vital que permite a la persona transmitir afecto, libertad y placer y acceder a una vida plena además en relación con su reproducción. En línea con este importante propósito, resultan esclarecedores los términos de la Sentencia T-220 de 2004 de la Corte Constitucional colombiana, que consideró que desde la perspectiva del derecho de los educandos, cualquier política en la materia debe incorporar un programa que satisfaga ciertos requisitos básicos, según los cuales: *"(...) sus contenidos deben estar orientados por los principios de autonomía del educando y respeto por sus demás derechos fundamentales, en especial por los derechos a la dignidad, a la intimidad y a la libertad de conciencia del educando; tales contenidos deben ser suficientes, en el sentido de que permitan al estudiante el desarrollo de sus diversas competencias, de relación interpersonal y convivencia, de respeto a las diferencias y a los derechos de los demás, de conocimientos en salud sexual y reproductiva, en especial lo relacionado con las enfermedades de transmisión sexual, de concientización acerca de la paternidad y maternidad responsables, como derecho y como deber, entre muchos otros; y por último, que la forma en que se imparta debe estar orientada por herramientas pedagógicas especiales, que garanticen el respeto de los derechos y la formación integral de los educandos lo que implica, obviamente, la necesidad de garantizar la idoneidad de los docentes mediante procesos de selección y de capacitación especiales"*[115].

La relación entre el derecho a la educación sexual, a la información y a la salud se hizo evidente en el Comentario General número 14 del año 2000 emitido por el Comité de Derechos Económicos, Sociales y Culturales[116], en el que sostiene que el derecho a la salud abarca *"el acceso a la información y la educación sobre cuestiones relacionadas con la salud, incluida la salud sexual y*

---

114 *Vid.* RODNEY RODRÍGUEZ, Y. y M. GARCÍA LEYVA. *Cit.*, p. 165.

115 *Vid.* Fichas de análisis de jurisprudencia. Sentencias de constitucionalidad. Derecho del Bienestar Familiar. Avance Jurídico Casa Editorial. Bogotá, 2019.

116 Surgido en virtud de la Resolución 1985/17, de 28 de mayo de 1985, del Consejo Económico y Social de las Naciones Unidas (ECOSOC) para desempeñar las funciones de supervisión del Pacto Internacional de Derechos Económicos Sociales y Culturales.

reproductiva" (párrafo 11). Sostiene además que el derecho a la salud exige que se establezcan *"programas de prevención y educación para hacer frente a las preocupaciones de salud que guardan relación con el comportamiento, como las enfermedades de transmisión sexual, en particular el VIH/SIDA y las que afectan de forma adversa la salud sexual y reproductiva"* (párrafo 16).

Posteriormente, en el año 2017, el propio Comité formuló el Comentario General número 22, enfocado directamente a la salud sexual y reproductiva, en el que apreció los derechos sexuales y reproductivos, de conjunto con el derecho a la educación y a la no discriminación como protectores del *"derecho a una educación sexual y reproductiva exhaustiva, no-discriminatoria, basada en la evidencia, científicamente precisa y apropiada conforme a la edad"* (párrafo 9)[117].

La nación cubana es privilegiada en este sentido también desde el punto de vista sanitario, motivo por el cual la totalidad de los niños se beneficia de los servicios médicos al contar con un sistema único, integral, universal y gratuito que incluye la incorporación de nuevas tecnologías, el acceso a anticoncepción de emergencia y profesionales capacitados.

Además, se realizan constantes esfuerzos gubernamentales por establecer servicios de orientación en temas de salud sexual y reproductiva para adolescentes y en la formación de profesionales de la salud en este ámbito[118]. A todo ello ha contribuido en buena medida el éxito de las políticas de salud implementadas en el país, sustentadas en una amplia red sanitaria, con cobertura prácticamente total del territorio nacional, cuya base son el médico de la familia y el policlínico[119].

En los últimos 20 años en Cuba se ha observado un cambio progresivo en la atención integral a la salud en la adolescencia y cuenta desde el año 2000 con el Programa Nacional de Atención Integral a la Salud de Adolescentes (10-19 años) en el cual ha jugado un papel decisivo la atención primaria de salud con el modelo del médico y enfermera de la familia. La actualización de este programa para los años 2013 al 2018 tuvo como objetivo general elevar la calidad de vida de los adolescentes con un enfoque de género mediante la cobertura que ofrece el Sistema Nacional de Salud, con la participación activa de ellos, la familia, la comunidad y la cooperación intersectorial.

De modo específico se enfocó, entre otras prioridades, a lograr la atención integral y diferenciada a los adolescentes, con participación multi e interdisciplinaria en todos los niveles del sistema de salud, perfeccionar la atención de las adolescentes con afecciones ginecológicas, establecer los servicios de atención integral a la gestante y madre adolescente y su descendencia, promover actividades educativas con y para adolescentes, en las que ellos se sientan sujetos y objeto de estas, de forma interactiva y

---

117 *Cit. pos.* Vela Barba, E. *Cit.*, pp. 499-500.

118 *Vid.* Conferencia dictada por la Dra. Matilde Molina, Directora del Centro de Estudios Demográficos de la Universidad de La Habana, en el panel de expertos que dio inicio a las actividades por el aniversario 30 del Centro Nacional de Educación Sexual (CENESEX) efectuado en La Habana del 24 al 29 de enero de 2019.

119 *Vid.* González Galbán, Humberto. "Evolución del embarazo adolescente en el contexto socio-demográfico de Cuba. Condicionantes e implicaciones" en *Papeles de Población.* Número 46, Año 2005, p. 239.

fomentar la participación comunitaria, de la familia y de los adolescentes para mejorar la salud integral y calidad de vida durante la adolescencia.

En síntesis, desde el punto de vista educativo y sanitario, los programas implementados en líneas generales integran los elementos básicos para hacer llegar al niño los aspectos esenciales que le permiten conocer qué son sus derechos sexuales y reproductivos, las facetas que comprende y el respeto que merece todo ser humano de parte de sus semejantes en este ámbito, aunque no se puede perder de vista que es importante acompasar los programas implementados a las condiciones socio-culturales imperantes, por demás siempre cambiantes y que en no pocas ocasiones determinan la ambivalencia en el enfoque que se da a la conducta sexual y reproductiva del niño desde las distintas aristas en que se manifiesten.

II.3. DILEMAS ÉTICO-JURÍDICOS ASOCIADOS AL EJERCICIO *PER SE* DEL NIÑO DE SUS DERECHOS SEXUALES Y REPRODUCTIVOS

Tanto la sexualidad como la reproducción representan espacios vitales del niño vinculados de modo ineludible a su proyección como ser social[120]. Tanto personal facultativo, docente, como las familias y el Estado son responsables de proporcionar al niño un ambiente para vivir y expresar su sexualidad libre de estereotipos y de violencia y al mismo tiempo, para disfrutar de una maternidad y paternidad sanas, en un entorno mínimo de riesgos a su estabilidad emocional, su salud y la de su descendencia. En tales supuestos, los adultos que interactúan con él enfrentan un perfil de la profesión muy sensible, dada su edad y el carácter íntimo de las cuestiones relacionadas con tales derechos.

Esta realidad los coloca ante dilemas éticos definidos por la dificultad de compensar los distintos perfiles implícitos: el respeto a su privacidad, promoción a su autonomía, los peligros asociados en no pocas ocasiones a su conducta sexual y reproductiva y la consecuente protección que se les debe dispensar; todos los que deben analizarse en función de su grado de madurez. De la mirada que se aplique a la conjunción de dichos factores, dependerá la postura de participación -injerencista o colaborativa- que adopten sus representantes legales en la toma de decisiones atinentes al niño y el margen de autonomía que le concedan en el ejercicio de los derechos en estudio.

---

120 Y en tal sentido se ha pronunciado la Corte Constitucional colombiana en su sentencia T-220 de 2004, al afirmar que la concepción de la sexualidad ha pasado de ser un "*simple hecho biológico*" a convertirse en una "*dimensión integral de la existencia humana*"; de ser una "*función procreativa*" a convertirse en una "*expresión o lenguaje de la persona*"; de ser un valor "*exclusivo del matrimonio*" a entenderse como "*un valor autónomo*". Se señala también que la educación sexual debe "*propiciar la formación de la persona en la autoestima, la autonomía, la convivencia y la salud*", que debe desarrollarse bajo una preocupación "*por el contexto sociocultural concreto de las poblaciones destinatarias de la misma*", ya que "*en este contexto sociocultural se encuentran códigos éticos y morales y convicciones espirituales y religiosas, que no sólo determinan el sentido y significación de cada una de las dimensiones del ser humano, sino que son, finalmente, los que regulan el grado de aceptación de las propuestas educativas*". *Vid.* Fichas de análisis de jurisprudencia. Sentencias de constitucionalidad. Derecho del Bienestar Familiar. Avance Jurídico Casa Editorial. Bogotá, 2019.

Por tal motivo, a pesar de que los derechos sexuales y reproductivos cuentan con reconocimiento y protección legal en todas sus dimensiones a escala internacional, han existido criterios conservadores que en la pretensión de sustraer al niño de cualquier ámbito de decisión al respecto, banalizan y desafían sus aptitudes para comprenderlos; actitud que los lacera, al tiempo que aumenta la distancia entre las prácticas sociales y el referencial normativo[121].

Esto ha provocado que aspectos relacionados con la sexualidad y reproducción del niño se hayan vuelto muy controversiales. Así, predominan opiniones contrapuestas deslindadas en dos vertientes fundamentales: la que condena el ejercicio de la sexualidad del niño en toda su extensión, es decir, que se opone a insertar al niño en el conocimiento y exploración de su sexualidad, de sus sentimientos respecto a su sexo/género o a que adopten cualquier decisión respecto a su vida en este ámbito o en el reproductivo; y por otro lado, la que apuesta por el derecho del niño a vivir su sexualidad en un ambiente libre de discriminación o violencia y a ejercer la maternidad/paternidad, o por el contrario, decidir no hacerlo, en un ambiente de garantías a su salud y autonomía, dentro de límites establecidos para ello[122].

Entre los argumentos esgrimidos para sustentar opiniones contrarias, se pueden citar, por ejemplo, los intereses de terceros y las posibles colisiones de derechos; postura esgrimida por Corral, quien asegura que "los problemas del transexualismo no cabe enfocarlos con una óptica centrada únicamente en el deseo subjetivo y en la situación aislada del transexual (...). No parece que puedan descuidarse, por ejemplo, los intereses de la comunidad en la preservación de la diferenciación sexual procreativa en el matrimonio y la certeza jurídica en las relaciones conyugales y familiares"[123].

Al respecto, parece improcedente restringir de manera anticipada el derecho para asegurar intereses hipotéticos o eventuales, por lo que esta autora se

---

121 La autora constató dichas posturas conservadoras en trabajos fundamentalmente de finales del pasado siglo e inicios del actual: Ortiz Ortega, Adriana. "Elementos y obstáculos a tomar en cuenta en la conceptualización y apropiación de los derechos sexuales y reproductivos" en *Estudios Demográficos y Urbanos*, El Colegio de México, volumen 19, número 3, septiembre-diciembre, 2004, pp. 599-637; Domingues dos Santos, Junior José. *"Fatores etiológicos relacionados à gravidez na adolescencia: vulnerabilidade à maternidade"* en Schor, Nélia, *et al. Cadernos Juventude, saúde e desenvolvimento. Ministério da Saúde, Brasília*, 1999, pp. 223-248; Stern, Claudio. "El embarazo en la adolescencia como problema público: una visión crítica" en *Salud Pública de México*, Número 39, Año 1997, pp. 137-143 y del propio autor "Vulnerabilidad social y embarazo adolescente en México" en *Papeles de Población*, número 39, enero-marzo de 2004, Toluca, Universidad Autónoma del Estado de México, pp. 129-158; Tuñón, Esperanza y Austreberta Nazar. "Género, escolaridad y sexualidad en adolescentes solteros del sureste de México" en *Papeles de Población*, número 39, Toluca, Universidad Autónoma del Estado de México, enero-marzo, 2004, pp. 159-175.

122 Temática sobre la que profundiza Vázquez Seijido, Manuel. "Derechos sexuales: algunas consideraciones teóricas para su estudio" en *Fundamentos para el desarrollo de la investigación científica en educación integral de la sexualidad.* Editorial CENESEX, La Habana, 2015, pp. 51-70.

123 *Vid.* Corral, Hernán. "Identidad sexual y transexualismo. Desafíos para el Derecho de la persona y de la familia" en *Revista de Derecho y Ciencias Penales*, número 9, año 2007, p. 84.

suma al razonamiento de ESPEJO YAKSIC y LATHROP GÓMEZ[124], quienes califican tales restricciones como desproporcionadas e ilegítimas, en tanto no se basan en un análisis ponderado al caso concreto; enfoque que cuenta además con el respaldo de la jurisprudencia del Tribunal Europeo de Derechos Humanos[125].

En ocasiones, también los miembros de la familia, la comunidad y los sectores religiosos generan oposición al respecto con base, por un lado, a sus creencias o valores, al estimar las normas que regulan los derechos del niño en estas esferas una intromisión del Estado a los patrones de educación y crianza de los hijos[126] y por otro, a temores acerca de que la reproducción en la adolescencia puede dar lugar a desigualdades, en tanto la maternidad y

124 *Vid.* ESPEJO YAKSIC, N. y F. LATHROP GÓMEZ. *Cit.*, p. 398.

125 El foro se ha pronunciado sobre la identidad sexual reconociendo efectos plenos al cambio de sexo y descartando limitaciones a la libertad matrimonial del solicitante, señalado que, de lo contrario, se atentaría contra el artículo 12 del Convenio Europeo de Derechos Humanos, referido al derecho a contraer matrimonio. Véase sentencia de 11 de julio de 2002. Demanda número 25680/94. "Case I. contra United Kingdom". Disponible en: http://hudoc.echr.coe.int/sites/eng/Pages/search. Consultado el 25 de abril de 2019.

126 Justamente, esta temática fue el eje central del fallo paradigmático del Tribunal Superior de la Ciudad de Buenos Aires, cuyo tenor constituyó una forma destacada de operativizar los derechos del niño. La sentencia dictada en los autos "Liga de Amas de Casa, Consumidores y Usuarios de la República Argentina y Otros contra la Ciudad de Buenos Aires" (Causa número 7855 de 20 de mayo de 2014) valoró la constitucionalidad de los artículos 5 y 7 de la Ley 418 de Salud Reproductiva y Procreación Responsable de la Ciudad de Buenos Aires. De sus fundamentos, resaltan los esgrimidos por los votos de los magistrados Casás, que se pronunció respecto del régimen de patria potestad vigente en Argentina, del que "*no se desprende que los hijos menores de edad deban contar obligatoriamente con el consentimiento expreso de los padres para informarse sobre temas vinculados con la salud sexual y la procreación responsable ni para solicitar la asistencia pública para la prescripción de métodos anticonceptivos no abortivos. Si una joven menor de edad resuelve acudir a un establecimiento público de salud para asesorarse sobre los distintos aspectos de la salud sexual, lo hace a partir de un maduro grado de discernimiento*" y Russó, para quien "*el ejercicio de los derechos fundamentales de los niños y adolescentes se encuentra determinado por la evolución de sus facultades*". "*Cit. pos.* MINYERSKY, N. y M. PÁRAMO BERNAL. "Reflexiones sobre la capacidad civil...". *Cit.*, p. 195.
Un caso semejante resolvió la Corte Constitucional de Ecuador mediante su Sentencia 003 de 2018, de 27 de junio, en ocasión de la acción de protección interpuesta por la Fundación Ciudadana Papá por Siempre en contra de la campaña para prevenir el embarazo adolescente elaborada por el Ministerio de Salud Pública, al estimar que menoscababa su deber constitucional de educar a sus hijos. La corte fundamentó su fallo al definir los alcances y límites de la posibilidad de intervención de los responsables legales de los adolescentes, en relación a sus derechos sexuales y reproductivos, al afirmar que "*tienen por objeto dotar a los seres humanos de herramientas informativas que les permitan decidir libre, voluntaria y responsablemente acerca del manejo de su capacidad reproductiva y de su sexualidad en general. (...) El derecho a disfrutar de una vida sexual satisfactoria y sin riesgos, y de decidir libre, responsable e informadamente procrear o no, cuándo y con qué frecuencia, es un derecho que corresponde ejercer directamente a las y los adolescentes, como sujetos plenos de derechos y en virtud del principio de autonomía. Es por ello que, dada la trascendencia de estos derechos, se debe poner especial énfasis en dotar a los y las adolescentes, como sujetos especiales de protección, de instrumentos normativos, científicos, educativos, de salud, informativos, que tengan por objeto la construcción de un criterio libre y responsable sobre cómo ejercer su sexualidad y controlar su capacidad reproductiva, permitiéndoles vivir una adolescencia plena y feliz y garantizando su salud sexual y reproductiva*".

paternidad en esta etapa pueden disminuir las oportunidades del niño para reinsertarse en la dinámica escolar.

Asimismo, muestran reticencia mediante el argumento referidos a que la educación sexual -y consecuente ejercicio del niño de sus derechos en este ámbito- incentive la actividad sexual de sus hijos y a que no tengan la edad suficiente para recibir este tipo de información; lo que en criterio de la autora, en línea con JUÁREZ HERRERA Y CAIRO, afecta directamente su derecho a la información científica y laica sobre sexualidad[127].

Otro de los motivos argüidos se refiere al espacio sanitario y alude a la dificultad que supone valorar la competencia del niño para un acto médico concreto y las complicaciones prácticas para la aplicación de su interés superior[128], cuestiones que al conjugarse, traen a colación una problemática aun mayor: definir qué decisión se aviene en mayor medida a dicho principio rector cuando el titular es un sujeto competente y su opinión no coincide con la de los adultos a su alrededor.

Si bien es un hecho la dificultad de disipar de modo absoluto las dudas en torno a la competencia del niño para una actuación concreta que involucre sus derechos sexuales y reproductivos, la autora estima que existen paradigmas que pueden servir de faro, a saber, la salvaguarda de la dignidad humana del niño, la valoración de su grado de madurez aplicada a sus características personales y las circunstancias del caso concreto y, por último, la preservación de su calidad de vida de acuerdo con su sistema de valores y principios morales incorporados.

Estos elementos, en su conjunto, posibilitarían al niño disfrutar del derecho a una vida digna que implica, según FERNÁNDEZ SESSAREGO, la protección de la integridad física, la no afectación de la integridad psíquica (daño moral) y el derecho al proyecto de vida[129], en virtud del cual -según

---

127 *Vid.* JUÁREZ HERRERA Y CAIRO, Lucero Aída. "Apropiación de derechos sexuales y reproductivos en la adolescencia: dimensiones de la ciudadanía" en *Revista La Ventana.* Número 30, año 2009, p. 154 y además, MOTTA, Angélica, *et al. De la normativa a la práctica: la política de educación sexual y su implementación en el Perú.* Guttmacher Institute, New York, 2017, *passim* y RODRÍGUEZ VIGNOLI, Jorge. *La reproducción en la adolescencia y sus desigualdades en América Latina.* División de Población de la Comisión Económica para América Latina y el Caribe (CEPAL), Santiago de Chile, 2014, *passim.*

128 Sobre esta temática, consúltese el trabajo de la autora MARKOVA IVANOVA, Angelina Slavcheva. "El derecho de autodeterminación del menor maduro en el ámbito de la salud" en *Revista Bioderecho.* Centro de Estudios en Bioderecho, ética y salud. Universidad de Murcia. Número 6, año 2017, *passim;* SIMON CAMPAÑA, Farith. *Interés superior del menor: técnicas de reducción de la discrecionalidad abusiva.* Tesis Doctoral dirigida por Dra. Esther TORRELLES TOREA. Universidad de Salamanca, 2013, *passim;* NÚÑEZ ZORRILLA, Carmen. "El interés superior del menor en las últimas reformas llevadas a cabo por el legislador estatal en el sistema de protección a la infancia y a la adolescencia" en *Revista Persona y Derecho,* Volumen 73, Número 2, Año 2015, pp. 117-160.

129 *Vid.* FERNÁNDEZ SESSAREGO, C. *Los 25 años del Código Civil Peruano de 1984.* Motivensa, Lima, 2009, p. 139. Esto conlleva entonces a una ponderación entre derechos fundamentales como podrían ser el derecho a la libertad religiosa, la integridad corporal o el derecho a la vida y en todo caso, deben guiar el análisis el respeto por el libre desarrollo de la personalidad del niño y su derecho a una vida digna.

Tealdi[130]- la identidad como cualidad individualizante de atributos permanentes y de nuevos atributos cambiantes a lo largo del tiempo, se articula permanentemente con la integridad, como posibilidad de gozar de caracteres permanentes, y con la libertad, como posibilidad de reafirmar caracteres previos o de gozar de nuevos atributos.

Afortunadamente, estas visiones conservadoras pueden entenderse mayoritariamente superadas[131]. De modo específico, en Colombia la Corte Constitucional reconoció la estrecha relación entre la educación sexual y el libre desarrollo de la personalidad, en particular porque su función es la de fortalecer la conciencia y responsabilidad del individuo en las decisiones que tome frente a su sexualidad[132]; y posteriormente, en su fallo SC-085 de 2016 valoró la educación para la sexualidad como una *"herramienta para prevenir y luchar contra la violencia sexual, la explotación sexual y, además, factor primordial para el ejercicio del libre desarrollo de la personalidad, la formación en valores ciudadanos y el respeto por las diferencias. Se trata de una dimensión del*

---

130 *Vid.* Tealdi, Juan Carlos. "El abordaje de la bioética de los derechos humanos en derechos reproductivos" en en Otsuka Salinas, Liurka. (Coordinadora). *Los derechos reproductivos: una agenda necesaria para garantizar los derechos humanos de los y las adolescentes. II Congreso Latinoamericano jurídico sobre derechos reproductivos de San José-Costa Rica.* Primera edición, Centro de Promoción y Defensa de los Derechos Sexuales y Reproductivos PROMSEX, Lima, 2013, p. 20.

131 Tendencia científica de la que dan cuenta la extensa doctrina y jurisprudencia citadas en este trabajo, a la que se puede agregar: Costa de Oliveira, Maristela. "Derechos humanos y salud sexual y reproductiva de adolescentes embarazadas" en *REHDES. Revista de Derechos Humanos y Estudios Sociales,* Año I, Número 2, julio-diciembre 2009, p. 60; Bicudo, Hélio. "O desafio dos direitos humanos" en Keil, Ivete *et al. Direitos humanos: alternativas de justiça social na América Latina.*Unisinos, São Leopoldo, 2002, pp. 11-25; Mayorga Madrigal, Cuauthémoc. "Construcción ética de los derechos sexuales y reproductivos" en *Sincronía. Revista de Filosofía y Letras,* número 69, año 2016, pp. 32-37. Disponible en: http://sincronia. cucsh.udg.mx/pdf/69/mayorga_69.pdf. Consultado el 10 de mayo de 2019; Valdés Díaz, C. del C. "Del derecho a la vida...", *cit.*, p. 216-239; Zicavo, Eugenia, Julieta Astorino y Lucas Saporosi. "Derechos sexuales y reproductivos en Argentina: Los proyectos parlamentarios referidos al aborto" en *Revista Reflexiones,* número 94, volumen 2, año 2015, pp. 89-99. Disponible en: http://revistas.ucr.ac.cr/index.php/reflexiones/article/view/25459/25711. Consultado el 10 de mayo de 2019.

132 *Vid.* Sentencia T-440/92 de la Corte Constitucional de Colombia. Fichas de análisis de jurisprudencia. Sentencias de constitucionalidad. Derecho del Bienestar Familiar. Avance Jurídico Casa Editorial. Bogotá, 2019. Amplía la corte en dicho fallo que *"Constitucionalmente, la educación sexual es un asunto que incumbe de manera primaria a los padres. La importancia y delicada responsabilidad que implica esta educación del niño, exige de padres y colegios una estrecha comunicación y cooperación. Los padres tienen derecho a solicitar periódicamente información sobre el contenido y métodos empleados en cursos de educación sexual, con el fin de estar seguros sobre si estos concuerdan con las propias ideas y convicciones. Sin embargo, el deber de colaboración exige de los padres la necesaria comprensión y tolerancia con las enseñanzas impartidas en el colegio, en especial cuando estas no son inadecuadas o inoportunas para la edad y condiciones culturales del menor. La introducción del tema o materia de la sexualidad en la escuela no es irrazonable, en cuanto puede intentar reducir el nivel de embarazos no deseados, la extensión de enfermedades venéreas o la paternidad irresponsable. El respeto del derecho de los padres a educar no significa el derecho a eximir a los niños de dicha educación, por la simple necesidad de mantener a ultranza las propias convicciones religiosas o filosóficas."*

derecho a la educación con importantes connotaciones para el goce efectivo de los demás derechos"[133].

A partir de los análisis antes efectuados, se impone precisar los elementos que en la realidad cubana originan dilemas o conflictos ético-jurídicos para los adultos que interactúan con el niño en el ejercicio de sus derechos sexuales y reproductivos.

En el ámbito sanitario, el intercambio con los expertos de las Ciencias Médicas posibilitó concretar, desde su experiencia profesional, los aspectos que caracterizan en la praxis la relación médico-paciente en Cuba. Como elementos comunes aluden a que la totalidad de los casos clínicos atendidos se verifican por iniciativa de los responsables legales de los niños consultados (100% de los entrevistados), o sea, que además de concurrir a consulta siempre acompañados de sus padres, tutores u otros familiares, son estos adultos quienes instan al personal facultativo a fin de conseguir atención médica para el niño.

Refieren además, que la definición del tratamiento corresponde al especialista, quien lo explica verbalmente al paciente y a sus padres o tutores. En todos los casos es exigido consentimiento por escrito en el que conste su anuencia a que se practique el proceder médico de que se trate, documento que rubrican el paciente, padres, familiares, representantes legales o testigos[134].

133 Criterio recurrente en el foro aludido, en tanto fue igualmente esgrimido en su Resolución T-220 del año 2004, cuando calificó el proceso de educación sexual ideal como "*dinámico, dialogal, intencionado y permanente*", en el cual se legitime "*un espacio formal en la escuela para reflexionar acerca de la cultura sexual que en ella se viene dando a manera de códigos ocultos (los juegos, la ropa, las actitudes permitidas y prohibidas, la gestualidad, etc.) con el fin de reconocer las intenciones que han determinado los roles sexuales en la escuelas, el trabajo, la pareja y la familia, para construir de manera colectiva mejores formas de relación en una cultura pluralista, creativa, que respete las diferencias y que haga posible la vida y el amor*". *Vid.* Fichas de análisis de jurisprudencia. Sentencias de constitucionalidad. Derecho del Bienestar Familiar. Avance Jurídico Casa Editorial. Bogotá, 2019.

134 El Ministerio de Salud Pública cubano dictó la Resolución Ministerial número 127 del 20 de julio de 1983 que dispuso la creación y funcionamiento en cada institución de Red Nacional de Salud de las Comisiones de Ética Médica -que pretendió desarrollar los preceptos 18 y 19 de la Ley de Salud Pública y uniformar la incorporación y empleo del consentimiento informado en la práctica médica. Tal directiva se limitó a disponer la obligatoriedad de su uso de acuerdo con el mandato normativo, sin profundizar en elementos esenciales a observar, en tanto coloca en dichas comisiones la responsabilidad de avalar, argumentar y estandarizar los documentos elaborados a tal fin. Así, cada centro o unidad de salud desarrolló su propio formato de consentimiento informado, lo que ha derivado en que exista hoy diversidad de modelos, que varían en cuanto al contenido y extensión de la información que se transmite y de la que es comprendida por el paciente y además, respecto a las personas que lo deben suscribir, pues en ocasiones se solicita la presencia y rúbrica de testigos. Sin embargo, otras disposiciones normativas de disímiles jerarquías también desarrollan cuestiones al respecto, en ámbitos concretos de la intervención sanitaria. Acerca de la dispersión legislativa ministerial en cuanto al consentimiento informado en Cuba y la diversidad de formatos se recomienda consultar: CRUZ RODRÍGUEZ, Javier. "Experiencia con el modelo para el consentimiento informado en pacientes que requieren tratamiento quirúrgico" en *Medicent electrónica*. Número 22, Volumen 2, abril-junio de 2018, pp. 189-190 y la Nota de respuesta de Cuba a la solicitud de información de la Oficina de la Alta Comisionada de las Naciones Unidas para los

También como parte de las actuaciones médico-legales[135] se emplea este instrumento, suscrito de igual modo por los responsables legales del niño.

En este contexto, es preciso resaltar que el Ministerio de Salud Pública cubano ha implantado una serie de pautas al respecto, las que han sido resumidas mediante los "Criterios bioéticos a tener en cuenta en la atención integral a adolescentes". Expone este documento que se debe *"realizar el examen físico con privacidad, confidencialidad y la presencia de un adulto o representante legal en los menores de 16 años; aplicar el consentimiento informado para adolescentes y familiares, con representación en menores de 16 años y con información continua durante todo el proceso de atención; los y las adolescentes menores de 16 años no deben asistir solos a las consultas, pero siempre deben ser atendidos y orientados para una nueva consulta con sus padres, familiar o representante legal; no se recomienda hacer recetas ni entregar medicamentos, ni procederes médicos a menores de 16 años sin la presencia de sus padres, familiar o representante legal"*[136].

De dichas directrices se desprende que la política sanitaria nacional, en lo que respecta a la asistencia de los niños, permanece anquilosada en los viejos patrones de sustitución absoluta de su voluntad por la de sus representantes legales, al presumir competentes solo a los pacientes que han cumplido los 16 años de edad, lo cual tampoco resulta completamente atinado -en criterio de la autora- sin antes valorar cuestiones individuales del paciente acerca de su desarrollo psico-neurológico y aptitudes para comprender el diagnóstico médico y asumir de modo responsable el tratamiento indicado o la conducta a seguir más recomendable, así como sus posibles efectos.

La Academia Americana de Pediatría aporta una postura más razonable en esta arena, al disponer que los niños participarán en proporción a su desarrollo y edad[137], línea que asume en el espacio nacional la Resolución 219 del año 2007 del Ministerio de Salud Pública "Normas éticas para la protección de la información genética de ciudadanos cubanos que participan en investigaciones o se les realizan diagnósticos asistenciales en las que se

---

Derechos Humanos en virtud de la Resolución 15/22 del Consejo de Derechos Humanos titulada "Derecho de toda persona al disfrute al más alto nivel posible de salud física y mental. Ejercicio del derecho a la salud de las personas de edad", disponible en el portal web del Ministerio de Relaciones Exteriores de la República de Cuba.

135 Procedentes al ocurrir algún hecho delictivo que atente contra el normal desarrollo de las relaciones sexuales y es formulada denuncia al respecto. La intervención médico-legal y las conclusiones a las que se arribe como resultado del examen físico practicado por el legista, formarán parte del arsenal probatorio que permitirá al órgano fiscal formular la acusación correspondiente.

136 Tomados del Programa Nacional de Atención Integral a la Salud de Adolescentes para los ños 2013 al 2018. Ministerio de Salud Pública de Cuba.

137 *Vid.* Committee on Bioethics. American Academy of Pediatrics. *"Informed Consent, Parental Permission, and Assent in Pediatric Practice", cit. pos.* VALLONGO MENÉNDEZ, Marina Beatriz. "Consentimiento informado. ¿Un derecho?...¿un deber?" en *Revista Cubana de Anestesiología y Reanimación.* Número 12, Volumen II, Año 2012, p. 119.

accede a datos relativos al individuo y a sus familiares, así como a material biológico a partir del cual puede obtenerse ADN"[138].

Esta disposición normativa aporta también un interesante enfoque, al disponer en su artículo sexto norma que solo será "*éticamente aceptable practicar pruebas genéticas a los menores (...) cuando ello responda a su interés superior*", cuya opinión deberá ser tenida en cuenta como un factor determinante, en relación directamente proporcional a la edad y grado de madurez del paciente (artículo 8).

Sin dudas, dicha Resolución constituye un referente importante en el limitado marco legal destinado en Cuba al consentimiento informado de los niños y, a pesar de su específico ámbito de aplicación, puede constituir un referente extensible a todos los ámbitos de intervención sanitaria en pacientes menores de edad.

En estrecha conexión con esta realidad, destacan además los entrevistados que es marcadamente generalizada la tendencia de padres y tutores a suprimir la voluntad de los menores e imponer la suya (97% de los galenos y psicólogos) bajo dos argumentos: de un lado, su falta de madurez para comprender la trascendencia de la decisión que se adopta y de otro, su presunto desconocimiento acerca de las cuestiones relacionadas con la sexualidad y la reproducción, aspecto en el que además fundamentan el comportamiento de sus hijos que los forzó a buscar ayuda especializada.

Sin dudas, los elementos antes relatados son configurativos de una conducta íntimamente relacionada al hecho de que la iniciativa al requerir atención especializada en la totalidad de los casos corresponde a los padres, tutores u otros familiares que se encuentren a cargo del niño, cuestión enraizada en la conciencia tanto de las familias como del personal asistencial, determinado por el cuidado paternalista que tradicionalmente ha definido sobre todo la relación paterno-filial en Cuba[139] y que impera de igual modo en la actualidad en la relación médico-paciente. Pero tributa a ello también por la línea que ha sido trazada institucionalmente para la atención médica a los adolescentes que, según estima la autora, constituye una cortapisa al ejercicio autónomo del niño de su derecho a la integridad y particularmente, de su derecho fundamental a la salud.

Y es que dicha iniciativa podría ser entendida como una forma de ejercicio de los derechos sexuales y reproductivos, es decir, podría ser apreciado como un signo de madurez en el niño el hecho de que por sí mismo se remita a

---

138 Publicada en la Gaceta Oficial Extraordinaria número 29 de 18 de junio de 2007. Dispone en su artículo 4 y 5, respectivamente, la obligatoriedad de obtener consentimiento siempre que se emplee cualquier tipo de procedimiento médico mediante el cual se obtengan datos genéticos humanos y el contenido, alcance, forma, finalidad y revocabilidad del documento que lo contenga.

139 Entre los expertos entrevistados, resaltan los criterios de Pedagogos y especialistas de las Ciencias Médicas acerca de este particular, en tanto refieren que la crianza de los niños -en familias funcionales- se ha basado en modelos que pueden ser considerados paternalistas, es decir, repiten patrones de extrema infantilización del niño mediante posturas de negación acerca de la progresión de sus aptitudes y de su conciencia o discernimiento sobre cuestiones relevantes de su vida.

la consulta con el propósito de obtener asistencia o consejo especializados ante alguna situación o coyuntura de su vida que vincule tales derechos; pero al ser vetado su protagonismo y ser sustituido por el de sus representantes legales, se deja de soslayo -en opinión de la autora- una facultad relevante contenida en aquellos, así como el despliegue de sus aptitudes cognitivas en la definición de asuntos tan relevantes atinentes a su esfera personalísima.

En el ámbito Psicológico y Psiquiátrico no predominan en los niños patologías asociadas a las manifestaciones de su sexualidad o derivadas de la reproducción, sino que en muchas ocasiones la consulta deriva en ofrecer consejo a los padres o tutores para un mejor manejo del niño[140] y para la corrección de patrones de educación y crianza dañinos[141] e irrespetuosos por sus preferencias, deseos y sentimientos, marcados por tendencias sexistas de separación entre los géneros que limitan el libre desarrollo de su personalidad.

Es en este sentido que González Hernández y Rodríguez Ojeda opinan que la división y contraposición de cualidades y modos de conducta supuestamente inherentes sólo a los hombres o a las mujeres, a partir de estereotipos de género sexistas, limitan a ambos sexos en el desarrollo pleno de sus posibilidades y potencialidades personales en todas las dimensiones de su vida y suelen convertirse en fuente de conflictos y trastornos en la vida sexual[142]; a lo que

---

140 Se refiere por los especialistas aludidos y también por pediatras, que en muchas ocasiones el motivo central de las consultas que ofrecen a pacientes en edades tempranas (menores de 10 años) y a sus familiares está dado por dudas y desconocimiento de estos últimos acerca de la sexualidad infantil.

141 Precisamente esta temática ha sido advertida por el Comité de los derechos del niño al entender que estas actitudes configuran modalidades de violencia física o emocional hacia los niños, y la define como "Una forma de violencia que desde las personas adultas se realiza con la intención de disciplinar, para corregir o cambiar una conducta no deseable y sustituirla por conductas socialmente aceptables y que las personas adultas consideran importantes para el desarrollo de la niñez y la adolescencia. Es el uso de la fuerza causando dolor físico o emocional a la persona agredida". (*Vid.* Observación General número 8 (2006) "El derecho del niño a la protección contra los castigos corporales y otras formas de castigo crueles o degradantes" y número 13 (2011) sobre "El derecho del niño a la libertad de todas las formas de violencia", ambas en su labor hermenéutica en relación con los artículos 19, artículo 28, párrafo segundo y artículo 37 de la Convención, entre otros. Disponibles en: En: http://www.achnu.cl/2011/05/09/comite-de-los-derechos-del-nino-publica-observaciones-para-promover-el-fin-de-toda-violencia-hacia-los-ninos-y-ninas/. Consultadas el 12 de enero de 2019). De hecho, la Organización de Naciones Unidas sostuvo que la discriminación por razones de orientación o identidad sexuales puede contribuir muchas veces a deshumanizar a la víctima, lo que con frecuencia es una condición necesaria para que tengan lugar la tortura y los malos tratos. *Vid.* Oficina del Alto Comisionado de las Naciones Unidas para los Derechos Humanos (OACDH). Informe del Relator Especial sobre la cuestión de la tortura y otros tratos o penas crueles, inhumanos o degradantes. Informe provisional A/56/156 de 3 de julio de 2001, p. 6, párr. 19, *cit. pos.* Arrubia, Eduardo. "¿Iguales o diferentes? Los derechos de las personas LGBTI en discusión" en *Revista de la Facultad de Derecho*, número 41, 2016, p. 157. Disponible en: http://revista.fder.edu.uy/index.php/rfd/article/view/554. Consultado el 20 de abril de 2019.

142 Al respecto, *Vid.* González Hernández, A y M. Rodríguez Ojeda. *Cit.*, p. 1.

agrega ARRUBIA, que se trata de personas que han padecido la estigmatización violenta de la "primera sociedad" que las mira, o sea, la propia familia[143].

De ahí la complejidad implícita en hallar el justo equilibrio entre el respeto a la privacidad del niño, es decir, a su derecho a la intimidad personal, la consideración de su autonomía y la justa participación que debe concederse a la familia, como elemento que, según el Tribunal Constitucional español, *"debe cimentarse sobre el potenciamiento de la personalidad del individuo, sobre el desarrollo y educación de cada uno de sus miembros y sobre la estabilidad de la relación para conseguir esos fines"*[144].

Entonces, ¿hasta qué punto será favorable a su interés superior guardar un secreto profesional en un asunto tan sensible para su estabilidad y salud, cuando es precisamente el apoyo y guía de sus padres o familiares el soporte básico para enfrentar las profundas transformaciones y adaptaciones que habrá de incorporar en la asunción de su identidad de género, o en la toma de una decisión concerniente a su vida y salud reproductiva?; pero al mismo tiempo, ¿existe verdaderamente respeto por su autonomía e intimidad cuando se da participación a los adultos a su cargo en cuestiones que atañan a su integridad corporal en el ámbito sexual o reproductivo? Por otro lado, ¿existirán supuestos que justifiquen la transgresión al secreto profesional?, o ¿cómo actuar cuando la postura asumida por el niño es contraria a la de sus representantes legales?

Estima la autora que en esta sede no pueden existir respuestas estandarizadas o preestablecidas, sino que el equilibrio entre los dilemas esbozados debe hallarse en la justa proporción que se precise en cada caso, a través del diseño de niveles de intervención -tanto para el niño como para sus representantes legales- en la toma de decisiones proporcionales a la necesidad que defina el grado de madurez demostrado por el titular del derecho y la envergadura y trascendencia de la situación, en la búsqueda de caminos participativos y no sustitutivos o excluyentes.

Es esta una cuestión que advierten en igual medida los pedagogos entrevistados, en el sentido de que al ser la escuela uno de los espacios donde en mayor medida el niño desarrolla y expresa su personalidad, resulta entonces uno de los escenarios donde con mayor énfasis se debe potenciar el respeto por su identidad de género, a través de la aplicación adecuada de una educación inclusiva y no discriminatoria que implemente los programas institucionales diseñados antes referidos[145].

Sin embargo, persisten actitudes inadecuadas de incomprensión y rechazo, fundamentalmente entre los propios niños, las cuales no siempre encuentran el enfrentamiento y reorientación idóneos por parte de los docentes, quienes en muchas ocasiones no cuentan con la preparación profesional suficiente o son incapaces de desprenderse de sus propias posturas estereotipadas a fin de

143 *Vid.* ARRUBIA, E. *Cit.*, p. 157.

144 *Vid.* Sentencia número 222/1992, de 11 de diciembre, *cit. pos.* DE LA ROSA CORTINA, J.M. *Cit.*, p. 250.

145 *Vid. Supra.* epígrafe II.2.2.

proporcionar al niño un ambiente escolar seguro para expresar su identidad de género.

En este ámbito, en resumen, no se recomienda asumir posturas a ultranza al intentar sortear los dilemas aludidos. En esencia, estima la autora que siempre se debería tomar como brújula el niño, esto es, ubicar como prioridad su interés, la promoción de su autonomía como ser social y como sujeto de derecho -en relación con la progresión de desarrollo cognitivo y madurez- y el libre desarrollo de su personalidad, pero sin desdeñar los factores intrínsecos y extrínsecos a su persona, pues todos de conjunto le posibilitarán percibir la relevancia del apoyo de los adultos que le rodean y comprender la situación por la que atraviesa.

De tal suerte, apoyado en la soberanía que otorga el conocimiento, el niño puede ser capaz de comprender mejor las expresiones de su sexualidad, afrontar los cambios que se producen en su cuerpo y en su psiquis -fundamentalmente durante la adolescencia- expresar sus opiniones respecto a cómo desea proyectarse en este ámbito de su vida y conducirse según los dictados de sus propios intereses, para lo cual es preciso diseñar entonces las pautas mínimas indispensables para que su actuación pueda ser considerada responsable y segura.

II.4. Perspectiva para una propuesta: ¿qué, quién y cómo?

La idea de un niño asumiendo las riendas de su sexualidad y reproducción aun no encuentra un escenario pacífico o exento de contradicciones en el panorama familiar, jurídico y social cubanos. Se asocian a ello cuestiones enraizadas en la conciencia social y en la praxis médica y jurídica, a pesar de que los datos demográficos son indicativos de una elevada prevalencia del fenómeno, sobre todo durante la adolescencia.

En respuesta, a nivel de políticas públicas han sido creadas las condiciones para su comprensión y disfrute en cuestiones vinculadas a la salud y la educación, aunque estos esfuerzos resultan insuficientes para el cabal ejercicio de los derechos vinculados a estas importantes facetas de su vida.

A fin de desterrar temores y reticencias es preciso diseñar las pautas mínimas indispensables para concederles en este ámbito un grado de participación amoldado a sus características personales y a las circunstancias verificadas en el momento específico de que se trate, con la pretensión de procurar un ambiente equilibrado de respeto a su autonomía, resguardo a su salud y seguridad jurídica, configurativas en su conjunto de la noción esbozada por la Corte Constitucional colombiana[146] acerca de dignidad humana, específicamente en el ámbito de su dinámica funcional, que la orienta en tres ámbitos de protección: el ámbito de la autonomía, el del bienestar efectivo y el de la integridad física y moral. Precisamente hacia ello están enfocadas las tres interrogantes planteadas.

---

146 *Vid.* Sentencia T-220 de 2004. Fichas de análisis de jurisprudencia. Sentencias de constitucionalidad. Derecho del Bienestar Familiar. Avance Jurídico Casa Editorial. Bogotá, 2019.

II.4.1.¿QUÉ?: LA DECISIÓN O ACTO ESPECÍFICO

Son disímiles las facetas comprendidas dentro de los derechos sexuales y reproductivos[147], lo que conlleva a que difieran también los ámbitos de la vida del niño en que se manifiestan y los niveles o facetas de su integridad corporal involucrados. Así, en ocasiones su decisión acerca de un aspecto relativo a su sexualidad o reproducción podría ser atinente estrictamente a su salud; en cambio en otras, el ejercicio de tales derechos podría estar enmarcado en el ambiente escolar, familiar o laboral.

Es por ello que se impone, al analizar esta temática, deslindar las decisiones sanitarias de aquellas que exceden dicho espacio, por cuanto cada una reviste particularidades en el escenario jurídico-normativo cubano que la hacen merecedora de análisis individualizados.

II.4.1 A). EL ACTO MÉDICO CONCRETO

El análisis correspondiente a este acápite debe partir de la existencia de distintos niveles de ejercicio de los derechos sexuales y reproductivos en el campo de la salud. Así, en ocasiones la intervención del personal facultativo se resume a orientar los caminos más sensatos a transitar para enfrentar o afrontar una situación concreta, como sucede en las consultas de Piscología ofrecidas a los niños y sus familiares; en otras, la problemática de salud se soluciona al administrar un tratamiento medicamentoso con efectos secundarios leves, escasos o nulos -como pudiera ocurrir en la atención psiquiátrica, o en el tratamiento de una infección de transmisión sexual sin complicaciones- supuestos que no demandan en el niño un alto grado de discernimiento para comprender la condición o estado de salud -psíquica o física- en que se encuentra, así como las características, propósito y efectos del tratamiento indicado.

Sin embargo, otras las circunstancias se tornan más complicadas, tanto en el presente, como de cara al futuro. Se verifican situaciones de este tipo cuando la decisión a tomar repercutirá a largo plazo en su salud, su vida o la de terceros, de modo que su interiorización requiere de un nivel de razonamiento y madurez más elevado.

Se trata, por tan solo citar algunos ejemplos, de todos los supuestos que involucren intervenciones quirúrgicas -pues incluso las menos complejas pueden acarrear complicaciones originadas durante el proceder o postoperatorias que no siempre son previsibles- las interrupciones de embarazos o la decisión de continuarlo[148], algunas enfermedades sexualmente

147 *Vid. Supra.* epígrafe I.3.2.2.

148 Entre los expertos entrevistados fue colocado un caso ilustrativo verificado en la provincia Matanzas, entre otros similares referidos por los especialistas. Se remitió a una consulta de gineco-obstetricia una niña de 14 años -quien acudió acompañada de sus padres- con 8 semanas de gestación y una cardiopatía congénita grave. La paciente no deseaba interrumpir el embarazo, a pesar de que el equipo de especialistas le explicó los riesgos asociados a ello tanto para su vida como para la del feto. Al persistir en continuar la gestación, el equipo del Programa materno infantil (PAMI) del centro asistencial la

transmisibles que derivan en otras afecciones o comprometen otras funciones orgánicas, como también ocurre con el empleo de métodos anticonceptivos invasivos[149]. También resultan muy riesgosos dichos métodos cuando implican la administración de altas concentraciones de hormonas en una o sucesivas aplicaciones[150], supuestos todos que traen asociados efectos secundarios descritos y detallados en la literatura especializada[151].

Otras posibles conductas en el ejercicio de los derechos sexuales o reproductivos se relacionan con decisiones definitivas acerca de la aptitud procreacional del sujeto, entiéndase, la vasectomía masculina o la ligadura de trompas femenina. En ambos supuestos se trata de intervenciones quirúrgicas con severos efectos secundarios no solo a nivel orgánico, sino en muchas ocasiones emocional y psicológico, que no las hacen aconsejables[152] para

---

remitió a consulta psicológica y psiquiátrica, donde se descartó cualquier limitante en estos ámbitos que pudiera entorpecer la comprensión de la gestante acerca de su estado de salud. Además se determinó que la paciente contaba con madurez suficiente para formarse un juicio certero de las consecuencias de su decisión, aunque le fue reiterado el alto riesgo que corría, el cual podía evitar si pospusiera la maternidad para un momento óptimo de su desarrollo vital, de modo planificado y con un tratamiento adecuado y preventivo que disminuyera los riesgos asociados, por cuanto en su condición siempre significaría un riesgo y este se multiplicaba al transcurrir por una etapa complicada para su enfermedad. Finalmente, en la conjunción de información y recomendaciones médicas recibidas la paciente decidió interrumpir su embarazo a las 10 semanas de gestación.

149 Con contraindicaciones que pasan por la existencia de tumores o infecciones genitales, hasta posibles malformaciones uterinas.

150 Se sitúa el ejemplo entre los especialistas de la píldora del día después o anticoncepción de emergencia, con probados resultados satisfactorios a los fines de la interrupción del embarazo, pero que significa la ingestión de productos hormonales que producen modificaciones en el interior de la matriz y en consecuencia, requieren seguimiento y asesoramiento especializados.

151 *Vid.* Bataller Perilló, V. *Cit.*, p. 90 y Safora Enríquez, Omayda, Aldo Rodríguez Izquierdo y Rafael Vanegas Estrada. "Salud reproductiva y sexual" en Alonso Uría, Rosa y Beatriz Rodríguez Alonso. *Madre adolescente. Guía para la familia.* Editorial Científico-Técnica, La Habana, 2018, pp. 51-71.

152 Se excluyen de este análisis decisiones relacionadas que se adoptan como remedio terapéutico en evitación de consecuencias fatales para la vida. En su Sentencia C-131 de 2014 la Corte Constitucional de Colombia, -en respuesta al ejercicio de una acción pública de inconstitucionalidad interpuesta en solicitud de la declaración de inexequible por inconstitucional del artículo 7 de la ley 1412 de 2010 que prohíbe la práctica de la anticoncepción quirúrgica a menores de edad, respecto a lo cual la Corte no estimó que existiera un desconocimiento del libre desarrollo de la personalidad, pues existen otros métodos anticonceptivos efectivos que pueden ser empleados por las parejas hasta cumplir la mayoría de edad para ejercer la paternidad responsable. En otras palabras, no se impide que los jóvenes en edad de procrear planifiquen el número de hijos que quieren tener o no, a través del uso de cualquiera de demás medios anticonceptivos existentes. Además manifiesta que la prohibición de la anticoncepción quirúrgica en los menores de edad además de ser constitucional, tiene una finalidad de protección y salvaguarda la posibilidad de que puedan, si así lo desean, tener hijos en el futuro. Solamente dispone como excepción a la prohibición el riesgo de la vida por razón de embarazo, sobre la base del criterio sentado por su propia jurisprudencia, en virtud del cual ha sostenido que el derecho a la vida prevalece, por lo que, siempre que exista un riesgo inminente para

personas que transcurren por un periodo de cambios y adaptaciones al propio cuerpo como lo es la adolescencia.

II.4.1 b). La actuación en el ámbito jurídico personal y familiar

En principio, es necesario precisar que en estos contextos, las conductas asumidas por el niño recaen fundamentalmente en el área de sus autopercepciones sobre su identidad de género, a sus inclinaciones en relación con su libre opción sexual, el momento de iniciar las relaciones en este ámbito y al ejercicio de su derecho a fundar una familia, es decir, en cuestiones relativas a la maternidad y paternidad adolescentes, posturas todas integradas en la conceptualización ofrecida por el Tribunal Constitucional colombiano acerca de la vida digna[153].

Es así que familias, escuelas, autoridades públicas, comunidad y -aunque en menor medida- también colectivos laborales[154] constituyen los principales agentes socializadores para la expresión del niño de las facetas aludidas de sus derechos sexuales y reproductivos. En tal sentido, se hace necesario que se potencien las dinámicas en estos ámbitos y se reconozca el papel del niño como actor principal en un ambiente democrático de construcción de su identidad, de proyectos de vida propios y en el ejercicio de una sexualidad responsable. Son estos precisamente los ejes fundamentales que centran su actuación.

Apunta BENAVENTE que la identidad se manifiesta en el contexto inmediato de la persona en dos elementos: el nombre de la persona y el derecho a la propia identidad sexual[155]. La identidad de género del niño constituye pieza clave en

---

la vida de la paciente como consecuencia del embarazo y la imposibilidad de evitarlo eficazmente por otros medios, se preferirá salvaguardar la vida y la integridad de la niña y se permitirá la anticoncepción quirúrgica, previa autorización judicial y con el consentimiento informado del paciente, pues esta medida no puede ser impuesta en contra de su voluntad ni siquiera cuando su vida esté en riesgo. (*Cit. pos.* BERNAL CRESPO, J. "Esterilización quirúrgica en menores de edad (Corte Constitucional de Colombia)" en *Revista de Derecho (Valdivia),* Volumen XXVII, número 2, diciembre de 2014, pp. 287-288.)

153 El foro ha definido el alcance de la vida digna a partir del derecho fundamental a la vida, al precisar que esta no se reduce a la mera existencia biológica, sino que *"expresa una relación necesaria con la posibilidad que les asiste a todas las personas de desarrollar dignamente todas las facultades inherentes al ser humano. Sin duda, cuando se habla de la posibilidad de existir y desarrollar un determinado proyecto de vida, es necesario pensar en las condiciones que hagan posible la expresión autónoma y completa de las características de cada individuo en todos los campos de la experiencia."*. *Vid.* Sentencia de la Corte Constitucional de Colombia número 926/99. Disponible en: http://www.corteconstitucional.gov.co. Consultado el 12 de marzo de 2019.

154 *Cfr.* Artículo 66 de la Constitución cubana, en relación con los artículos 2, 22, 31 y 64 de la Ley 116/2013 "Código del Trabajo", publicado en la Gaceta Oficial número 29 Extraordinaria, de 17 junio 2014.

155 *Vid.* BENAVENTE, Pilar. "Identidad y contexto inmediato de la persona (Identidad personal, el nombre de la persona, identidad sexual y su protección)" en *Anuario de la Facultad de Derecho de la Universidad Autónoma de Madrid,* número 17, año 2013, p. 107. La Ley 4/2018, de 19 de abril, de Identidad y Expresión de Género e Igualdad Social y no Discriminación

la promoción de sus derechos sexuales, en tanto elemento imprescindible en el reconocimiento de su derecho a la identidad personal en toda su dimensión. Así, el respeto por la primera transcurre de modo ineludible por cauces de legitimación de su autodeterminación en este sentido a través de la apelación al principio de interpretación *pro persona* que -según Arrubia- ha permitido valorar la dignidad humana a los efectos de dar paso, dentro del campo operativo de los derechos humanos, al derecho a la identidad de género[156].

Son estas cuestiones muy controvertidas que ramifican hacia el espacio biológico, psíquico y social, para adentrarse paralelamente en la esfera jurídica del niño y los distintos contextos donde se desenvuelve su vida, quien deberá interiorizar y asumir su condición en su trascendencia hacia su persona y hacia terceros. Para ello resulta trascendental, en los escenarios aludidos *ab initio*, la despatologización de su identidad genérica, a fin de concederles a las personas trans -en palabras de Siverino Bavio- un espacio identitario propio e igualmente válido[157].

Es así, que la Suprema Corte de Justicia de la Nación mexicana, en su Amparo Directo número 6 de 4 de noviembre de 2015, señaló que *"el derecho al libre desarrollo de la personalidad, comprende, entre otras, la libertad de procrear hijos y cuántos, así como en qué momento de su vida, o bien, decidir no tenerlos; de escoger su apariencia personal; su profesión o actividad laboral; y, por supuesto, la libre opción sexual, pues todos estos aspectos, evidentemente, son parte de la manera en que el individuo desea proyectarse y vivir su vida y que, por tanto, sólo él puede decidir en forma autónoma"*[158], postura que concatena con los argumentos ofrecidos por la Corte Interamericana de Derechos Humanos al señalar que *"el concepto de libertad y la posibilidad de todo ser humano de auto-determinarse y escoger libremente las opciones y circunstancias que le dan sentido a su existencia,*

---

de la Comunidad Autónoma de Aragón define la identidad sexual o de género como *"la vivencia interna e individual del género tal y como cada persona la siente y autodetermina, sin que deba ser definida por terceros, pudiendo corresponder o no con el sexo asignado al momento del nacimiento y pudiendo involucrar la modificación de la apariencia o la función corporal a través de medios farmacológicos, quirúrgicos o de otra índole, siempre que ello sea libremente escogido"*. *Cfr.* Boletín Oficial de Aragón. Número 86, de 7 de mayo de 2018. Catálogo de publicaciones de la Administración General del Estado.

156 *Vid.* Arrubia, E. *Cit.*, p. 164, en concordancia con la postura de Salazar Benítez, que la entiende como una nueva dimensión de la dignidad humana. *Vid.* Salazar Benítez, Octavio. "La identidad de género como derecho emergente" en *Revista de Estudios Políticos*. Número 169, Nueva Época, julio-septiembre de 2015, Madrid, p. 76. Respecto a dicho principio, en el fallo OC 5-85 "Arriola" de la Corte Interamericana de Derechos Humanos, la Dra. Highton de Nolasco y el Dr. Maqueda señalaron que *"(...) a nivel internacional los tratados han consagrado el principio pro homine, por lo que siempre habrá de preferirse la interpretación que resulte menos restrictiva de los derechos establecidos en ellos. Así cuando unas normas ofrezcan mayor protección, estas habrán de primar, de la misma manera que siempre habrá de preferirse en la interpretación la hermenéutica que resulte menos restrictiva para la aplicación del derecho fundamental comprometido"*. (Considerando 23) Caso "F. A. L." del año 2012. Disponible en: httpp://www.corteidh.or.cr. Consultado el 10 de mayo de 2019.

157 *Vid.* Siverino Bavio, P. "El derecho a la identidad: La ley de identidad de género y sus proyecciones" en *Revista de Derecho Privado y Comunitario*. Rubinzal-Culzoni, Santa Fe, 2015, p. 174.

158 Disponible en: http://www.scjn.gob.mx. Consultado el 23 de abril de 2019.

conforme a sus propias opciones y convicciones, es un derecho humano básico, propio de los atributos de la persona (...)"[159].

La preocupación hacia la identidad de género como factor de discriminación a los niños se ha hecho latente en el recelo por la persistencia de actitudes y prácticas discriminatorias con respecto a los niños homosexuales, bisexuales, transgénero e intersexo. Por ello, el Comité de los derechos del niño ha recomendado redoblar "los esfuerzos destinados a combatir las actitudes negativas y eliminar la discriminación de que son víctimas los niños como consecuencia de su orientación sexual, su identidad de género o características sexuales, reales o supuestas[160].

En consecuencia, el propio Comité ha indicado que "La identidad del niño abarca características como el sexo, la orientación sexual, el origen nacional, la religión y las creencias, la identidad cultural y la personalidad. Aunque los niños y los jóvenes comparten las necesidades universales básicas, la expresión de esas necesidades depende de una amplia gama de aspectos personales, físicos, sociales y culturales, incluida la evolución de sus facultades. El derecho del niño a preservar su identidad está garantizado por la Convención y debe ser respetado y tenido en cuenta al evaluar el interés superior del niño"[161], elementos que reafirman Newell y Hodgkin, y a los que agregan la historia personal del niño desde el nacimiento, su raza, apariencia física, habilidades e identidad de género[162].

Adicionalmente, el Estado de Costa Rica a través del Tribunal Supremo de Elecciones modificó en el año 2016 el Reglamento de Fotografías para la Cédula de Identidad que había sido promulgado en el año 2010. En este sentido, se dispone que toda persona tiene el derecho a que se respete su imagen e identidad de género al momento de tomarse la fotografía que se inserta en la cédula de identidad (artículo 2). De este modo, el Reglamento define la identidad de género como "*la vivencia interna e individual del género, que no necesariamente corresponde con el sexo asignado al momento del nacimiento*". Alude a "*la autopercepción y al cómo se asume la persona en su identidad, funciones y atributos*" (artículo 3), por lo que impone a los funcionarios públicos el deber de velar "*...porque cada gestión se resuelva en el marco de una filosofía de pleno*

---

159 *Vid.* Corte Interamericana de Derechos Humanos. Caso Artavia Murillo contra Costa Rica, 28 de noviembre de 2012. Disponible en: http://www.corteidh.or.cr. Consultado el 23 de abril de 2019.

160 *Vid.* Meza-Lopehandía, Matías. *Proyecto de Ley de Identidad de Género: elementos para la discusión legislativa*. Biblioteca del Congreso Nacional de Chile. Departamento de estudios, extensión y publicaciones, Santiago de Chile, 2017, p. 5. Un ejemplo de acción concreta en pos de estos esfuerzos es la denominada "Bathroom Bill", aprobada en 2013 por la Asamblea Legislativa del Estado de California. Esta ley exige a las escuelas públicas que permitan a los estudiantes transgénero elegir el uso de los baños, vestuarios y equipo de deporte en función de su identidad de género, con independencia del sexo de su nacimiento. *Cit. pos.*, Benavente, P. *Cit.*, p. 108.

161 *Vid.* Comité de los Derechos del Niño. Observación General número 14, párrafo 55, *cit.*

162 *Vid.* Newell, Peter y Rachel Hodgkin. *Implementation Handbook for the Convention on the Rights of the Child*, Therd Edition, UNICEF, Suiza, 2008, p. 115.

respeto al derecho a la imagen y a la identidad de género de la persona usuaria..." (artículo 4)[163].

Se advierte que son estas dos vertientes del derecho a la identidad que trascienden al ámbito registral del estado civil de la persona y a su proyección identitaria en el espacio público pues, como ha sostenido la Corte Interamericana de Derechos Humanos, *"la vida privada incluye además el respeto al libre desarrollo de la personalidad, es decir, la tutela del derecho a la autodeterminación de los aspectos esenciales que construyen la identidad del individuo, como por ejemplo, su sexualidad. Así, la vida privada (...) garantizaría también que los individuos tengan la posibilidad de establecer relaciones públicas respecto de tales autodeterminaciones, las mismas que no pueden –ni deben– quedar confinadas al espacio o esfera íntima"*[164]; en consonancia con la postura adoptada por la Comisión Interamericana de Derechos Humanos al alegar que las categorías de derechos vinculadas a la diversidad sexual, entre ellas la identidad de género, componen el contenido sustancial del derecho a la vida privada de la persona[165].

En el espacio legal nacional constituye hoy un hecho consumado el cambio de identidad legal de las personas trans, quienes pueden obtener un documento oficial de identidad acorde con el género que experimentan luego de practicada la cirugía de adecuación de sus caracteres sexuales externos al género sentido por la persona[166]. Además, háyase sometido o no al procedimiento quirúrgico referido, al momento de la confección del documento oficial de identidad, la persona puede aportar a las autoridades competentes una fotografía coherente con el género con que se identifica psicológicamente, de modo que exista correspondencia entre la imagen que proyecta visualmente y la plasmada en aquel[167].

---

163 *Vid.* Tribunal Supremo De Elecciones de la República de Costa Rica. Decreto 03/2016, de 18 de mayo. *La Gaceta*, número 95. Disponible en: https://www.imprentanacional.go.cr/pub/2016/05/18/COMP18.05.2016.pdf. Consultado el 23 de abril de 2019.

164 *Cit. pos.* BERTONI, Eduardo y Carlos ZELADA. "Protección de la honra y de la dignidad" en Steiner, Christian y Patricia Uribe (Editores). *Convención Americana de Derechos Humanos*. Plural Editores, Bolivia, 2014, p. 283.

165 *Vid.* Comisión Interamericana De Derechos Humanos. *Orientación sexual, identidad de género y expresión de género: algunos términos y estándares relevantes*. 2012. (párrafo 31) Disponible en: http://scm.oas.org/pdfs/2012/CP28504S.pdf. Consultado el 20 de marzo de 2019.

166 A través de un proceso ordinario promovido por el interesado ante la Sección Civil del Tribunal Municipal Popular y por conducto de la Comisión Nacional de Atención Integral a las Personas Trans, la persona puede promover la rectificación de su identidad legal, como medio para actualizar su estatus legal postoperatorio. Dictada la sentencia correspondiente, se procede a la modificación del asiento registral, con el cambio de género y nombre y la emisión de una nueva certificación de nacimiento, con la que la persona acude a las oficinas del Registro de Población de la Dirección de Identificación, Inmigración y Extranjería del Ministerio del Interior a fin de oficializar el cambio y obtener un nuevo documento de identificación.

167 En Sentencias de 11 de julio de 2002 (solicitud número 25680/94, caso I. contra el Reino Unido y solicitud número 28957/95, caso Christine Goodwin contra el Reino Unido), dictadas por el Tribunal Europeo de Derechos Humanos, el foro estimó que cuando un Estado autorizaba e incluso financiaba el tratamiento y la operación de reasignación

En opinión de la autora, este proceder constituye un acierto en la protección no solo de la identidad de las personas trans, sino también de su derecho a la imagen, que según FERNÁNDEZ SESSAREGO constituye "uno de los signos distintivos de la persona", por cuanto en "ella prevalecen los rasgos físicos, la efigie del sujeto, lo exterior y fácilmente perceptible por los demás"[168], de modo que se hace evidente la interconexión entre ambos.

No puede entonces catalogarse de accidental el hecho de que estos dos tipos específicos de derechos subjetivos encuentren respaldo constitucional en Cuba en un mismo precepto -artículo 48- que al tomar como base hermenéutica los principios de igualdad y no discriminación[169] y el libre desarrollo de la personalidad respaldan las posibles actuaciones jurídicas concernientes a su ejercicio o defensa para todas las personas, con independencia de su identidad de género o su edad, a lo que se debe agregar también el hecho de que se hayan sometido o no a procedimientos quirúrgicos de reasignación sexual[170].

---

sexual, *"parecía ilógico que rechazara reconocer las implicaciones legales del resultado del tratamiento..., ya que debe prevalecer el sexo psicológico sobre el cromosómico"* (Goodwin contra el Reino Unido, párrafo 78), incluyendo la rectificación del sexo en los documentos de identificación personal. Véanse igualmente las sentencias en los casos Grant contra Reino Unido, solicitud número 32570/03, de 23 de mayo de 2006 y L. contra Lituania, solicitud núm. 27527/03, de 11 de septiembre de 2007, citadas por MANZANO BARRAGÁN, Iván. "La jurisprudencia del Tribunal Europeo de Derechos Humanos sobre orientación sexual e identidad de género" en *Revista Española de Derecho Internacional,* Volumen LXIV/2, Madrid, julio-diciembre 2012, pp. 70-71.

168 *Vid.* FERNANDEZ SESSAREGO, C., *cit. pos.* ALCÁNTARA FRANCIA, Olga. "Protección al derecho a la imagen y voz" en Espinoza Espinoza, Juan (Director). *Código Civil peruano comentado.* Tomo I. Título preliminar. Derechos de las personas. Acto jurídico. Gaceta Jurídica, Lima, 2005, pp. 1163-1664.

169 La Observación número 20 del año 2009 sobre No Discriminación del Comité de Derechos Económicos Sociales y Culturales de las Naciones Unidas, argumenta el reconocimiento de *"la identidad de género como una de las razones de discriminación prohibidas; por ejemplo, las personas que son transgénero, transexuales o intersexuales se enfrentan a menudo a graves violaciones de los derechos humanos, como el acoso en la escuela o en el lugar de trabajo". Citada por* SALAZAR BENÍTEZ, O. *Cit.*, p. 85.

170 Criterio que reafirma la jurisprudencia chilena, que en ocasión del proyecto de Ley que reconoce y da protección al derecho a la identidad de género en ese país, ha afirmado que *"las intervenciones quirúrgicas son un elemento accidental de formación de juicio y no un requisito para acceder a la solicitud"*. Sentencia 419 de 16 de agosto de 2011. Primer Juzgado Civil de Rancagua. En esta línea, las Cortes de Apelaciones de Valparaíso (en sentencia número 949, de 23 de julio de 2013) y de Santiago (mediante su fallo número 204, de 21 de agosto de 2013) ante solicitudes de cambio de nombre y sexo apuntaron respectivamente que *"el acceder solo al cambio de nombre sin incluir modificar su sexo, sería discriminatorio para el solicitante, dado que mantener su sexo como femenino le afectaría en su actuación familiar, laboral y social (...)"*, de modo que no es posible desconocer la realidad que vive el sujeto y *"a objeto de que pueda alcanzar el pleno desarrollo de su personalidad sin discriminación y con respeto a su vida privada como a su honra, se accederá al cambio de sexo (...)." cit. pos.* ESPEJO YAKSIC, N. y F. LATHROP GÓMEZ. *Cit.*, p. 395.

Además, resulta interesante en esta temática el hecho de que, según establecen las normas vigentes[171], toda persona que ha cumplido los 16 años de edad debe disponer del citado documento a los fines de su identificación a todos los efectos legales, pero ¿será procedente la dinámica antes narrada a pesar de que no ha arribado a la mayoría de edad legal? Estima la autora que la respuesta debe ser afirmativa, en tanto en la etapa de la adolescencia la persona cimienta una identidad e imagen acordes con sus preferencias o deseos, dentro de los cuales juegan un importante rol sus autopercepciones respecto al género y la sexualidad, aspecto que ratifica la postura a favor de apreciar en ella aptitudes suficientes para ejercitar los derechos que salvaguardan dichas facetas de su vida.

Cuestión más aguda sería la referida a aquellas decisiones concernientes a tratamientos invasivos u hormonales en este ámbito, a los cuales la Corte Constitucional de Colombia se ha referido en pos de la ponderación de los principios de autonomía y beneficencia en casos de niños transexuales, con base a la consideración de los siguientes elementos: la urgencia e importancia del tratamiento para el interés del niño; el riesgo e intensidad del impacto del tratamiento sobre su autonomía actual y futura y su edad y madurez[172].

Entonces, tales supuestos demandan la estimación de un entramado de factores, dentro de los cuales resalta el carácter irreversible de las intervenciones sanitarias aludidas. No deben valorarse de manera superficial las razones que han motivado que en los países de avanzada en la temática, donde ha sido autorizada la realización de las cirugías de reasignación de sexo[173], se imponga

---

171 *Cfr.* Artículo 2 de la Ley número 1278, de 13 de septiembre de 1974 y artículo 2, inciso 1ª) y apartado primero del Decreto-Ley 248 de 22 de junio de 2007 "Del sistema de identificación y del Registro de electores", publicado en la Gaceta Oficial Extraordinaria número 032 de 2 de julio del año 2007.

172 *Vid.* Sentencias 551 de 1999 (fundamento 8) y 1025 de 2002 (fundamento 7), citadas por Bernal Crespo, J. "Estados intersexuales en menores de edad: los principios de autonomía y beneficencia" en *Revista de Derecho*, número 36, Año 2011, p. 70.

173 En el caso de España, la vinculación del derecho a la reasignación sexual con el libre desarrollo de la personalidad se fue consolidando en la jurisprudencia, al tiempo que se fueron aportando otros argumentos constitucionales —por ejemplo en la Sentencia del Tribunal Supremo de 17 de septiembre de 2007— que sentaría la base del reconocimiento del derecho a la identidad de género, tales como la protección de la salud, el respeto a la intimidad y a la propia imagen y la protección de la integridad física y moral. A todos esos argumentos constitucionales habría que sumar la inclusión de la identidad de género dentro de las circunstancias personales por las que se prohíben tratos discriminatorios (Sentencia del Tribunal Constitucional 176/2008, de 22 de diciembre), lo cual supone una conexión con el principio de igualdad. Justamente dicha vinculación, así como con la protección de la salud -que tiene una traducción evidente en los tratamientos médico-quirúrgicos por quienes deseen modificar su sexo biológico- le otorga además a la identidad de género una evidente dimensión social. Muy especialmente, si se tiene en cuenta que la vivencia que el individuo tenga de sí mismo, incluido el sentimiento de pertenecer a un determinado sexo o incluso de no pertenecer a ninguna de las categorías sexuales preestablecidas, es un factor esencial de su bienestar. *Vid.* Salazar Benítez, O. "La identidad de género...", *cit.*, pp. 84-85.

como límite que el destinatario de tal procedimiento haya arribado a la mayoría de edad[174].

---

174 Cuestión que ha sido estipulada desde enfoques que combinan el perfil sanitario y el jurídico. Así, las guías de la *Endocrine Society* y de la Asociación Mundial para la Salud Transgénero recomiendan no realizar cirugías de reasignación de sexo antes de los 18 años de edad (*Vid.* MORENO-PÉREZ, Oscar e Isabel ESTEVA DE ANTONIO. "Guías de práctica clínica para la valoración y tratamiento de la transexualidad" en *Endocrinología y Nutrición*. Número 59, Año 2012, pp. 367-82; HEMBREE, Wylie C, P. T. COHEN-KETTENIS y Henriëtte A. DELEMARRE-VAN DE WAAL. "Endocrine treatment of transsexual persons: an endocrine society clinical practice guideline" en*Journal of Clinic Endocrinology Metabolism*. Número 94, Año 2009, pp. 3132-54 y las Normas de atención para la salud de personas trans y con variabilidad de género. World Professional Association for Transgender Health (WPATH), New York, 2012. Disponible en: http://www.wpath.org. Consultado el 20 de abril de 2019.
Además, el artículo 156 Código Penal español, priva de aptitud legitimadora al consentimiento del menor de edad, con independencia de su madurez, a efectos de cirugía transexual. Esta previsión no es más que una nueva derivación del principio conforme al que el consentimiento del menor maduro no es relevante para legitimar un acto médico que suponga una lesión irreversible a su salud o una pérdida de un órgano o función. El precepto es tan preciso y concreto que no permite ningún tipo de interpretación superadora de su tenor literal: no es posible practicar cirugía transexual sobre personas que no hayan alcanzado los dieciocho años.
El Anteproyecto del Estatuto de Diversidad Sexual (2011) de Brasil reconoce el derecho a la identidad de género y es interesante observar el tratamiento que se le brinda a las situaciones que involucren menores de edad. El artículo 37 señala que, previa indicación médica, se pueden iniciar procedimientos no quirúrgicos de adecuación de género a partir de los 14 años de edad, mientras que el artículo 38 prohíbe de manera rotunda las cirugías de cambio de sexo a menores de 18 años.
Por su parte, la jurisprudencia colombiana muestra una tendencia a proteger la decisión que mejor preserve la integridad de las condiciones físicas necesarias para que la persona que aún no cuenta con la autonomía suficiente para tomar decisiones sobre su propia vida y salud, pueda decidir cómo va a ejercer dicha libertad en el futuro, cuestión que no demerita el hecho de que los derechos sexuales y reproductivos de los niños -materializados en el derecho a constituir una familia, a tener hijos y cuántos, como expresión del libre desarrollo de la personalidad- han encontrado respaldo en sus fallos T-420 de 1992, T-377 de 1995, T-516 de 1998 y T-272 de 2001. (*Cit. pos.* BERNAL CRESPO, J. "Esterilización quirúrgica en menores de edad...". *Cit.*, pp. 287-288).
En el Derecho argentino se ha señalado que es prudente que sea el juez quien otorgue la autorización para la realización de cirugías a practicarse en el niño; por tratarse de intervenciones de altísimo riesgo, irreversibles, y que comprometen la salud reproductiva. Deben ponderarse prudentemente los riesgos previsibles y los beneficios esperables, de forma de consentir la intervención cuando prevalezcan los beneficios esperables respecto de los potenciales riesgos. (Al respecto, se recomienda consultar: FERNÁNDEZ, S.E. "La realización del proyecto de vida autorreferencial. Los principios de autonomía y desjudicialización". *Diario La Ley*, mayo de 2012, p. 25).
En idéntico tenor se puede citar la jurisprudencia australiana, que cuenta con numerosos fallos a favor del cambio y readecuación de sexo en niños. En el caso de un niño que sufría de una severa disforia de género, el tribunal aprobó la cirugía propuesta, señalando que *"las opiniones del menor de edad, en base a su madurez y competencia, sirven de apoyo adicional a la decisión arribada"* por los magistrados. (*Cit. pos.* VARELA, Luciano H. "La capacidad progresiva del niño/a en relación a su identidad sexual" en *Revista de Derecho de Familia*, número 71, septiembre de 2015, p. 215).

Sin embargo, que el niño no haya sido sometido a las intervenciones médicas aludidas no debe constituir obstáculo, en criterio de la autora, para que no pueda ejercitar su derecho al nombre, como proyección estática de su derecho a la identidad de género y que, según Díaz Magrans, ha de ser entendido como el "elemento diferenciador e individualizante de las cosas o personas", a lo que agrega su carácter indispensable para la exteriorización de la personalidad, con gran influencia tanto para la buena fama o consideración social, como en el ámbito patrimonial y en consecuencia, debe ser protegido por el Derecho[175].

Es este un asunto al que se debe acompasar la normativa vigente, en integración de los elementos aportados por el Auto del Tribunal Supremo español, de 10 de marzo de 2016, que fijó posición -en ocasión de plantear una cuestión de inconstitucionalidad en relación con la exclusión de los menores de edad de la aplicación de la Ley española 3/2007, de 15 de marzo, reguladora de la rectificación registral de la mención relativa al sexo de las personas- al decantar los principios que deben inspirar el tratamiento de la transexualidad, desde el principio de igualdad, la dignidad de la persona y del libre desarrollo de la personalidad[176].

Específicamente en supuestos de niños en situación estable de transexualidad el auto expone que "*cuando la discrepancia entre el sexo psicológico y el registral le provoca unos sentimientos de vulnerabilidad, humillación y ansiedad [...] este tribunal tiene dudas de que la restricción que supone la exigencia de la mayoría de edad para poder solicitar el cambio en la mención registral del sexo pueda superar el juicio de necesidad o indispensabilidad*".

A partir de este precedente, la Dirección General de los Registros y del Notariado de España -mediante la Instrucción de 23 de octubre de 2018 citada *ut supra*[177]- sobre cambio de nombre en el Registro Civil de personas transexuales mediante la que se produce una radical flexibilización de las posibilidades de adoptar un nombre sin correspondencia con el sexo

---

175 *Vid.* Díaz Magrans, María Milagrosa. "La persona individual" en Valdés Díaz, Caridad del C. *Derecho Civil...Cit.*, p. 138.

176 "*i) Se trata de una materia en la que las consideraciones de la ciencia médica, las percepciones sociales y el tratamiento jurídico dado por las legislaciones y los tribunales se encuentra en constante y acelerada evolución. ii) En el reconocimiento de la identidad de género a las personas transexuales debe primar el aspecto psicológico y psicosocial sobre el puramente cromosomático, gonadal e incluso morfológico. iii) No puede condicionarse el reconocimiento de la identidad de género de la persona transexual a su sometimiento a una operación quirúrgica de reasignación de sexo, ni tampoco a su esterilización. iv) Debe abandonarse la consideración de la transexualidad como una patología psiquiátrica necesitada de curación. v) Ha de facilitarse a las personas transexuales el cambio de la mención del sexo y el nombre en la inscripción de nacimiento y demás documentos de identidad mediante procedimientos rápidos y eficaces. vi) Ha de protegerse la intimidad y dignidad de la persona transexual, y evitar que se vea sometida a situaciones humillantes, de modo que cuando tenga que identificarse en ámbitos como el escolar, el laboral, en sus relaciones con las autoridades públicas, etc., no quede de manifiesto su condición de persona transexual, permitiendo que sea la persona transexual quien decida sobre el conocimiento que los demás puedan tener de esa circunstancia, minimizando de este modo que pueda ser víctima de reacciones hostiles de su entorno*". *Cit. pos.* De La Rosa Cortina, J.M. *Cit.*, p. 254.

177 *Cit. pos.* De La Rosa Cortina, J.M. *Cit.*, p. 252.

resultante de la inscripción de nacimiento tanto para mayores como para menores de edad.

Establece el procedimiento a seguir a través de dos directrices a cumplimentar por los Encargados del Registro Civil: 1) En el supuesto de que un mayor de edad o un menor emancipado solicitara el cambio de nombre, para la asignación de uno correspondiente al sexo diferente del resultante de la inscripción de nacimiento, tal solicitud será atendida, con tal de que ante el encargado del Registro Civil, o bien en documento público, el solicitante declare que se siente del sexo correspondiente al nombre solicitado; 2) Los padres de los menores de edad, actuando conjuntamente, o quienes ejerzan la tutela sobre aquellos, podrán solicitar la inscripción del cambio de nombre, que será atendida en el Registro Civil, con tal de que ante el encargado del Registro Civil, o bien en documento público, los representantes del menor actuando conjuntamente declaren que el niño siente como propio el sexo correspondiente al nombre solicitado de forma clara e incontestable. La solicitud será también firmada por el menor, si tuviera más de doce años. Si tuviera una edad inferior, deberá en todo caso ser oído por el encargado del Registro Civil, mediante una comunicación comprensible para él y adaptada a su edad y grado de madurez.

En el espacio legal nacional, la Ley 51 de 8 de julio de 1985, Ley del Registro del Estado Civil[178] y su Reglamento, contenido en la Resolución 157, de 25 de diciembre de 1985, del Ministro de Justicia de la República de Cuba, prevé entre las funciones del registrador la de *"tramitar y resolver el cambio, adición o modificación de nombres y apellidos"*[179], para lo cual establece dos causales, dentro de las cuales la primera podría amparar la modificación que tuviere por causa la necesidad de reconocimiento legal de su verdadera identidad de género, en tanto alude a la falta de correspondencia entre el nombre socialmente empleado por la persona, con el que se le conoce en su vida cotidiana y el que consta inscrito al momento de su nacimiento[180].

Recuérdese que al momento de hacer constar el sexo del inscrito, se sigue únicamente el criterio biológico, es decir, que aquel estará en correspondencia con los rasgos anatómicos externos de la persona, cuestión que pudiera no hallarse plenamente definida (personas intersexuales o hermafroditas[181]) o

178 Publicada en la Gaceta Oficial de la República de Cuba número 50, edición extraordinaria, de 22 de agosto de 1985.

179 *Cfr.* Artículo 27 de la Ley 51/1985 "Del Registro del Estado Civil".

180 *Cfr.* Artículo 101 de la Resolución 157, de 25 de diciembre de 1985, del Ministro de Justicia de la República de Cuba. Con regulación semejante, se puede citar el artículo primero de la Ley 17.344 chilena y en el mismo sentido, la resolución número 189 del año 2006 de la Corte de Apelaciones de Arica, Chile, citados por MEZA-LOPEHANDÍA, M. *Proyecto de Ley de Identidad...Cit.*, p. 8.

181 La Corte Constitucional de Colombia tuvo oportunidad de pronunciarse (Sentencia T-622/14, de 28 de agosto de 2014) en un caso sobre este asunto a través de la solicitud de una madre que en representación de su hija -quien padecía ambigüedad sexual- solicitó la definición de su sexo mediante proceder quirúrgico. El foro fundó su anuencia al estimar que *"se debe respetar en la mayor medida el consentimiento informado del niño que se va a intervenir quirúrgicamente"* y *"a esa edad (8 años) la infante ya posee una mayor autonomía, que merece entonces una protección constitucional más rigurosa(...)"*, ya que, mientras *"más claras sean las*

experimentar variación durante el transcurso de su vida (cirugía transexual) e, incluso no haciéndolo desde el punto de vista físico-orgánico, la psiquis puede incidir a nivel de autopercepción del individuo, lo que provocaría una incongruencia entre su identidad biológica (objetiva) y de género (subjetiva).

Sin embargo, cuando el interesado no ha arribado a la mayoría de edad, la propia norma impone que se inste la modificación por medio de sus representantes legales[182], por lo que se hace depender su voluntad a tales fines de la de sus padres o tutor. Es esta una regulación arcaica, cuya vigencia en los tiempos actuales ha perdido virtualidad, por cuanto suprime toda referencia a las condiciones de madurez del niño de acuerdo con su edad, quien contradictoriamente se presume capaz para cuestiones trascendentales como la imputabilidad penal[183] o el deber de disponer de un documento de identidad legal idéntico al de una persona adulta, pero no para incidir por voluntad propia en asuntos vinculados a su estado civil.

Particularmente los supuestos de intersexualidad, a pesar de ser escasos (según han referido especialistas), suponen un escollo producto de la clásica separación binaria entre los sexos contenida además en el mandato del artículo 41, inciso e), de la ley 51/1985, en relación con el 72 de su Reglamento. Entonces, al resultar imposible definirlo con claridad en virtud de sus características biológicas, se decide por los padres del niño el sexo al que pertenecerá al formular la declaración correspondiente, según dispone el artículo 40 de la citada Ley.

Entonces, con una perspectiva de *lege ferenda*, se advierte que el trámite más congruente con el respeto al derecho a la identidad de género es aquel que se establece en sede administrativa registral[184], siempre que a su vez permita el acceso eficaz y sin dilaciones por parte de la persona directamente interesada conforme a la propia autopercepción de su género y a la vivencia de su sexualidad y corporalidad de las cuales solo dicha persona puede ser artífice con exclusión de terceros, quien en uso de sus aptitudes de juicio y

---

facultades de autodeterminación del menor, mayor será la protección constitucional a su derecho al libre desarrollo de la personalidad", para concluir la Corte en que *"como la niña hermafrodita ya ha superado el umbral crítico de la identificación de género y tiene una clara conciencia de su cuerpo, no es legítimo el consentimiento sustituto paterno para que sea operada"*, por lo que afirmó, sin dudas al respecto, la supremacía del respeto a la capacidad progresiva de la niña. Disponible en: http://www.corteconstitucional.gov.co. Consultada el 20 de marzo de 2019.

182 *Cfr.* Artículos 107 y 110 de la Resolución 157, de 25 de diciembre de 1985, del Ministro de Justicia de la República de Cuba.

183 *Cfr.* Artículo 16.1 de la Ley 62/1988 "Código Penal", modificado por el artículo 3 del Decreto-Ley 175 de 17 de junio de 1997, publicado en la Gaceta Oficial Extraordinaria número 6, de 26 de junio de 1997.

184 Países como Ecuador, México, Colombia, Argentina y Uruguay han reconocido el derecho al cambio de sexo sin necesidad de operaciones genitales o pruebas médicas. Los dos últimos países, de conjunto con Suecia, Argentina y España, prevén procedimientos administrativos a tal fin, a diferencia de Holanda, Italia y Alemania, que exigen la intervención judicial. Al respecto, véase MEDINA, G. "Comentario exegético a la Ley de Identidad de Género" en *Diario La Ley*, mayo de 2012, p. 51.

discernimiento podrá lograr un reencuentro con su identidad según la siente y expresa.

En este sentido, estima la autora que no debe ser suprimida por completo la intervención de los representantes legales del niño, sino que esta debe diseñarse de conjunto con la participación del titular del derecho[185]; de modo que la solicitud efectuada por el adulto opere como una forma de facilitar el requerimiento directo del niño en ejercicio de su derecho, según su grado de madurez.

En función de ello, su consentimiento habrá de estimarse como un factor determinante al momento de acoger o desestimar la solicitud formulada por sus padres o tutor y a medida que el niño demuestre más nivel de razonamiento, justificación y comprensión sobre el fondo del asunto, el rol de los adultos responsables será menor o se deberá enfocar como guía de sus decisiones, con criterio de orientación y acompañamiento.

De igual modo, debe ser admitida la posibilidad de que el sexo de la persona sea definido en momento ulterior[186], es decir, que no deba ser siempre concomitante con el acto de inscripción registral del nacimiento, en tanto *"la*

---

185 La Ley de Identidad de Género argentina (Ley 26.743, sancionada el 9 de mayo de 2012 y promulgada el 23 de mayo de 2012) dispone el derecho de toda persona al reconocimiento de su identidad de género. Su artículo 5, referido a los niños, señala que en aquellas personas menores de dieciocho años, *"la solicitud del trámite de rectificación de sexo, de cambio de nombre de pila e imagen debe hacerse a través de sus representantes legales y siempre contando con la expresa conformidad del menor"*; para lo que se debe tomar en consideración en todo momento la capacidad progresiva del niño, así como también su interés superior. Resulta de relevancia el artículo 12 de la ley analizada, que reglamenta la importancia de respetar la identidad de género adoptada por las personas, haciendo hincapié en el trato digno que se les debe brindar, en especial, a los niños que hayan optado por modificar su género.

La República Oriental del Uruguay, sancionó la ley 18.620 de 2009 sobre "Derecho a la Identidad de Género y al Cambio de Nombre y Sexo en Documentos Identificatorios", que en su primer artículo dispone que: *"Toda persona tiene derecho al libre desarrollo de su personalidad conforme a su propia identidad de género (...)"*.

186 Supuesto admitido desde el 7 de marzo de 2013 en Alemania, mediante una ley que permite indicar como "no específico" el sexo del nacido. Para la evolución de la legislación y jurisprudencia alemana en la materia, se recomienda consultar: Von Stritzky, Johannes. "El desarrollo de la protección jurídica de las personas homosexuales, bisexuales, transexuales e intersexuales (LGBT) en Alemania" en *Revista General de Derecho Constitucional*, número 17, año 2013, pp. 1-29, *passim*. Según apunta Lauroba Lacasa, es esta una cuestión que en los últimos años ha ido paulatinamente consolidándose a escala internacional. Así, países como la India (desde el año 2014), Nepal (año 2015), Canadá (año 2017), Pakistán (año 2009) o Australia -a partir de la resolución de su Tribunal Supremo del 2 de abril de 2014 en el asunto NSW Register of Births, Deaths and Marriages vs. Norrie, que admitió por primera vez en su historia mencionar en el registro civil el «sexo no específico». Como último ejemplo, la Gender Recognition Act de California de 2017, en vigor desde el 1 de septiembre de 2018 introduce, pensando en los intersexuales, el tipo «no binario», como opción elegible (por ejemplo en los carnets de conducir). En España, la proposición de Ley integral de transexualidad del 2018, cuando propone fijar un «sexo no binario», va en esa línea, con significativos avances a cierre de febrero de 2019. *Vid.* Lauroba Lacasa, Elena. "Las personas intersexuales y el Derecho: posibles respuestas jurídicas para un colectivo invisible" en *Derecho Privado y Constitución*, Número 32, enero-julio de 2018, p. 38.

definición de sexo-género de una persona va más allá de la apreciación visual de sus órganos genitales externos al momento de nacer"[187], toda vez que *"no es un concepto biológico, sino sobre todo, psicosocial"*, según sostuvo el Tribunal Europeo de Derechos Humanos[188].

Pero no se agota el ejercicio del derecho a la identidad de género en el ámbito jurídico registral, sino que la voluntad del niño en este sentido debe ser acogida y respetada además en su desenvolvimiento escolar y laboral, espacios donde además resultan de relevancia la identidad de género del niño[189] o las decisiones concernientes o su voluntad procreacional, cuestiones todas que pueden suscitar posturas estereotipadas o discriminatorias hacia él, no solo por parte de otros niños o compañeros de trabajo, sino provenientes también de docentes o empleadores.

En todo caso, se impone ponderar la opinión del menor de acuerdo con su nivel madurativo, elemento que deviene piedra angular de conjunto con el reto que supone superar la perspectiva patologizadora de la transexualidad, la comprensión a cabalidad acerca de los términos relacionados con la variabilidad de género (LGTBI) y el desafío al sistema binario masculino/femenino desde el que se construye la titularidad de los derechos sexuales y reproductivos.

Particularmente, la temática referida al momento de la iniciación sexual del niño ha estado en el centro de atención no solo de las Ciencias Médicas -dadas las implicaciones y riesgos de la conducta sexual en etapas tempranas de la vida- sino también de las jurídicas en el ámbito penológico, en tanto las normas en este sentido, en la pretensión de proteger la indemnidad sexual de las personas en edades de 14 a 18 años, asumen que bajo ninguna circunstancia tales niños se encontrarán en condiciones de decidir sobre su libertad sexual, de modo que su consentimiento al respecto resulta totalmente irrelevante.

La cuestión fue justamente el objeto de resolución de la Sentencia CJ-116 de 7 de enero del 2013, dictada por el Tribunal Constitucional peruano, que en *obiter dictum* precisó entre sus fundamentos que *"la libertad sexual forma parte de uno de los contenidos esenciales del derecho al libre desarrollo de la personalidad y como tal supone dos dimensiones: una negativa vinculada a la exigencia de que el Estado ni ninguna persona interfiera en el libre desarrollo de la sexualidad de un*

---

187 Preámbulo de la Ley 2/2016, de 29 de marzo, "Ley de identidad y expresión de género e igualdad social y no discriminación de la comunidad de Madrid". Boletín Oficial del Estado número 169 de 14 de julio de 2016.

188 Tribunal Europeo de Derechos Humanos. Case "Christine Goodwin vs. the United Kingdom". Demanda número 28957/95, judgment of 11 July 2002. Disponible en: https://www.echr.coe.int/Pages/home.aspx?p=applicants/spa&c.

189 En tanto, como ha señalado la Corte Interamericana de Derechos Humanos *"(...) la identidad personal está íntimamente ligada a la persona en su individualidad específica y vida privada, sustentadas ambas en una experiencia histórica y biológica, así como en la forma en que se relaciona dicho individuo con los demás, a través del desarrollo de vínculos en el plano familiar y social. Es por ello que la identidad, si bien no es un derecho exclusivo de los niños y niñas, entraña una importancia especial durante la niñez (...)"*.Sentencia de 27 de abril de 2012, "Caso Forneron e hija contra Argentina". Párrafo 123. Disponible en http://www.corteidh.or.cr/docs/casos/articulos/seriec_242_esp.pdf. Consultado el 21 de abril de 2019.

ser humano, y una positiva expresada en la libertad de decidir la realización del acto sexual, sea para disponer con quién se realiza, cómo se realiza y el momento en el que se lleva a la práctica", para concluir la declaración de inconstitucionalidad del artículo 173, inciso 3) del Código Penal de ese país[190], análoga a la prevista por la norma sustantiva penal cubana[191].

Prima facie, la regulación cuestionada podría resultar compatible con los fines y objetivos que persigue, a saber, la protección de la indemnidad sexual de los niños, desalentar la comisión del delito de violación sexual a personas menores de edad y al mismo tiempo, generar confianza en el modelo jurídico para su protección. Sin embargo, es preciso puntualizar que una solución más coherente con los derechos involucrados podría ser que el propio legislador sancione única y exclusivamente a aquellas personas adultas que tuviesen relaciones sexuales no consentidas con niños, mas sin adoptar fórmulas que de modo indistinto sancionen todo tipo de relación sexual con aquellos, sin conceder la relevancia que merece su libre consentimiento, de acuerdo con su grado de madurez.

Así, la variedad de conductas y contextos no hacen sensato preestablecer criterios inamovibles para la valoración acerca de las competencias del niño en los asuntos concernientes a su sexualidad y reproducción, por cuanto cada supuesto debe valorarse en la conjunción de una multiplicidad de factores medioambientales y sobre todo, personales del sujeto de que se trate, de lo que dependerá en buena medida el grado de participación que se le conceda a la decisión o postura que adopte en estos ámbitos de su vida.

II.4.2. ¿QUIÉN?: DE TITULAR DEL DERECHO A SUJETO COMPETENTE

La comprensión del niño como sujeto de derecho ya es una premisa inscrita en la conciencia jurídica. Esta condición trasciende al ámbito de las aptitudes para el goce y ejercicio de todo tipo de derechos personalísimos y pasa por el tamiz de la individualidad, habida cuenta de la diversidad de factores que influyen en la formación de cada ser (*v. gr.* cognitivos, familiares, culturales, religiosos o materiales) y determinan su comprensión acerca de su presente y su proyección hacia el futuro[192].

---

190 *Vid.* SÁENZ DÁVALOS, Luis. *Justicia de Género. Los derechos sexuales y reproductivos en la jurisprudencia del Tribunal Constitucional (2007-2012)*. DEMUS, Estudio para la Defensa de los Derechos de la Mujer, Lima, 2013, p. 17.

191 *Cfr.* Artículo 298.4 del Código Penal, según la modificación operada en virtud del artículo 15 de la Ley 87 de 16 de febrero de 1999, publicada en la Gaceta Oficial Extraordinaria número 1, de 15 de marzo de 1999.

192 Sin embargo, no siempre va a resultar predicable la identificación madurez-capacidad natural dinámica que deberá ser reajustada ante situaciones en las que el niño parezca alguna patología psicológica o psiquiátrica que le produzca una merma cognitiva obstructiva de su aptitud para recibir su información asistencial y prestar el correspondiente consentimiento informado. En tales situaciones, se impone la necesidad de distinguir inmadurez de incapacidad, debiendo valorarse en qué momento se encuentra el desarrollo cognitivo y emocional del paciente y si está influido o no por la enfermedad. *Vid.* VÁZQUEZ-PASTOR JIMÉNEZ, Lucía, "La autonomía del menor en el ámbito

Esto permite afirmar que la maduración de un niño es un proceso evolutivo y dinámico, al que contribuye su herencia genética en conjugación con todos los demás elementos señalados y que define en buena medida la admisibilidad o no de su participación activa, con el consabido papel que juega en la concreción de la máxima satisfacción de sus derechos en el caso concreto.

Es preciso adentrarse entonces en su madurez cognitiva y psicológica[193], como uno de los elementos que definen su competencia sanitaria para tomar decisiones respecto a su salud, por demás, donde acontecen mayoritariamente y adquieren más relevancia sus derechos sexuales y reproductivos. La capacidad cognitiva posibilitaría al niño comprender la información que recibe por parte del personal médico (referida a la naturaleza y el propósito del procedimiento), sopesar sus alternativas (así como la repercusión de no acceder al tratamiento[194]) e implicaciones (entender los riesgos y posibles efectos secundarios o hacia el futuro de la intervención médica o posición adoptada) y en razón de todo ello, elegir libremente una opción clínica de modo razonado y razonable (como habilidad para hacer una deliberación, que absorbe incluso la posibilidad de preferir que un tercero decida por él)[195].

---

de la salud. Un supuesto particular: la anorexia nerviosa" en *Revista de Derecho Privado,* Número 91, mayo de 2007, pp. 50-51.

193 En sede normativa, el Decreto 49/2009 de Andalucía, en su artículo 2.f), define la madurez psicológica como el *desarrollo suficiente de la capacidad intelectiva y volitiva de la personalidad, que le permite la toma de decisiones con un conocimiento apropiado de su fundamento, una previsión razonable de sus consecuencias y una asunción lógica de las mismas, de forma adecuada al contexto.*

194 Aunque no directamente vinculada a los derechos sexuales y reproductivos, sino al ámbito más extenso de la integridad corporal, es preciso citar la Sentencia 154/2002, de 18 de julio, en la que el Tribunal Constitucional español valoró si un niño (de trece años de edad en el caso concreto) podía, en ejercicio de su libertad religiosa, negarse a recibir una transfusión de sangre ante una situación de riesgo para su vida e integridad física. Tras reconocer en su persona la titularidad de la libertad religiosa refirió que "*el menor expresó con claridad una voluntad coincidente con la de sus padres de exclusión de determinado tratamiento médico. Es éste un dato a tener en cuenta, que en modo alguno puede estimarse irrelevante y que además cobra especial importancia dada la inexistencia de tratamientos alternativos al que se había prescrito*". Resaltó el foro que "*lo que fundamentalmente interesa es subrayar el hecho en sí de la exclusión del tratamiento médico prescrito, con independencia de las razones que hubieran podido fundamentar tal decisión. Más allá de las razones religiosas que motivaban la oposición del menor, y sin perjuicio de su especial trascendencia (en cuanto asentadas en una libertad pública reconocida por la Constitución), cobra especial interés el hecho de que, al oponerse el menor a la injerencia ajena sobre su propio cuerpo, estaba ejercitando un derecho de autodeterminación que tiene por objeto el propio sustrato corporal -como distinto del derecho a la salud o a la vida- y que se traduce en el marco constitucional como un derecho fundamental a la integridad física*". Consúltese, para una referencia más extensa, el interesante comentario de la citada Sentencia en Moreso, Joseph Joan. "Dos concepciones de la aplicación de las normas de derechos fundamentales", en Betegón, Jerónimo, *et al.* (Coordinadores). *Constitución y derechos fundamentales.* Ministerio de Presidencia. Secretaría General Técnica, Centro de Estudios Políticos y Constitucionales, Madrid, 2004, pp. 473-489.

195 En esta línea, ha sido formulados una serie de estándares que pueden servir de guía para apreciar madurez cognitiva en un menor, a saber: comunicación adecuada, entendida como la capacidad para expresarse; causalidad, que definiría su capacidad para reconocer la relación causa-efecto entre una acción asumida y sus consecuencias a corto o largo plazo;

Un elemento clave en la capacidad cognitiva del niño es la proporcionalidad, pues aquella será variable de un sujeto a otro, en razón de lo cual deberá ser exigido el grado de madurez en función de la dificultad que comporte la decisión sanitaria que deba adoptar[196]; es decir, en dependencia de la complejidad del entramado de factores a considerar, será exigido un nivel más o menos considerable de juicio y comprensión[197].

Entonces, concretar si un niño cuenta o no con madurez suficiente para decidir estará en dependencia de que se le proporcione acceso a conocimientos suficientes sobre el asunto concreto, ajustados sus posibilidades para comprenderlos[198], contar con capacidad cognoscitiva a nivel de autonomía como medida para la reflexión, lograr deslindar las emociones de los hechos de modo que las primeras no interfieran en la capacidad de razonar, mostrarse coherente ante lo que se desea, lo que se expresa y lo que objetivamente es posible -unidad que debe mostrarse a través de argumentos racionales y congruentes con la situación concreta- y por último, demostrar capacidad de compromiso y responsabilidad ante la decisión adoptada, la que deberá ser indicativa de que han sido comprendidas las circunstancias, equilibradas las opciones y se actúa en consecuencia.

---

concepto de uno mismo y de otros, como aptitud para distinguir las implicaciones de la decisión en uno mismo y respecto a terceros; sentido del tiempo, es decir, comprensión del presente y distinción del pasado y futuro y el reconocimiento de la complejidad cognitiva, válida para ponderar de manera abstracta el riesgo-beneficio. *Vid.* Esquerda i Aresté, M, J. Pifarré Paredero y J. Viñas Salas. *Cit.*, p. 360.

196 Se apunta en este sentido, que con el desarrollo de la tecnología aplicada a las Ciencias Médicas, el personal asistencial coloca a disposición del paciente una serie de opciones terapéuticas que en ocasiones hace muy compleja la toma de una decisión sanitaria, al presentarle en ocasiones un amplio número de variables. De igual modo, la sexualidad y reproducción comportan una serie de variables a considerar que repercuten a nivel familiar, escolar, material y social y que pueden ser definitorias del curso vital del niño.

197 Apunta Cadenas Osuna que la madurez del menor no puede evaluarse en abstracto, sino que su estimación ha de realizarse con referencia a un concreto menor y acto, debiendo valorarse *ad hoc* si aquél reúne las condiciones de capacidad intelectivas, cognitivas y volitivas suficientes para realizar el preciso acto que se propone llevar a cabo, pues, evidentemente, no se exige al menor el mismo grado de madurez para recibir su información asistencial cuando la patología que padece es un simple catarro que cuando sufre una cardiopatía congénita o cuando desea vender un inmueble recibido en herencia. *Vid.* Cadenas Osuna, Davinia. *El consentimiento informado y la responsabilidad médica.* Agencia Estatal Boletín Oficial del Estado, Colección Derecho Privado, Madrid, 2018, p. 132, criterio coincidente con el apuntado por Romeo Malanda, Sergio. "El valor jurídico del consentimiento prestado por los menores de edad en el ámbito sanitario", citado por de Montalvo Jääskeläinen, F. "La capacidad del menor en el ámbito del tratamiento médico: problemas de autonomía e intimidad" en *Revista Española de Endocrinología Pediátrica,* Volumen 7, Número 2, Año 2016, pp. 6-11. Este análisis además es preciso matizarlo con el contenido de la Observación General 12 del Comité de los Derechos del Niño acerca de su derecho a ser escuchado, que en su párrafo número 21 explica que "*No es necesario que el niño tenga un conocimiento exhaustivo del asunto que lo afecta, sino una comprensión suficiente para formarse su opinión*".

198 Lo que requiere haber recibido antes información con características específicas. *Vid. Infra* epígrafe II.4.3.3.

Los elementos antes expuestos constituyen la guía aproximativa para la determinación del grado de madurez del niño ajustado a una situación específica. Se trata de parámetros básicos que deben ser adecuados al contexto y que explican la imposibilidad del apego a edades como generalidad, sin desdeñar el hecho de que para determinadas situaciones puedan ser establecidos límites objetivos ante decisiones irreversibles o que impliquen grave riesgo.

Justamente, esa parece ser la solución adoptada también en la vigente Ley 25/2010 de Cataluña, cuyo artículo 211-5, inciso a) declara: "*El menor puede hacer por sí sólo, según su edad y capacidad natural, los siguientes actos: a) Los relativos a los derechos de la personalidad, salvo que las leyes que los regulen establezcan otra cosa*". De esta suerte, según razona RAVETLLAT BALLESTÉ[199], establece un modelo intermedio o ecléctico, que, si bien concede relevancia a la tesis de la madurez, no renuncia a la oportunidad de prever, para actos de especial trascendencia, ciertos límites objetivos expresamente predefinidos por la norma, que oscilarán en atención a la naturaleza de los hechos verificados[200].

Se advierte además esta fórmula como la más coherente con el sentido del artículo 12 de la Convención, que hace depender de la combinación de edad y madurez la proporción o medida para el ejercicio del derecho del niño de su derecho a ser escuchado y a que sus opiniones sean tenidas en cuenta, a partir de una consideración favorable de su aptitud para, según exige su propio texto, "*formarse un juicio propio*". De este modo, la edad deja de ser el factor

---

199 *Vid.* RAVETLLAT BALLESTÉ, I. "La capacidad de obrar...". *Cit.*, p. 8.

200 Entre dichos umbrales de edades más significativos, estima la autora que debería ser incorporado el que fije la competencia para actos médicos, el que podría colocarse en los 16 años de edad, en correspondencia con el criterio sostenido por el Ministerio de Salud Pública para la atención a los adolescentes, con el que coincide aproximadamente el 98% de los especialistas entrevistados y que es seguido por normas extranjeras en la materia para todas las cuestiones relativas a los derechos inherentes a la personalidad u otras actuaciones personalísimas. Así, el aborto en España se rige por la Ley Orgánica 2 del año 2010, de salud sexual y reproductiva y de la interrupción voluntaria del embarazo (IVE), que entró en vigor el 5 de julio del 2010 (Boletín Oficial del estado número 55 de 4 de marzo de 2010. Catálogo de publicaciones de la Administración General del Estado). Hasta las catorce semanas del embarazo, todas las mujeres de 16 años pueden elegir abortar (artículo 14). También el artículo 9.4 de la Ley 41/2002 (LAP), de 14 de noviembre, básica reguladora de la autonomía del paciente y de derechos y obligaciones en materia de información y documentación clínica (publicada en el Boletín Oficial del Estado número 274 de 15 de noviembre de 2002. Catálogo de publicaciones de la Administración General del Estado) declara que a los dieciséis años se presume *iuris tantum* al menor de edad la madurez suficiente para prestar su consentimiento informado a toda actuación sanitaria, exceptuadas aquellas que comporten grave riesgo para su vida o salud. En el mismo sentido expuesto, la Ley 1/2006, de 28 de febrero, de La Rioja, de Protección de Menores, en su artículo 15.3, apartado segundo, requiere que el consentimiento informado sea prestado por los mayores de dieciséis años e incluso por los menores de esta edad cuando gocen de la madurez emocional suficiente. El Código del Derecho Foral de Aragón adopta una posición semejante, aunque adelanta la edad límite al disponer que el menor que tenga suficiente juicio podrá por sí sólo *ejercer los derechos de la personalidad* (artículo 7.1.a), y además establece que la representación legal del menor termina *al cumplir los catorce años*, edad a partir de la cual *su capacidad se completa con la asistencia* (artículo 5.3).

exclusivo y excluyente, para integrarse como un elemento más indicativo de una madurez presumible, que necesariamente habrá de ser corroborada[201].

En esta línea, razona MONTEJO RIVERO[202] que la apreciación del desarrollo evolutivo del niño no puede dejarse a la simple valoración subjetiva del operador del Derecho, sino que requiere formular un régimen jurídico que aprecie de modo conjunto la naturaleza de los actos jurídicos en que habrá de participar y la evolución previsible de sus aptitudes volitivas e intelectivas conforme a su edad[203].

---

201 El Comité, en la interpretación del artículo 12 formulada en la Observación General número 12, de 25 de mayo del año 2009, recalcó como positivo el hecho de que en algunos países se haya establecido una edad fija en que el derecho al consentimiento en el ámbito sanitario pasa al niño y alentó a los Estados partes a que consideren la posibilidad de introducir ese tipo de legislación. De este modo, los niños mayores de esa edad tienen derecho a otorgar su consentimiento sin el requisito de que haya habido una evaluación profesional individual de su capacidad, después de haber consultado a un experto independiente y competente. Sin embargo, el Comité recomendó enérgicamente que los Estados partes garanticen que, cuando un niño menor de esa edad demuestre capacidad para expresar una opinión con conocimiento de causa sobre su tratamiento, se tome debidamente en cuenta esa opinión. *Vid.* Observación General número 12 de 2009 sobre "El derecho del niño a ser escuchado". Naciones Unidas, Ginebra, 2009, p. 25.

202 *Vid.* MONTEJO RIVERO, J.M. *La capacidad progresiva de niños, niñas y adolescentes. De adolescentes progenitores en el reconocimiento de hijos.* Editorial Themis S.A, Bogotá, 2015, p. 130.

203 Sin embargo, a esta postura se le objeta el hecho de que los análisis casuísticos acerca de la madurez del niño, en cada situación concreta, no se compadecen con el principio de seguridad jurídica, criterio que esta autora no comparte, por cuanto la seguridad jurídica, entendida como factor o cualidad que hace ciertas las normas, instituciones y relaciones jurídicas, implica que todos (tanto poderes públicos como ciudadanos) sepan a qué atenerse, lo cual supone por un lado conocimiento cierto de la leyes, y por otro, una cierta estabilidad de las normas y de las situaciones que en ella se definen. Esta última característica se puede entender como la previsibilidad de las consecuencias jurídicas que se pueden derivar de una determinada actuación, elemento contra el que pudieran atentar las fórmulas "según su grado de madurez" o "suficiente juicio" que se emplean en las normas jurídicas a fin de ajustar la regulación del ejercicio de un derecho a las aptitudes concretas que demuestre el niño a tal fin.

De este modo, si la protección del niño está inspirada por la búsqueda de su bienestar y de la satisfacción del mayor número de sus derechos -como propugna su interés superior- la incorporación de la valoración acerca de su situación concreta a la norma que lo regule, como una de las variables a considerar, supondrá un nivel inferior de homogeneidad o certidumbre en la producción de efectos jurídicos inmediatos que la existente en la actualidad u otra que sustente la aptitud del niño simplemente en el dato objetivo de la edad, pero esta últimas a su vez implican desmedro de los principios convencionales que deben inspirar la protección legal efectiva de la dignidad humana del niño.

Sin embargo, el acogimiento legal sin matizaciones de la estabilidad supone negar la función del derecho de servir como instrumento de desarrollo social y supone una oposición entre la seguridad jurídica y el progreso social, lo que ha de resolverse mediante la limitación o ponderación recíproca de ambos, de modo que al introducir un cambio que restrinja la certidumbre jurídica, esta se habrá de compensar con los mecanismos que ofrezcan garantías acerca de su aplicación, como podrían ser, por ejemplo, la intervención interdisciplinaria en el proceso de evaluación de las aptitudes del niño, el diseño de un instrumento fiable y científicamente fundado, aplicado bajo condiciones que optimicen la concentración del niño, proporcionarle información suficiente, clara, veraz, ajustada a

Sin embargo, a juicio de la autora, es preciso además incorporar como elemento *sine qua non* el apoyo de una valoración especializada acerca del grado de madurez alcanzado por el sujeto siempre que sea precisa, ajustada a la circunstancias concretas y requerimientos del supuesto en análisis, contexto que realza la trascendencia de la interdisciplinariedad, por cuanto una evaluación de este tipo solo será posible a través de las herramientas que aportan ciencias extrajurídicas como la Psicología.

Así, a través de la conjugación de los aspectos expresados se hará posible la determinación de la forma y alcance de la participación del niño en la definición del asunto de que se trate, concerniente a sus derechos sexuales y reproductivos.

II.4.3. ¿CÓMO?: LOS RECURSOS Y CIRCUNSTANCIAS EN TORNO A LA DECISIÓN

Una decisión madura no es un resultado que consigue el niño por sí solo. A tal propósito se deben alinear una serie de acciones y condiciones a nivel personal, familiar y asistencial que influirán radicalmente en la valoración que se realice de su aptitud para conducirse de modo más o menos autónomo en los distintos aspectos de su sexualidad y reproducción.

Es por eso que, más allá de la madurez que exhiba ante cierta coyuntura fáctica, es preciso profundizar en los medios que debe tener a su alcance para decidir de manera racional y consciente, así como las vías para lograr una estimación adecuada y factible de sus aptitudes a tal fin. De ahí, la interrogante que encabeza el presente acápite, con la que se pretende dar colofón a la perspectiva que se propone, a través del análisis del entramado de condicionantes externos que contribuyen a la formación de la personalidad del niño, su desarrollo cognitivo, intelectivo y emocional y las herramientas más adecuadas para la evaluación de su capacidad y competencias.

Los anteriores planteamientos constituyen un sólido argumento a favor de la imperatividad de realizar análisis casuísticos -incluso ante decisiones que a simple vista pudieran parecer semejantes- de modo que aquellos no se reduzcan solo al sujeto en cuestión de cara al presente, sino que también estimen la influencia que ejercen su pasado y su entorno a través de la evaluación de posibles factores de vulnerabilidad y recursos personales. Así, ha de ser acuciosamente analizado un entramado de aspectos que bien

---

sus necesidades, acerca de su particular situación y las opciones a su disposición y, por último, el establecimiento de límites más estrictos cuando la decisión comporte grave riesgo a su vida o su salud o sea irreversible. Al respecto, véase GALLEGO MARÍN, Carlos Arturo. "El concepto de seguridad jurídica en el Estado Social" en *Manizales (Colombia)*. Número 9, Volumen 2, julio-diciembre de 2012, pp. 69-90; HERNÁNDEZ GUIJARRO, Fernando. "Los principios de generalidad e igualdad en la normativa tributaria municipal y su infracción en las ordenanzas fiscales" en *Revista boliviana de Derecho*, Número 19, enero de 2015, p. 363.

podrían denominarse "colaterales" al niño en sí, los que influirán de manera definitoria en su modo de decidir sobre el asunto de que se trate[204].

II.4.3.1. La dinámica afectiva a nivel familiar y social

Entre las condicionantes externas deben ser analizadas, en primer orden, el ambiente familiar, pues la evaluación de la madurez psíquica y emocional -de acuerdo con su edad- de que sea acreedor, podrá hallarse comprometida por el estado afectivo del niño, elemento que va a influenciar de forma importante su toma de decisiones.

Autores refieren[205] que un alto grado de estrés, ansiedad o un componente depresivo van a entorpecer el proceso de razonamiento, dificultando la capacidad de entender la situación, la memoria o la valoración de las posibilidades. En este sentido, algunos casos podrían demandar una exploración psicopatológica más completa, a fin de identificar si en la relación del menor con sus padres, tutores y demás familiares existe apoyo, soporte afectivo y confianza, o sea, que más allá de las cuestiones técnicas jurídicas y médicas a considerar, otros coeficientes como el temor reverencial de los hijos hacia sus padres o tutores, el ambiente cultural de la familia o el entorno social deben incorporarse a la ecuación.

Otro aspecto significativo puede estar dado por las experiencias vitales del niño, fundamentalmente aquellas referidas al grado de participación que usualmente se le concede en la toma de decisiones familiares o incluso, las suyas personales. La madurez que demuestre ante una situación concreta dependerá de en qué medida durante su vida se haya visto involucrado en escenarios de socialización que le sirvan de referente, contribuyendo a la adquisición gradual de madurez emocional. Tal es así, que se sostiene[206] que la información, el nivel educativo, la experiencia, el entorno, las expectativas sociales y culturales y el grado de apoyo deben ser estimados en la valoración con mayor peso que el dato cronológico de la edad.

---

204 Criterio con el que coinciden además HUNSLEY y MASH, citados por FERNÁNDEZ-PINTO al sostener que el empleo de los tests para tomar decisiones sobre una persona debería efectuarse en el contexto de una evaluación psicológica más amplia y flexible, con el fin de alcanzar conclusiones justificadas mediante la recopilación, evaluación y análisis de los datos adecuados al propósito perseguido. *Vid.* FERNÁNDEZ-PINTO, Irene, *et al. SENA. Sistema de Evaluación de Niños y Adolescentes. Manual de aplicación, corrección e interpretación.* TEA Ediciones, Madrid, 2015, p. 9 y además, PERIAGO MARTÍNEZ, Julia y Joaquín PARRA MARTÍNEZ. *Relación de la madurez cognitiva del niño con la dimensión de desarrollo en su contexto familiar.* Universidad de Murcia, Murcia, 2016, pp. 603-628.

205 *Vid.* ARÉS MUZIO, Patricia. *Psicología de la familia. Una aproximación a su estudio.* Editorial Félix Varela, La Habana, 2002, pp. 88-90 y de la propia autora, *Individuo, familia y sociedad. El desafío para ser feliz.* Editorial Caminos, La Habana, 2018; ESQUERDA I ARESTÉ, M, J. PIFARRÉ PAREDERO y J. VIÑAS SALAS. *Cit.*, p. 361 y también SÁNCHEZ ETXANIZ, Jesús. "Consideraciones éticas y legales en pediatría". Ponencia presentada en las XXV Jornadas de Pediatría de Álava. Asociación Vasca de Pediatría de Atención Primaria, Álava, 2014, p. 6.

206 *Vid.* RAVETLLAT BALLESTÉ, I. "La capacidad…" *Cit.*, p. 9. En la misma línea, DE LORA, Pablo. "Autonomía personal, intervención médica y sujetos incapaces" en *Enrahonar: Quaderns de filosofía*, números 40/41, 2008, p. 135.

Además, en el contexto analizado no pocos procedimientos o decisiones a tomar implican un alto grado de ansiedad, temor o circunstancias que provoquen estrés intenso, tanto en personas menores de edad como en las adultas. Por ese motivo, el profesional que trabaja con niños debe mantener una actitud de escucha atenta y activa como parte del esfuerzo por comprender la situación. Deben ser analizados también los valores en juego y en función de ellos, estimar la argumentación racional sobre cursos de acción posibles u óptimos, ofreciendo consejo no directivo y ayuda si elige otra opción distinta[207].

En suma, se hace evidente el carácter multifactorial implícito en la temática y la relevancia que adquiere en esta coyuntura la teoría de los determinantes sociales, referida al conjunto de variables individuales, sociales y estructurales que, relacionadas entre sí, condicionan el proceso vital y pueden servir para explicar el conjunto de fenómenos asociados a la salud sexual y reproductiva de los niños[208], los que un sector de la doctrina más reciente coincide en clasificar en próximos, intermedios y distales[209].

---

207 *Vid.* GABALDÓN, Sabiel y María Dolors PETITBÓ. *El menor maduro. Aspectos éticos y legales en la atención del menor.* Universitat de Barcelona-Hospital Sant Joan de Déu, Barcelona, 2013, p. 15.

208 En términos generales los determinantes se refieren a diferentes aspectos de los individuos y las sociedades que pueden incidir o condicionar los resultados en diferentes problemáticas y que requieren la atención e intervención de múltiples actores. En el enfoque de determinantes sociales de la Organización Mundial de la Salud (OMS), se define a los determinantes como los factores sociales, políticos, económicos, ambientales y culturales que condicionan el proceso vital, y específicamente el proceso salud-enfermedad. *Vid.* Organización Mundial de la Salud. Comisión sobre Determinantes Sociales de la Salud. Informe final. Año 2009. Disponible en: https://www.who.int_social_determinants. Consultado el 4 de mayo de 2019 e igualmente, CAPUCHINO-MONREAL, Yolanda, *et al.* "Situación y determinantes de salud en Guadalajara, del año 2013 al 2015. Logros, límites y retos" en *Revista Salud Jalisco.* Volumen 1, número 3, año 2016, *passim*; DÍAZ VALENCIA, Andrea Valeria. *Valoración de los determinantes de salud en la población interna de la Aldea infantil SOS en el cantón Atacames, provincia Esmeraldas.* Tesis en opción al título de Licenciada en Enfermería. Año 2017. Repositorio digital de la Pontificia Universidad Católica del Ecuador. Disponible en: https://repositorio.pucese.edu.ec/handle/123456789/1731. Consultado el 5 de mayo de 2019, *passim* y LINARES PÉREZ, Nivaldo. "Aplicación de los enfoques de salud de la población y los determinantes sociales en Cuba" en *Revista Cubana de Salud Pública,* Número 41, Año 2015, *passim.* Disponible en: http://www.scielosp.org.Consultado el 5 de mayo de 2019.

209 Al respecto, *Vid.* VILLAR MONTESINOS, Eugenio. "Equidad y determinantes de la salud" en FERRELLI, Rita María (Editora). *Equidad en salud desde un enfoque de determinantes sociales. Contribuciones del encuentro regional "La toma de decisiones para la equidad en salud".* Colección Documento de Trabajo. México DF, 2015, pp. 1-4; CÓRDOVA, Pamela y Marina NICOLAEVA. "Una aproximación a los determinantes socioeconómicos de la mortalidad infantil y de niñez en Bolivia: uso de métodos indirectos de cálculo de mortalidad y análisis bivariado" en *Revista Investigación y Desarrollo.* Volumen 2, número 15, Cochabamba, año 2015. Disponible en: http://www.scielo.org.bo. Consultado el 5 de mayo de 2019; CRUZ MARTÍN, Omar, *et al.* "La promoción del bienestar en niños hospitalizados a través de una metodología interdisciplinaria" en *Revista Medicentro.* Número 22, Volumen 2, año 2018. Disponible en http://www.medigraphic.com. Consultado el 5 de mayo de 2019, pp. 142-151; GÓMEZ RAYGOZA, Carlos Mario, *et al.* "The social learning tree aproach: learning in its

Los primeros, según Zamudio Sánchez[210], están relacionados con las características individuales entre los que se destacan factores biológicos -como el desarrollo puberal- y factores del comportamiento, tales como el inicio de relaciones sexuales, la nupcialidad o las uniones tempranas, el uso de los métodos de anticoncepción y el acceso a servicios de salud y educación.

En particular tienen gran incidencia la edad de inicio de las relaciones sexuales y el momento en que se dan las uniones o la nupcialidad. Así mismo, la configuración de proyectos de vida propios, las prácticas de género, las creencias del individuo y sus comportamientos alrededor de la sexualidad, las relaciones sexuales, la maternidad y la paternidad son, entre otras, algunas de las variables que pueden incidir en las decisiones sobre la vida sexual y reproductiva del niño.

Por su parte, los determinantes intermedios se refieren a la familia o el hogar en el que se desarrolla el niño y la escuela, entre los que se consideran las condiciones familiares, la existencia de abuso o violencia, la supervisión y el diálogo entre él y sus responsables legales y las normas de funcionamiento del hogar, la formación y educación de calidad en salud sexual y reproductiva y en el conocimiento acerca de sus derechos sexuales y reproductivos promovido en la escuela[211], entre otros.

Por último, los determinantes distales están relacionados con la cobertura y acceso oportuno a servicios públicos, las oportunidades de participación de los niños en los procesos de decisión e identidad social, el macro-entorno social, las normas sociales sobre la sexualidad y reproducción, la feminidad, la masculinidad, las relaciones de pareja o la participación de los niños, la existencia de oportunidades de desarrollo personal y alternativas de vida, la atención de la comunidad a los derechos sexuales y reproductivos, a la

---

use to problematize needs of social transformation, Jalisco, México" en *Revista Hacia la Promoción de Salud*. Número 24, Volumen 1, año 2019. Disponible en: http://www.scielo.org. Consultado el 5 de mayo de 2019.

210 *Vid*. Zamudio Sánchez, Francisco José, *cit. pos*. Caudillo Ortega, Lucía, *et al*. "Análisis de los determinantes sociales en la violencia de género" en *Revista Ra Ximhai*. Universidad Autónoma Indígena de México. Volumen 13, número 2, julio-diciembre de 2017, p. 90.

211 En especial, se considera el nivel educativo como un factor protector, no solo por las oportunidades que representa tener una mayor educación, sino por las habilidades que se adquieren a través de ella para propiciar el propio desarrollo; tener percepciones más ajustadas y positivas sobre sí mismo, sobre la identidad de género y además por la capacidad que se adquiere para valorar y evaluar la adecuación de las normas sociales, las creencias sobre el rol de género, el lugar que se ocupa en las familias, el trabajo, la comunidad o la sociedad, e incluso sobre los comportamientos de autocuidado, lo que conduce a tener comportamientos sexuales y reproductivos menos riesgosos y decisiones con mayor autonomía y responsabilidad. Al respecto, *Vid*. Consejo Nacional de Política Económica y Social. Lineamientos para el desarrollo de una estrategia para la prevención del embarazo en la adolescencia y la promoción de proyectos de vida para los niños, niñas, adolescentes y jóvenes en edades entre 6 y 19 años. República de Colombia, Bogotá, 2012, p. 17. Disponible en: https://www.observatorioplanificacion.cepal.org. Consultado el 5 de mayo de 2019.

prevención de su vulneración y la adecuada valoración de los mensajes transmitidos a través de los medios de comunicación[212].

Por eso es necesario que sean contemplados estos factores de manera conjunta, de modo que posibiliten efectuar una valoración adecuada sobre la influencia que puedan tener en la decisión o postura que asuma el niño, para lo cual sería de inestimable importancia que los adultos que le rodean cuenten con preparación especializada para la atención y manejo integral de personas menores de edad.

II.4.3.2. La valoración y el equipo multidisciplinario

Todos los elementos expuestos forman parte de las variables utilizadas para diseñar los disímiles *tests* que se emplean para medir la madurez del niño[213]. Dichos instrumentos constituyen sólidas herramientas validadas científicamente por la Psicología, en cuya construcción se involucra un amplio equipo de expertos en las distintas áreas o dominios del desarrollo infantil a evaluar: cognitiva, motriz, social, emocional y comunicacional.

Entre sus características más significativas se pueden citar la posibilidad que ofrecen para combinar pruebas de ejecución, cuestionarios para padres,

---

212 *Ídem.*

213 Los que varían en cada país, en tanto se ajustan a las particulares condiciones de cada población. además, son revisados y reelaborados de acuerdo con los resultados de paulatinamente se van obteniendo. Por ejemplo, España ha contado con la denominada Escala de competencia de Lleida (EVC). Con resultados muy positivos también se emplea el Sistema de Evaluación de la Competencia (SENA), el Cuestionario de Madurez Psicológica (PSYMAS) y la Escala observacional del desarrollo y procesos evolutivos (EOD), que en sus inicios en 1988 se destinó a niños de hasta 6 años y en la actualidad se ha extendido hasta los 17. En México se puede citar el Test Metropolitan y en el área anglosajona, el *Defining Issues Test* (DIT), el inventario de desarrollo denominado Battelle, las escalas Bayley de desarrollo infantil, (BSID) y el Test de California, este último, traducido y adaptado para su aplicación en Bolivia desde el año 2016. *Vid.* Espejo, Mariola, *et al*, "Valoración de la competencia del menor en relación con la toma de decisiones sanitarias: escala de competencia de Lleida" en *Medicina Clínica,* Número 136, Volumen 1, 2011, pp. 26-29; Echeverría Castro, Sonia Beatriz, *et al.* (Compiladores). *Diseño de instrumentos de medición en psicología y sus propiedades psicométricas: Competencia metodológica en estudios de Psicología.* Segunda edición, Instituto Tecnológico de Sonora, México, 2013, *passim;* Rodrigo Apio, Juan José y José Manuel Andreu Rodríguez. "Evaluación psicológica de la madurez psicosocial en adolescentes" en *Psicopatología Clínica, Legal y Forense,* Volumen 17, Año 2017, pp. 14-31; Pérez Caro, Lucía y María Dolores Ramón Alonso. "Valoración neuropsicológica en niños y adolescentes" en *Revista de Psiquiatría y Psicología del niño y del adolescente.* Número 1, Año 2001, pp. 31-56; Rodríguez Núñez, Iván. "Escala de medición de esfuerzo percibido infantil (EPInfant): validación en niños y adolescentes chilenos" en *Revista chilena de pediatría.* Número 3, Volumen 87, junio de 2016, pp. 211-212 y del propio autor: "Evaluación de la escala EPInfant para la auto-regulación perceptual de la intensidad del ejercicio en niños sanos" en *Revista chilena de pediatría.* Número 4, Volumen 90, agosto de 2019, pp. 422-428; Aguirre Forero, Ana Mireya. "Validez del inventario de prácticas de crianza (cpc-1 versión padres) en padres madres y cuidadores de la ciudad de Bogotá" en *Revista Iberoamericana de Psicología: Ciencia y Tecnología.* Número 1, Volumen 7, Año 2014, pp. 79-90 y Peredo Videa, Rocío. "Propiedades psicométricas del test de madurez mental de California" en *Revista Desafíos Educativos.* Número 17, año 2017, pp. 11-28.

responsables legales y docentes del niño, escalas de observación y entrevista. Además, aparecen estructurados para que sus conclusiones sean ajustables según rangos de edades, con base a sistemas de baremos elaborados con sustento científico -en el campo teórico y empírico- diferenciados en función de la edad, el sexo y el tipo de población (general o clínica). Así, su calidad se garantiza además a través de un diseño que lo haga fácil, rápido y directo en su aplicación, cuyos resultados habrán de ser interpretados por un equipo multidisciplinario.

Justamente, acerca de un abordaje del modo que se propone, la profesora Herrera ha sostenido que "La interdisciplina, íntimamente vinculada, permite advertir el proceso de madurez del niño en el caso concreto. Es sabido que inciden factores de tipo biológico, psicológico y social, y que aquel varía conforme la edad, el nivel de estímulos y el marco social, económico y cultural en el cual se desarrolla cada niño, pero de ninguna manera podrían trazarse reglas generales y mucho menos absolutas"[214].

No obstante, no está garantizada mediante estos instrumentos la absoluta confirmación acerca de la capacidad, por lo que sus resultados son evaluados de conjunto con factores objetivos como la entidad de la decisión de que se trate o el entorno en que se desarrolla el niño a través de la escala móvil de capacidad (aplicada en el espacio sanitario con amplia aceptación desde el punto de vista bioético, pero aun no receptada normativamente), que establece que cuanto más graves, peligrosas o irreversibles son las consecuencias de la decisión para la salud del paciente, son más exigentes los criterios de capacidad exigidos[215].

Se consideran criterios para una evaluación positiva: la comprensión adecuada (el menor entiende la información que le es ofrecida o la situación en que se encuentra), la capacidad de expresar su decisión bien de forma verbal, escrita o mediante signos, la aptitud para ofrecer motivos reflexivos que fundamentan su posición y la ponderación de los riesgos y beneficios de su decisión[216].

En la arena nacional no se cuenta en la praxis médica con un protocolo estandarizado y validado para la evaluación acerca de las competencias de las personas menores de edad y en consecuencia, su enjuiciamiento se hace depender de la reunión de criterios objetivos y subjetivos del galeno

---

214 *Vid.* Herrera, M. "Los derechos de infancia y adolescencia en el Código Civil y Comercial de la Nación: Claves para entender una nueva interacción legal" en *Cartapacio de Derecho,* Volumen 29, Año 2016, Facultad de Derecho, UNICEN, *passim.*

215 *Vid.* Drane, James. "Las múltiples caras de la competencia" en Couceiro, Azucena (Editora). *Bioética para clínicos.* Triacastela, Madrid, 1999, p. 163 y Simón Lorda, P. "La capacidad de los pacientes para tomar decisiones: una tarea todavía pendiente" en *Revista de la Asociación Española de Neuropsiquiatría,* año 2008, Volumen XXVIII, Número 102, p. 341

216 En correspondencia con los 4 criterios para la valoración de la competencia establecidos por Appelbaum y Roth en 1982: *appreciation, expressing a choice, reasoning and understanding. Vid.* Appelbaum, Paul y Loren Roth. "Clinical issues in the assessment of competency" en *American Journal Psychiatry,* 1981, pp. 1462 *cit. pos.* Demakis, George J. *Civil capacities in clinical neoropsychology. Research findings and practical applications.* Oxford University Press, New York, 2012, p. 70.

responsable de la atención del paciente. Con base a ello, se realiza una valoración unipersonal que, a falta de un procedimiento establecido, concluye por sustraer la decisión médica del espacio de autonomía del niño[217].

Estima la autora que la validación de un instrumento ajustado a las características y condiciones de Cuba constituye una meta imprescindible para estimar la madurez cognitiva que exhiba el niño para tomar decisiones concretar respecto a su vida sexual y reproductiva en todas sus dimensiones, fundamentalmente en el ámbito de la actividad asistencial.

A tal fin, la aplicación de un test de madurez cognitiva podría avalar un determinado grado de participación del niño en aquellas decisiones de alto impacto en su vida, en tanto sujeto con madurez cognitiva, pero sin autonomía legal; por demás, no exigible, pues al tratarse de un acto personalísimo tan solo será requerida una aptitud físico-psíquica que le permita expresar su voluntad y comprender la envergadura y trascendencia de la postura que asume[218].

El citado instrumento cumpliría una función de pilastra para el típico ingrediente: "siempre que cuente con madurez, capacidad natural o juicio suficiente" incorporado indistintamente a las disímiles normas legales analizadas con anterioridad, el que se estima más congruente con el respeto por las capacidades evolutivas del niño. *Contrario sensu*, si el resultado del test no fuere satisfactorio, la evaluación habrá de seguir otros derroteros, en tanto mientras no se encuentre en condiciones de formarse un juicio propio y demuestre capacidad para sopesar pros y contras, su interés superior quedará sujeto a la definición de los adultos.

Ahora bien, para ello es preciso colocar a su disposición la información necesaria, dentro de ciertos parámetros. Solo en tales circunstancias será capaz de expresar de modo libre y autónomo su voluntad y se podrá configurar un cabal consentimiento informado.

II.4.3.3. El contenido y calidad de la información

Consentimiento, información y asesoramiento son elementos correlativos que marchan indisolublemente unidos a la hora de configurar una decisión libre y consciente del niño que favorezca su interés superior. Al mismo tiempo, se encuentran estrechamente conectados a sus particulares necesidades de conocimiento y comprensión acerca de su sexualidad y reproducción desde el punto de vista biológico, social y legal.

Es así, que la Sentencia C-355 de 2006 de la Corte Constitucional de Colombia sostuvo que *"el derecho a estar libre de interferencias en la toma de decisiones*

---

217 Sin que se pueda afirmar que esta conducta es configurativa de una conducta legal errónea del personal médico, por cuanto la mayoría de los procederes que se aplican de una forma u otra implican riesgos para la salud y el artículo 18 de la Ley 41/1983 impone la obligación de contar en estos supuestos solamente con autorización de los responsables legales ante cualquier intervención.

218 *Vid.* WIERZBA, Sandra. *Consentimiento informado: competencia o aptitud.* Ministerio de Salud, Presidencia de la Nación-Organización Panamericana de la Salud, Buenos Aires, 2017, p. 1.

reproductivas supone por una parte contar con la información necesaria para adoptar decisiones de esta naturaleza y en esa medida está estrechamente relacionado con el derecho a una educación sexual adecuada y oportuna, adicionalmente protege a las personas de la invasión o intrusión no deseada en sus cuerpos y otras restricciones no consensuales a su autonomía física"[219].

Señalan Gabaldón y Petitbó[220] que se debe informar al niño de un modo comprensible y coherente, evitando siempre el engaño, e intentar descubrir hasta qué punto quiere verse involucrado en la toma de decisiones y colaborar en ello. Entonces, para tomar en consideración su autonomía, es preciso establecer una comunicación adecuada que emplee las mejores vías para que asimile la información en un ambiente de sensibilidad y respeto hacia su voluntad consciente e informada.

La calidad y el contenido de la información se entretejen de modo tal, que devienen variables interdependientes. Ambas tributan a la formación de un cabal juicio sobre la propia situación y sus perspectivas, lo que a su vez constituye el sustento de la posición a asumir. La calidad, según refiere la jurisprudencia española[221], debe ser puntual, correcta, veraz, leal, continuada, precisa y exhaustiva, pero este último elemento parece también aludir a su contenido, que será relativo a la extensión, profundidad, elementos presentes y futuros y riesgos asociados para su vida, salud, relaciones personales, familiares, laborales o cualquier otro previsible.

Un elemento importante en la transmisión de la información será la vía empleada, pues a fin de lograr el ambiente ideal para intercambiar con el niño, se debería pretender un predominio de la oralidad, lo que propiciaría un entorno de confianza y podría facilitar la comprensión de los elementos aportados, independientemente de que el resultado del intercambio sea luego plasmado en el correspondiente documento que habrá de ser suscrito.

De modo muy particular, consentir en el ámbito sanitario reviste una singular complejidad[222], pues implica recibir y entender información y exige que se provea al sujeto de especiales conocimientos relativos a su situación de salud, opciones terapéuticas y sus consecuencias para que la decisión sea válidamente formulada, lo que incluye como mínimo la caracterización en términos comprensibles de la intervención médica que se aconseja, sus ventajas e inconvenientes, posible evolución de la enfermedad o del estado de

---

219 *Vid.* Fichas de análisis de jurisprudencia. Sentencias de constitucionalidad. Derecho del Bienestar Familiar. Avance Jurídico Casa Editorial. Bogotá, 2019.

220 *Vid.* Gabaldón, S. y M.D. Petitbó. *Cit.*, pp. 19-20.

221 Sentencias de la Sala de lo Civil de 29 de mayo de 2003, de 17 de octubre de 2001 y de 13 de abril de 1999, *cit. pos.* Pelayo González-Torre, Ángel. *El derecho a la autonomía personal del paciente en la relación médica. El tratamiento jurisprudencial del consentimiento informado.* Editorial Comares, Granada, 2009, p. 81.

222 Ocasionada debido al entramado de conocimientos básicos que se requieren comprender, las características e imprevisibilidad de los resultados de muchas actuaciones sanitarias, el tecnicismo de la terminología especializada y el componente anímico que existe en la casi totalidad de los casos, elementos todos que se agudizan cuando el paciente es menor de edad. *Vid.* Pelayo González-Torre, Á. *Cit.*, pp. 79-80.

salud del paciente en contraste con otras alternativas terapéuticas viables si se produjera un rechazo al tratamiento o alternativa recomendada[223].

Funciona el consentimiento informado también en sentido negativo, *id est,* que ante la renuncia del paciente a recibir información, el médico se abstendrá de transmitírsela, supuesto en que sería prudente hacer constar por escrito su postura[224].

En el ámbito nacional, la Ley 41/1983 coloca la valoración y decisión definitiva en manos del personal facultado para realizar los procederes médicos, *"informando al paciente o familiares la conducta a seguir"*[225], sin precisar detalles o condiciones para llevar a vías de hecho tal disposición.

Sin embargo, no se puede desestimar el incuestionable valor del documento de consentimiento informado, como elemento de certeza para la efectividad del ejercicio del derecho a la salud y a la integridad -por demás, garantía tanto para pacientes como para el personal facultativo- y como momento culminante dentro del trascendental proceso de estimaciones y valoraciones que lleva implícita la atención sanitaria de un menor maduro, merecedora de miradas cuidadosas cuando se pretende implicarlo.

II.4.3.4. La decisión a tomar: límites y extensión

Determinar la amplitud de participación que se deberá conceder al niño en la toma de las decisiones atinentes a su sexualidad y reproducción dependerá de la conjunción de los elementos intrínsecos y extrínsecos a su persona antes apuntados.

Prima facie, resulta suficientemente sustentada por la doctrina la posibilidad de que tome un papel protagónico a tal fin, postura que ha contado con el correlativo sostén legislativo a escala internacional, de modo que su vinculación estará asegurada siempre que se manifiesten dichas condicionantes en grado tal, que pueda avalarse su aptitud suficiente en función del caso, lo que CADENAS OSUNA simplifica magistralmente al razonar que "los menores no son maduros o inmaduros en abstracto, sino maduros o inmaduros "para hacer algo"[226].

No obstante, la propia casuística asociada a la temática indica que no siempre dicho aval será favorable, supuesto que no ameritaría sustraer al niño

223 La conjugación de todos estos elementos pueden servir a la interpretación del artículo 4 de la LAP española, que regula el derecho del paciente a conocer *"toda la información disponible"* y que vendría a configurar el contenido de la obligación legal impuesta al personal médico en la obtención del consentimiento informado del paciente.

224 Se alude también a la necesidad de dejar constancia fundada y escrita en los casos en que el facultativo determine que es aconsejable restringir o limitar su contenido, acreditada una necesidad terapéutica a tal fin, en función de circunstancias verificadas como el resultado de la evaluación y caracterización del paciente desde el punto de vista anímico, socio-afectivo e incluso, psicopatológico. Se pretende así evitar perjuicios en el paciente, lo que se debe notificar a sus responsables legales.

225 *Cfr.* Artículo 35 de la Ley de Salud Pública.

226 *Vid.* CADENAS OSUNA, D. *Cit.*, p. 134.

de toda participación, sino complementarla en la medida justa que lo precise[227]. Ello invita a pensar entonces en instituciones intermedias como la asistencia y la cooperación, a partir de una relación inversamente proporcional en la que a mayor autonomía, palidece el rol de los padres o tutores como elemento configurativo del acto jurídico de que se trate.

Cabe preguntarse entonces, ¿puede ser asimilado el modo en que se verifica en la práctica médica y jurídica cubana la participación de los niños en el ejercicio de sus derechos sexuales y reproductivos a estas figuras?[228]

Ciertamente, el hecho de que sea solicitada la rúbrica de los adolescentes mayores de 16 años de conjunto con la de sus representantes legales en el documento de consentimiento informado puede tener dos lecturas: de un lado, su aspecto positivo, determinado por el margen de participación que se concede al paciente; y de otro su faz negativa, determinada por el hecho de que bajo ninguna circunstancia se le aplicará ninguna acción médica, invasiva o no, sin la presencia y consentimiento de los padres o tutores (excepto en casos de riesgo para la vida, cuando ni siquiera la de estos últimos será requerida).

Es decir, que se define una doble interpretación de la competencia del niño para intervenir en el acto médico de que se trate- siquiera sea este un tratamiento medicamentoso con escaso riesgo para su salud- pues independientemente de su edad, se entenderá competente cuando cuenta con la presencia y anuencia de los responsables legales y por el contrario, sin esta última, su decisión respecto a su integridad física no será relevante, al estimar como *no recomendable* consultarlos sin la presencia de terceros; disposición, por demás, contradictoria.

La autora estima que esta *praxis* lleva implícita la esencia del reconocimiento hacia la capacidad progresiva de los menores de edad, pero sin que llegue a dibujarse por completo, al vincularla ineludiblemente a la potestad de un adulto a su cargo, lo que conduce a concluir que no se configura una asistencia y menos aun una cooperación, pues para ello sería preciso que su función se limitara a brindar al niño acompañamiento, apoyo en la comprensión e interiorización de su situación de salud[229], mas sin adquirir el carácter de

227 Recuérdese que en estos temas no es recomendable hablar de extremos inamovibles competente/incompetente.

228 *Vid. Supra* epígrafe II.3.

229 Sostiene ARÁUZ ENRÍQUEZ que "efectivamente, debido a la transformación del Derecho de Familia y la desmembración de este desde su matriz, el Derecho Civil ha requerido que se haga un enfoque más especializado en cada miembro de las familias, desde las funciones que les son atribuidas como progenitores y desde el reconocimiento del hijo o hija como persona individual, que le confiere, el estatus de persona tendencialmente autónoma. El cambio consiste entonces en pasar de una representación anulante en el ejercicio de la autoridad parental a un accionar más participativo mediante el acompañamiento y apoyo que los progenitores deberán brindar a las hijas e hijos, basándose en el respeto de los derechos humanos, de tal manera que los progenitores no deberán ejercitar la autoridad parental mediante el dominio y el autoritarismo, sino que encorrespondencia con los cambios de paradigma en el ejercicio de sus derechos habrán de entender que mediante el acompañamiento, guía y apoyo también estarán siendo coherentes con las funciones atribuidas por la ley, de forma más inclusiva y democrática (...). *Vid.* ARÁUZ ENRÍQUEZ, María José. "La autoridad parental de tránsito hacia la humanización de los derechos de

requisito *sine qua non* para la validez de su decisión, como se verifica en la práctica sanitaria nacional.

En cambio, se deben resaltar en el análisis aquellas decisiones que impliquen un alto grado de compromiso a nivel orgánico o funcional, riesgos probados para la salud o la de la descendencia o un carácter irreversible de la decisión y que, de verificarse, harían recomendable que la posición del niño esté complementada -sí con carácter de requisito esencial- por el consejo persuasivo o recomendaciones de sus padres o tutores acerca de la decisión más sensata y beneficiosa para su integridad y seguridad, escenario en que se advierte la asistencia con matices más nítidos.

Cierto es que en algunas ocasiones es preciso que la función de representación derivada de la responsabilidad parental se ejerza en toda su amplitud, supuesto que guardará relación directa con un dictamen desfavorable emitido por el equipo multidisciplinario a cuyo cargo ha estado la valoración acerca de la competencia del niño. Sin embargo, esta debería ser la excepción y no la regla, en tanto significaría vaciar de contenido su capacidad progresiva -aun en favor de su interés superior- con la consecuente intervención de terceros para consentir el actuar asistencial o en definitiva, definir la conducta a seguir.

Precisamente su interés superior, en tanto guía de cualquier proceder y acción que involucre al niño, en ocasiones deviene en la manzana de la discordia debido a su fuerte carga interpretativa y a su carácter variante de acuerdo con las circunstancias[230]. Es el supuesto en que afloran discrepancias entre la decisión asumida por el niño, con madurez y juicio suficientes para actuar respecto a su sexualidad y reproducción, y la postura de los adultos a su alrededor, quienes no consideran que sea este su mejor interés, es decir, que no estiman que su voluntad conduzca a la satisfacción de la mayor cantidad de sus derechos.

En efecto, es posible que no solo los padres o tutores, sino también el equipo médico opine que la postura asumida por el niño no enlaza con su bienestar de cara al presente o al futuro, en cuyo caso debería tomar participación un tercero imparcial que bien podría configurarse en la figura del juez. A tal fin,

la niñez y la adolescencia, cambio de paradigma" en *Revista latinoamericana de Derechos Humanos*. Volumen 29, Número 1, I Semestre de 2018, p. 71, criterio coincidente con Kemelmajer de Carlucci, A. *El principio de la autonomía progresiva … Cit., passim*; Herrera, M. "La democratización de las relaciones de familia; desafíos de la relación padres e hijos desde el principio de capacidad progresiva de niños, niñas y adolescentes" en *Revista Jurídica y Derechos del Niño. UNICEF*, Número 11, 2017, p. 47 y Rocha Espíndola, M. "La Persona del Menor, su interés superior, su autonomía y el libre desarrollo de su personalidad" en *Actualidad Jurídica Iberoamericana*, Número 2, Año 2015, pp. 43-86.

230 Complejidad de interpretación que asegura López-Contreras es posible allanar a través del estudio y consideración de cada caso concreto, lo que constituye la pauta que permite analizar cada uno de los factores que puedan incidir en la determinación de lo que es más conveniente para el niño, para así poder garantizar el disfrute simultáneo de la mayor cantidad de sus derechos. Al respecto, véase López-Contreras, Rony Eulalio. "Interés superior de los niños y niñas: definición y contenido" en *Revista Latinoamericana de Ciencias Sociales, Niñez y Juventud*. Volumen 13, número 1, enero-junio de 2015, p. 58.

la intervención judicial podría iniciarse a instancia tanto de los responsables legales del menor, del asesor jurídico del centro asistencial o del propio niño[231].

Sin pretender agotar de modo exhaustivo la variedad de elementos que desde el orden procesal deberían caracterizar el procedimiento a interponer en el ordenamiento jurídico nacional, se impone al menos determinar las pautas básicas que podrían conducirlo en términos generalizadores.

Es preciso partir de una premisa básica: si la decisión judicial a la que se arribe desacata lo expresado por el niño, entonces debería estar bien fundada. No significa que todas las resoluciones de este tipo no lo estén, sino que en este supuesto específico, si se parte del criterio de que la voluntad libre y conscientemente expresada del niño debe resultar suficiente -al partir de un juicio propio, razonado y ajustado a su edad; de las condiciones y características personales, familiares y de salud, en conjunción con la faceta específica de su derecho sexual o reproductivo que ejercita- entonces para tomar cualquier decisión contraria a ello se debe producir una inversión de la carga de la prueba y los hallazgos del proceso incoado deberán justificar de modo fehaciente los motivos que han hecho al órgano jurisdiccional apartarse de su manifestación de voluntad[232].

Además, habría de ser fijado el modo de intervenir el niño en este proceso, pues a raíz del citado artículo 12 de la Convención, se afirma que el niño se transforma en sujeto de derecho capaz de peticionar, reclamar u opinar de acuerdo a su desarrollo, en línea con la postura doctrinal de PALACIO, quien

231 El artículo 12 de la Convención sobre los Derechos del Niño se descompone en dos piezas íntimamente ligadas: en la primera, dispone el deber de escuchar y tener en cuenta las opiniones de todo niño apto para formarse un propio juicio respecto a los asuntos que le conciernan, ajustadas a su edad y madurez. En la segunda establece que esta escucha se respetará en todo procedimiento judicial o administrativo que afecte al niño, ya sea directamente o por medio de un representante o de un órgano apropiado, de conformidad con las normas de procedimiento de la ley nacional. Acerca de esta composición dual del precepto en relación con el acceso del niño a la justicia se recomienda consultar: MORILLO DE RAMÍREZ, María S. "El derecho del menor a ser oído y la garantía del debido proceso legal" en *Revista Interdisciplinaria de Doctrina y Jurisprudencia*, Número 35, noviembre-diciembre de 2009. Editorial Lexis Nexis-Abeledo Perrot, p. 47.

232 Fallo que innegablemente habrá de asociar su interés superior al estándar jurídico que define los dos propósitos básicos de este principio, a saber: es una pauta de decisión ante un conflicto de intereses y también constituye un criterio para la intervención institucional destinada a proteger al niño. (Al respecto, *Vid.* HIGHTON, E. "Los jóvenes o adolescentes en el Código Civil y Comercial" citada por SARDI DIMA, Antonella Soledad. "Derechos de los niños, niñas y adolescentes. Autonomía progresiva y derecho a ser oídos" en *Cuadernos de Doctrina Judicial de la provincia de La Pampa*, Volumen VI, Número 1, abril de 2016, pp. 244-273); y al que se ha referido la Corte Constitucional colombiana en su Sentencia 273 del año 2003, al precisar que "*además de limitar y orientar todas las decisiones según los derechos de los niños, el principio del interés superior cumple también una importante función hermenéutica en la medida en que permite interpretar sistemáticamente las disposiciones de orden internacional, constitucional o legal que reconoce el carácter integral de los derechos del niño facilitando del mismo modo resolver eventuales incompatibilidades en el ejercicio conjunto de dos o más derechos respecto de un mismo infante, así como llenar vacíos legales en la toma de decisiones para las cuales no existe norma expresa*". Disponible en: http://www.corteconstitucional.gov.co. Consultado el 15 de abril de 2019.

sostiene que la capacidad para ser parte, en tanto proyección en el orden procesal de la capacidad de derecho es, pues, inherente a toda persona[233].

En este sentido, la escucha del niño en este ámbito deviene una garantía procesal, criterio que afianza la Sentencia 183/2008, de 22 de diciembre, del Tribunal Constitucional español al declarar que *"el derecho a la tutela judicial efectiva comprende el derecho de todo menor, con capacidad y madurez suficiente, a ser oído en vía judicial en la adopción de medidas que afectan a su vida y esfera personal, pues de otra manera resultaría lesionado su derecho de acceso a la jurisdicción para defender intereses personalísimos"*[234].

La debida asistencia jurídica profesional que se ofrezca al niño para que pueda participar en el proceso resulta también un elemento clave a considerar. La Observación General número 12 del Comité de los Derechos del Niño citada *ut supra* -en sus párrafos 34, 36 y 37- expone que el niño necesita la prestación de apoyo adecuado para la defensa de sus intereses propios; si se lo escucha a través de un representante, es de suma importancia que este transmita correctamente las opiniones del niño al encargado de adoptar decisiones, deberá conocer y comprender suficientemente los distintos aspectos del proceso de adopción de decisiones y tener experiencia en el trabajo con niños, deberá ser consciente de que representa exclusivamente los intereses del niño y no los intereses de otras personas (por ejemplo progenitores), instituciones u órganos. Es por ello que GRANICA y SOTOLANO consideran que en la instrumentación de la figura del abogado del niño este encuentra una forma concreta para hacerlo viable[235].

La participación del niño en el proceso encuentra en Cuba respaldo constitucional en su artículo 92, que toma como eje central la accesibilidad al sistema de justicia y de conjunto con el 94 inciso a) del propio cuerpo legal -a su vez conectado con el inciso d) del artículo 13 del magno texto- da paso a la posibilidad de intervenir en el proceso en condiciones de igualdad y *"recibir asistencia letrada para ejercer sus derechos"* (disposición contenida en el inciso b)

---

233 *Vid.* PALACIO, Lino E. "Tratado de Derecho Procesal" en Fernández, Silvia Eugenia. (Directora). *Tratado de Derechos de Niños, Niñas y Adolescentes.* Editorial Abeledo-Perrot, Buenos Aires, 2005, p. 245, postura coincidente con MORELLO DE RAMÍREZ, María Silvia. "El derecho del menor a ser oído y la garantía del debido proceso legal" en *Revista Interdisciplinaria de Doctrina y Jurisprudencia,* número 35, noviembre-diciembre de 2006. Editorial Lexis Nexis-Abeledo Perrot, p. 49.

234 Disponible en: http://www.poderjudicial.es. Consultada el 12 de diciembre de 2018. Derecho que además tendrá contenida la facultad para su renuncia, tal como también advierte la Observación General 12 en su párrafo 16: "El niño, sin embargo, tiene derecho a no ejercer ese derecho. Para el niño, expresar sus opiniones es una opción, no una obligación. *Vid.* Observación General número 12 "El derecho del niño a ser escuchado". *Cit.*, p. 52.

235 *Vid.* GRANICA, Adriana y Oscar SOTOLANO. "El rol del abogado del niño en la nueva normativa vigente en Argentina. Una perspectiva jurídica y psicoanalítica acerca del derecho a ser oído" en *Revista Cubana de Derecho,* enero-junio de 2009, p. 98, postura con la que coinciden RODRÍGUEZ MARTÍN, Lisbeth y Yanelys PALMERO MARTÍN. "El abogado del niño como garante del pleno ejercicio de los derechos de los menores de edad" en *Contribuciones a las Ciencias Sociales,* marzo 2012, p. 11. Consultado el 20 de enero de 2019.

elemento que entiende la autora forja la idea de la actuación directa del niño, con voz propia, en el marco de su autonomía progresiva[236].

En este contexto, se coincide con la postura que resalta la Opinión Consultiva número 17 de 2002 de la Corte Interamericana de Derechos Humanos, muy a tono con los matices con que debe ser aplicado el principio de igualdad enarbolado en el inciso a) del último precepto citado, pues recuerda que *"las condiciones en las que participa un niño en un proceso no son las mismas en que lo hace un adulto. (...) Si bien los derechos procesales y sus correlativas garantías son aplicables a todas las personas, en el caso de los niños el ejercicio de aquellos supone, por las condiciones especiales en las que se encuentran, la adopción de ciertas medidas específicas con el propósito de que gocen efectivamente de dichos derechos y garantías"*[237].

Entonces, quien asesore a un niño debe observar una elevada ética profesional y tener la preparación técnica adecuada, lo que supondría contar en primer orden con vasta experiencia profesional, además de estudios de especialización interdisciplinaria sobre la infancia[238] que le permitan adaptar su función legal a las justas necesidades e intereses del niño y conducir su voz hasta el proceso, función que en el espacio cubano podrían asumir los abogados de la Organización Nacional de Bufetes Colectivos[239]. Pero para

---

236 En esta línea, la destacada profesora Aída KEMELMAJER DE CARLUCCI, ha sostenido que "El sistema de justicia adaptado a las niñas, niños y adolescentes importará que exista una justicia accesible y apropiada a cada uno de ellos, que tome en consideración no solo el principio del interés superior, sino también su derecho a la participación con base en sus capacidades en constante evolución, conforme a su edad, grado de madurez y nivel de comprensión, sin discriminación alguna (...). Para sortear los obstáculos en el acceso a la justicia, la asistencia letrada de un abogado especializado en niñez y adolescencia debe ser gratuita y proporcionada por el Estado, independientemente de los recursos económicos de sus progenitores y de las opiniones de estos últimos y particularmente en el caso de niños víctimas de violencia, sobre todo de tipo sexual, su participación en un proceso penal podría ser necesaria para contribuir con el desarrollo efectivo de dicho proceso, sobre todo cuando no hay otros testigos de la comisión del delito. Sin embargo, concebir tal participación solo en términos de la prueba que pueda aportar, no responde a su calidad de sujeto de derecho, ya que debería encontrarse legitimado a actuar en su propio interés como sujeto participante en el proceso".

237 *Vid.* Corte Interamericana de Derechos Humanos. Opinión Consultiva número 17/2002 de 28 de agosto, sobre la "Condición Jurídica y Derechos Humanos del Niño". Centro por la Justicia y el Derecho Internacional (CEJIL). Suecia, 2002, pp. 92-136; respecto a la cual resultan esclarecedores además los criterios ofrecidos por KEMELMAJER DE CARLUCCI, A. "La participación del niño y adolescente en el proceso judicial" en *Revista Código Civil y Comercial*, Número 3, noviembre de 2015, p. 5.

238 *Vid.* STORNINI, Natalia S. "Derecho del niño a ser oído. Su participación en el proceso en el marco de la Convención de los Derechos del Niño" en Fernández, S.E. (Directora). *Tratado de Derechos de Niños, Niñas y Adolescentes. Cit.*, p. 142.

239 La figura del abogado del niño está prevista en el ordenamiento jurídico argentino vigente a partir de su incorporación en el artículo 27 de la Ley 26.061, que dispone el derecho del niño a *"ser asistido por un letrado preferentemente especializado en niñez y adolescencia desde el inicio del procedimiento judicial o administrativo que lo incluya"*. Si bien la figura del abogado del niño constituye una garantía de carácter procesal, también se lo tiene en cuenta en el Código Civil y Comercial de la Nación argentina al advertir la íntima

ello resulta imprescindible sustituir el tradicional enfoque que asocia a los niños con situaciones de incapacidad jurídica, rebasar el patrocinio de su interés superior desde la perspectiva del adulto, para reemplazarlo por una asesoría legal que defienda la visión del niño acerca del asunto, de modo que se materialicen sus intereses de acuerdo a su voluntad.

En pos de agilizar la resolución del conflicto, la desformalización del procedimiento debería ser otra pauta definitoria, elemento al que se ha referido Pérez Gutiérrez en el marco de los procesos de familia, y que indica que debe despojársele de formalidades técnicas que atenten contra la fluida comunicación del tribunal con las partes y por ello signa al proceso con la oralidad como principio guía, al cual tributan la inmediación, el acortamiento de los plazos y la concentración de actos. Concentración cuyo propósito es evitar la dilación del proceso e inmediación, traducida como un mayor contacto o cercanía entre los juzgadores y las partes[240].

En apoyatura, resulta interesante el criterio de la Corte Suprema de Justicia de la Nación argentina, al argumentar que "*cuando se trata de resguardar el interés superior del niño, ataña a los jueces buscar soluciones que se avengan con la urgencia y la naturaleza de las pretensiones, encauzar los trámites por vías expeditas*

---

relación/interacción entre fondo y forma. De este modo, se reconoce el derecho de que los niños concurran a las instancias administrativas o judiciales con asistencia letrada siempre que cuenten con grado y madurez suficiente como para poder elegir un abogado que los represente para el ejercicio de los derechos que intenta por sí mismo preservar, debiendo concurrir no solo el grado de madurez suficiente del niño, sino también un caso de conflicto con quienes son sus representantes legales, padres o tutores que amerite una asistencia letrada independiente (artículo 677). *Vid.* Herrera, M. "Los derechos de infancia y adolescencia...", *cit.*, pp. 16-17.

En el espacio nacional, Pérez Gutiérrez, como miembro de la Comisión de redacción de la nueva norma de procedimiento a promulgarse en Cuba, se afilia al criterio de un sector de la doctrina cubana que sostiene que pretender que la Organización Nacional de Bufetes Colectivos asuma la representación legal del niño rebasa las posibilidades de esta organización, pues se trata de una decisión política. Es este un asunto respecto al cual no se ha conseguido consenso hasta el momento, aunque al respecto se han manejado variantes como podría ser la de un defensor de oficio o la representación por un miembro de la familia no inmerso en el concreto conflicto que se resuelve, pues puede que incluso la representación de la Fiscalía no resulte suficiente.

240 Particular que la autora amplía al aludir al carácter dialogal, porque deviene en ineludiblemente cierto que la posibilidad de que las partes, los abogados, los especialistas y los jueces intercambien criterios o se pregunten directamente viabiliza la obtención de un fruto cercano a la verdad de los hechos y, mejor aún, resulta materialmente imposible que por medio de la escritura se pueda constatar la amplitud del lenguaje corporal que, en no pocas ocasiones, dice más de lo que quisiera y expresa mucho más de lo que realmente narran las partes en sus escritos. *Vid.* Pérez Gutiérrez, Ivonne. "Los principios del Derecho Procesal Familiar en Cuba". Conferencia dictada en la VII Conferencia Internacional de Derecho de Familia y II Escuela Ibero-Latinoamericana de Derecho de Familia y otras disciplinas afines en Mesa Castillo, Olga y Yamila González Ferrer. (Coordinadoras). *Cit.*, p. 164.

y evitar que el rigor de las formas pueda conducir a la frustración de derechos que cuentan con particular tutela constitucional"[241].

Entonces, el cauce que se emplee para dirimir las controversias apuntadas podría tener el sello de los procesos de familia, con la correspondiente intervención del Ministerio Fiscal[242], sin perder de vista la celeridad que deberá caracterizarlo, pues según se ha sostenido, el tiempo es un factor que repercute en los procesos que involucran a un niño y debe ser examinado no solo durante el proceso, sino también en toda la etapa previa la toma de una resolución[243], en pos de acometer el desafío que supone evaluar y determinar la plena efectividad del interés superior del niño aplicado a su sexualidad y reproducción[244].

---

241 *Vid.* Corte Suprema de Justicia de la Nación. Sentencia de 23 de noviembre de 2004. Disponible en: http://www.csjn.gov.ar. Consultada el 20 de marzo de 2019.

242 En cumplimiento de la misión constitucional contenida en el artículo 156 del magno texto, el 8 g) y 25 y 26.1 f) de la Ley 83 de primero de enero de 1998 "De la Fiscalía General de la República" y signado por el procedimiento que establece la Instrucción número 216 de 17 de mayo de 2012, del Consejo de Gobierno del Tribunal Supremo Popular (publicada en la Gaceta Oficial de la República de Cuba, Ordinaria, número 21, de 22 de junio de 2012) que según concluye PÉREZ GUTIÉRREZ "germina, con luces propias, (...) marcadamente distinto del proceso civil, no solo por la naturaleza de la materia que se ventila, que siempre le ha distinguido; sino porque ya cuenta con herramientas personalizadas, tales como jurisdicción propia y especializada, catálogo y procedimiento cautelar, vastas posibilidades de defensa de las partes por sí mismas y en coordinación con sus abogados, ampliación de la legitimación, acentuación de la escucha del menor y presencia de un equipo técnico asesor multidisciplinario". *Vid.* PÉREZ GUTIÉRREZ, I. "Los principios del Derecho Procesal Familiar...", *cit.*, p. 170 y como referencias complementarias ESTENOZ MENDOZA, Yasmarys. "El proceso familiar cubano a la luz de una audiencia preliminar conciliadora". Inédito, ponencia presentada en el VI Encuentro Internacional Justicia y Derecho, La Habana, 2012 y "Derroteros de consolidación para el derecho procesal de familia". Conferencia pronunciada por el juez Diego BENAVIDES SANTOS en la VII Conferencia Internacional de Derecho de Familia y II Escuela Ibero-Latinoamericana de Derecho de Familia y otras disciplinas afines en Mesa Castillo, Olga y Yamila González Ferrer. (Coordinadoras). *Cit.*, pp. 173-210.

243 Lo que explican PENATTI Y PENNISE IANTORNO DE MACHADO del siguiente modo: *"Antes: se refiere al tiempo que el niño lleva inmerso en la situación de conflicto, aún antes de su judicialización, debiendo analizarse cómo redundó en su vida y su desarrollo. Durante: alude a la urgencia y la celeridad que requieren las cuestiones que involucran a un niño. Todo ello, sin desatender el respeto por las garantías procesales que deben asegurarse a todas las partes involucradas, enfocándose en la realidad del niño y en las secuelas o traumas que cada decisión pueda traer aparejada".* (*Vid.* PENATTI, M.V. y S. PENNISE IANTORNO DE MACHADO. *Cit.*, pp. 16-17).
Al respecto, la Corte Interamericana de Derechos Humanos ha señalado en relación con la celeridad que requieren los procesos que involucran a personas menores de edad que: *"(...) en vista de la importancia de los intereses en cuestión, los procedimientos administrativos y judiciales que conciernen la protección de los derechos humanos de personas menores de edad, (...) deben ser manejados con una diligencia y celeridad excepcionales por parte de las autoridades".* Caso Furlán y familiares *vs.* Argentina. Sentencia número 246 de 31 de agosto de 2012. Disponible en: http://www.corteidh.or.cr. Consultado el 2 de enero de 2019.

244 Lo cual recuerda la normativa española que, a los fines de su concreción, habrá de tener en cuenta: *"La preservación de la identidad, cultura, religión, convicciones, orientación e identidad sexual o idioma del menor, así como la no discriminación del mismo por estas o cualesquiera otras condiciones, incluida la discapacidad, garantizando el desarrollo armónico de su personalidad".*

II.5. *Ideas en torno a un protocolo de actuación*

A fin de sintetizar las ideas volcadas en el capítulo, se resumen las premisas que deben sustentar la actuación de los niños en toda cuestión vinculada con sus derechos sexuales y reproductivos.

Revalorización de la voz del niño como elemento primordial en cualquier conducta que incida en su esfera inherente a la personalidad y especialmente, en su sexualidad y reproducción, de acuerdo con su madurez cognitiva, psicológica y emocional.

Dicha revalorización no significa que simplemente se escuche al niño, sino también que sus opiniones sean tenidas en cuenta, de acuerdo con su grado de madurez y la comprensión que demuestre acerca del asunto que le concierne. Escuchar al niño constituye el deber básico de todos los adultos a su alrededor, independientemente de la gravedad o envergadura del asunto, por lo que equivale a tomar en consideración su postura y valorarla como elemento primordial en la conjunción de los factores implícitos.

A partir de esta premisa, se debe diseñar el sistema de participación de los niños en todos los espacios en que se desenvuelve su vida:

Familiar/institucional: La familia debe constituir un importante modelo y el espacio ideal de preparación para que el niño ejerza el derecho a ser escuchado. A tal fin, es fundamental la promoción de su desarrollo individual y el apoyo en la socialización del niño. Tales consideraciones además resultan aplicables para aquellos niños que se encuentren en todas las modalidades de acogimiento, en particular en las instituciones estatales dedicadas al cuidado y educación de los niños sin amparo filial.

Escolar: En los procesos de enseñanza y aprendizaje deben tenerse en cuenta las condiciones de vida y las perspectivas vitales de los niños a fin de hallar las vías idóneas para trasmitirles los conocimientos e interpretar adecuadamente sus posturas. Escuchar al niño en el contexto educativo contribuye a la reevaluación y transformación de los programas implementados, haciéndolos más participativos y es vital para la eliminación de la discriminación, marginación o acoso escolar proveniente tanto de personal docente como de otros estudiantes ante manifestaciones de su sexualidad o el despliegue de sus aptitudes reproductivas.

Sanitario: En este ámbito, los protocolos de actuación ético-profesional deben incluir las medidas necesarias para garantizar el acceso de los niños al asesoramiento y consejo médico confidencial sin el consentimiento de sus representantes legales, de acuerdo con sus competencias. Cuestiones relacionadas con el inicio de las relaciones sexuales, el empleo de métodos anticonceptivos o su orientación sexual se encuentran entre las primeras manifestaciones de los derechos en estudio y en tanto no impliquen compromiso físico-orgánico y no resulten invasivos, han de resultar accesibles para los niños.

Cfr. Inciso d) del artículo 2 de la Ley 1 /1996 de 15 de enero "Ley Orgánica de Protección Jurídica del Menor", según las modificaciones introducidas por la Ley Orgánica 8/2015, de 22 de julio, de "Modificación del sistema de protección a la infancia y a la adolescencia".

Jurídico: En todos los perfiles aludidos es posible hallar una arista legal, pues ello ofrece la garantía para el cumplimiento de las previsiones anteriores. Un modelo jurídico respetuoso por la voz del niño en la definición de su vida sexual y reproductiva debe regular su participación con arreglo a los siguientes principios básicos: Transparencia (el niño cuenta con información suficiente y comprensible según el contexto socioeconómico y cultural en que se desarrolla su vida, con pleno conocimiento acerca de la finalidad y repercusión del acto en que participa), libertad/voluntariedad (que habla no solo de la iniciativa o el consentimiento para tomar una decisión, sino también de estar libre de toda injerencia o coacción ejercida, por ejemplo, por motivos de conciencia), respeto (sin discriminación, inclusivos, en igualdad de oportunidades y tomando en consideración las razones o motivaciones del niño), responsabilidad (en tanto no se trata solo de adoptar una postura, sino de asumir sus consecuencias en todos los órdenes), seguridad (que significa que se debe tomar todas las medidas para que la decisión que se adopte no le ocasione más riesgos que beneficios o para reducir a un mínimo los primeros. Además, se debe cuidar que el niño no sufra represalias u otra consecuencia negativa de su participación) y armonía (es necesario considerar el hecho de que los niños necesitarán diferentes niveles de apoyo y formas de participación acordes con su edad y la evolución de sus facultades).

Revalorizar la voz del niño no es sinónimo de permisividad excesiva, sino de valorar de manera coyuntural su postura a través de una evaluación que permita tener debidamente en cuenta sus opiniones o para comunicarle cómo y cuánto se han tenido esas opiniones en la decisión definitiva.

2- Se debe cuidar la proporcionalidad entre la envergadura de la decisión a tomar y el nivel de capacidad o competencia necesario para validar su actuación personal desde una doble aproximación: intelectiva y volitiva.

Apreciar debidamente la aptitud del niño y determinar la medida en que podrá participar de la decisión a tomar depende no solo de sus deseos, sino también de sus posibilidades, lo que equivale a decir, de su capacidad natural, que define su aptitud para entender y querer.

Aclara LÓPEZ SÁNCHEZ que ambos términos, a pesar de que aparecen generalmente asociados, en buena técnica jurídica no tienen igual significado. La primera, denominada capacidad de entender -o capacidad intelectiva- supone la representación anticipada del acto de que se trate; es decir, un sujeto con capacidad de entender puede reconocer y valorar los efectos de su propia conducta. En cambio, la capacidad de querer o capacidad volitiva significa que el sujeto es apto para determinarse de forma autónoma. Es la capacidad de dirigir la voluntad[245].

Los efectos del asunto en el niño también deben ser tenidos en consideración, de conjunto con su gravedad, irreversibilidad y trascendencia hacia terceros. A medida que aumente el riesgo de un resultado nocivo para la vida del niño, más importante será la correcta y exhaustiva evaluación de su madurez de acuerdo al contexto.

245 *Vid.* LÓPEZ SÁNCHEZ, C. *Cit.*, p. 223.

La valoración a realizar deberá ser casuística, en integración de los elementos antes expuestos con otros factores externos implícitos (familiares, culturales, religiosos o materiales), por lo que en ella se deberá involucrar un equipo multidisciplinario que aporte una reflexión compartida desde sus distintos ámbitos de especialización, de modo que puedan conjugarlos para determinar si la intervención *per se* del niño es factible.

La posibilidad deviene en factibilidad cuando ha sido realizada una evaluación especializada a cabalidad. A pesar de su relevancia para el diseño de un modelo para el ejercicio del niño de sus derechos sexuales y reproductivos que en efecto respete la evolución de sus aptitudes, su complejidad radica fundamentalmente en el sujeto a evaluar.

Es por ello que el Comité de los derechos del niño ha realizado una serie de recomendaciones acerca del entorno en que se debe desarrollar la audiencia del menor[246] que la autora estima de suma utilidad, cuestiones que contemplan las "Reglas mínimas para la escucha de menores de edad" establecidas por el Tribunal Supremo Popular[247]para los procedimientos de familia en que se involucren niños y que bien podrían resultar extensibles a otros tipos de procedimientos de naturaleza civil, laboral o incluso, penal, en los que se ventilen cuestiones relativas al ejercicio del niño de sus derechos sexuales y reproductivos.

De igual modo, la integración de dicho equipo no puede responder a criterios inamovibles, sino que su composición habrá de ser coyuntural[248], de acuerdo con la decisión en análisis y las características del propio niño. Incluso, esto significa que en ocasiones podrá ser recomendable una estructura unipersonal, a modo de intercambio exploratorio del especialista con el niño.

El propósito de la evaluación estará enfocado en comprobar el nivel de comprensión que tiene el niño y su capacidad para formarse una opinión autónoma ajustada al contexto que le permita al equipo de especialistas aportar una valoración, científicamente fundada, que indique en qué medida podrá participar.

4- La orientación, consejo, colaboración y asistencia de responsables legales del niño deberán ser las pautas que definan el alcance y límites de su intervención en las decisiones aludidas, equilibradas proporcionalmente en atención a la entidad del acto médico o decisión de que se trate. Así, a medida que aumenta la madurez del niño para una actuación concreta, la intervención de sus padres o tutores sería más prescindible para la

---

246 *Vid.* Párrafos del 42 al 44 de la Observación General número 12 del Comité de los Derechos del Niño. *Cit.*, pp. 13-14.

247 *Cfr.* Tribunal Supremo Popular. *Reglas mínimas para la escucha de menores de edad.* Mayo de 2012. Documento proporcionado a la autora por la jueza Kenia María Valdés Rosabal.

248 También en este aspecto resultan de utilidad las pautas trazadas por el alto foro cubano, que en su primer acápite refiere los especialistas que podrán conformar dicho equipo (entre ellos psicólogos, psiquiatras, sociólogos, psicopedagogos, médicos) sin desestimar la posibilidad de que para casos puntuales se puedan convocar profesionales "*afines*". *Cfr.* Tribunal Supremo Popular. *Reglas para la constitución y funcionamiento del equipo multidisciplinario en el procedimiento de familia.* Mayo de 2012. Documento proporcionado a la autora por la jueza Kenia María Valdés Rosabal.

eficacia de su manifestación de voluntad. De este modo, discurrirá desde una finalidad de sustitución, complemento, un mero acompañamiento o asentimiento, hasta no ser necesario consentimiento alguno.

Deviene trascendental en este punto que se cree en los responsables legales del niño una comprensión acerca del valor y las consecuencias de la participación. Su función en este contexto es al mismo tiempo una responsabilidad, para lo que deben tomar en cuenta el desarrollo físico, emocional e intelectual[249].

El concepto de participación pone de relieve que incluir a los niños no debe ser solamente un acto momentáneo, sino el punto de partida para un intenso intercambio de pareceres entre niños y adultos en todos los contextos de su vida, proceso en el que resulta imprescindible hallar un equilibrio. Por un lado, es preciso lograr un ambiente favorable para que el niño pueda elegir si quiere o no ejercer su derecho a ser escuchado, y si lo hace, que exprese sus opiniones libremente, sin presión, manipulación o influencias externas indebidas. Pero por otra parte, el consejo, orientación, colaboración de sus responsables legales lo pueden ayudar a encontrar soluciones más ajustadas a su realidad, lo que en definitiva redunda en su interés superior.

En este contexto, las instituciones destinadas a la guarda y protección del niño deberán reservar el despliegue de sus facetas representativas en toda su magnitud solo para supuestos puntuales (cuando se verifique que el titular del derecho no comprende la envergadura de la situación o no es capaz de formarse un juicio propio al respecto), pues por el contrario, una evaluación positiva implicará que se involucre en proporción a la madurez que demuestre para tomar una decisión responsable, reservando a los adultos a su alrededor una labor de asistencia y no de sustitución.

5- Información suficiente, oportuna y adecuada al titular del derecho acerca de las características y perspectivas de su situación, que deberá tomar como punto de partida la formación, conocimiento y comprensión acerca de las distintas facetas que componen sus derechos sexuales y reproductivos, los modos más seguros de ejercitarlos y el debido respeto que merecen. En este sentido, esta premisa resulta de aplicación no solo a los niños, sino también a los adultos que interactúan con él en los distintos ámbitos de su vida: sanitario, familiar, docente, laboral y social.

Se debe alentar al niño a que se forme una opinión libre y ofrecerle un entorno que le permita ejercer su derecho a expresarla luego de haberle proporcionado el asesoramiento necesario para tomar una decisión que favorezca su interés superior. Para ello, es imprescindible que tenga acceso a la información en formatos adaptados a su edad y posibilidades de comprensión respecto de todas las temáticas relacionadas con su sexualidad y aptitudes reproductivas que resulten de su interés y su traducción en lenguaje de derechos, los cuales en consonancia con los artículos 17 y 42 de la Convención, deben ser incluidos en los programas de estudios.

---

249 *Vid.* Calderón Ramírez, Jorge Salvador. *El interés superior del niño y la autonomía progresiva como criterios para el reconocimiento de forma excepcional del derecho a la libertad sexual de los adolescentes*. Universidad de El Salvador, San Salvador, 2017, p. 74.

Así, resultarán relevantes las cuestiones que involucren sus derechos en estas esferas, la legislación e instrumentos internacionales que los ampara, los servicios y organismos locales a los que puede acudir para su ejercicio y defensa y los procedimientos de solicitud y reclamación disponibles.

6- Necesidad de una reformulación legal profunda en los ámbitos privado, familiar y sanitario en pos de regular, en armonía con los principios convencionales, una realidad incuestionable: la progresión de las aptitudes y madurez del niño se ven potenciadas en el escenario educativo y sociocultural cubano, de modo que al conjugarse con el sistema de salud pública accesible, encuentran un entorno propicio para el ejercicio autónomo, seguro y responsable -dentro de ciertos parámetros- de sus derechos sexuales y reproductivos, como reflejo de su dignidad humana.

Se trata de repensar el modo en que se regulan los derechos sexuales y reproductivos de los niños, lo que va más allá de simplemente reconocerlos o de la existencia de políticas públicas que los resguardan, sino de que su propio titular esté en condiciones de ejercerlos. Recae así sobre el Estados la obligación elaborar las normas legales en el orden sustantivo y procesal que lo regulen.

De ahí el énfasis en la expresión "garantizarán" empleada en el artículo 12 de la Convención sobre los derechos del niño. Sobre el mismo, apreció el Comité de los derechos del niño en su Observación general número 12 del año 2009 que se trata de un término jurídico de especial firmeza, que no deja margen a la discreción de los Estados partes. La garantía debe incluir el diseño de procedimientos adecuados para que el niño participe y promueva la defensa de sus derechos, en particular "en todo procedimiento judicial o administrativo que afecte al niño", por lo que resulta aplicable al ámbito de su derecho a la integridad y, más específicamente, al ejercicio de sus derechos sexuales y reproductivos.

Otro elemento de consideración es la representación del niño en el proceso. Para ello, deben colocarse a su disposición opciones que discurran desde la posibilidad de que elija llevar su voz al proceso directamente, por medio de un familiar o persona adulta cercana a él y ajena al conflicto o a través de un abogado con estudios de especialización en cuestiones de infancia o con experiencia en el trabajo con niños. En cualquier caso, es de suma importancia que el representante transmita las reales opiniones del niño como única vía para que verdaderamente participe en el proceso, para lo cual debe estar despojado de prejuicios o interferencias de otros sujetos involucrados.

Diseñar un nuevo sistema de capacidad para los niños que estime adecuadamente la evolución de sus aptitudes en el ejercicio de sus derechos sexuales y reproductivos exige preparación para hacer frente a los tabúes que han asociado la minoridad con la incapacidad e inexperiencia en estos ámbitos de su vida, y estimular la creación de entornos en que los niños puedan potenciar y demostrar sus posibilidades reales de recibir y asimilar información, formarse juicios propios y fundados y actuar con responsabilidad.

Epílogo

La autonomía progresiva del niño, entendida como la expresión de su voluntad de modo razonable e independiente, es asimilable al incremento gradual de sus aptitudes psicofísicas y condiciones de madurez. Rebasa el tradicional esquema objetivo mediante el cual la persona menor de edad era apreciada como un sujeto incapaz para obrar jurídicamente hasta el cumplimiento de una edad cronológica legalmente prevista, para incorporarle un criterio subjetivo, en virtud del cual sus aptitudes deberán ser valoradas en función del grado de madurez que demuestre para una decisión determinada.

Es preciso realizar análisis casuísticos con un enfoque multidisciplinario y con el auxilio imprescindible de las herramientas que aporta la Psicología, sin que exista una fórmula estática predeterminada que permita determinar el grado de madurez de manera abstracta, sino en la conjunción de los factores involucrados desde una perspectiva contextual, de modo que resulta más conveniente hablar de madurez para un acto concreto que juzgar la madurez absoluta del niño.

Resulta considerable a escala internacional la tendencia legal y jurisprudencial a admitir la participación del niño en la esfera inherente a su personalidad. Dentro de ella, el derecho a la integridad corporal constituye uno de los más significativos y, como un perfil relevante, los derechos sexuales y reproductivos merecen análisis cuidadosos, dado el incremento de su manifestación en personas que se encuentran en edades tempranas de su vida.

Para el Derecho cubano la noción flexible del ejercicio del niño de sus derechos constituye un criterio con extenso respaldo doctrinal, pero sin réplica normativa en el ámbito privado. Los dictados de la vigente Carta Magna han significado un avance notable en este sentido, los que a modo de brújula, deben irradiar hacia las leyes especiales, a fin de reconocer los principios de capacidad progresiva, participación e interés superior del niño, fundamentalmente para el ejercicio de sus derechos inherentes a la personalidad.

Tales principios deben fungir como contrapeso para las funciones representativas parentales y tutelares. En su virtud, han de ser definidos tres niveles diferentes de actuación, por razón de lo cual los actos podrán ser otorgados por los representantes legales, con asistencia de estos, o personalmente por el niño; siempre teniendo como premisa que la intervención (en el grado que sea aplicable) de adultos responsables del niño habrá de estar signada por el derecho de este último a ser oído, en correspondencia con su capacidad progresiva y su interés superior.

El cambio de paradigma radica en transformar la forma de apreciar, representar y reconocer las necesidades de los niños, en lo que tienen responsabilidad no solo los progenitores, sino también el resto de la familia, la sociedad y el Estado, a partir de las siguientes premisas:

Naturaleza personalísima de las actuaciones relacionadas con la integridad corporal en sus perfiles sexual y reproductivo.

Actuación consciente, libre y voluntaria del sujeto y correlativos límites que excluirán del ámbito de representación legal tradicional los actos relativos a derechos inherentes a la personalidad.

Correspondencia entre el grado de participación a conceder y la trascendencia y envergadura de la decisión a tomar; elementos conducentes a la noción de autodeterminación acompañada.

Aplicación de un *test* de madurez cognitiva que deberá considerar: la aptitud para entender la información provista; apreciar las condiciones disponibles; decidir racionalmente; y finalmente, comunicar la elección.

Aptitud promocional del niño para someter a valoración judicial la decisión definitiva sobre cuestiones relativas a su sexualidad y reproducción, ante contradicciones con sus representantes legales, en un proceso expedito, con imprescindible intervención del Ministerio Fiscal y de un equipo multidisciplinario.

Acceso a una educación sexual e información clara, veraz y ajustada a los particulares requerimientos que precisa, que le permita tomar una decisión razonada y razonable.

Bibliografía

Fuentes doctrinales

Albaladejo, Manuel. *Derecho Civil. Introducción y parte general.* Decimoquinta edición. Editorial Bosh, Barcelona, 2002.

______. *Derecho Civil.* Volumen I. Decimosexta edición. Edisofer, Madrid, 2004.

Alcántara Francia, Olga. "Protección al derecho a la imagen y voz" en Espinoza Espinoza, Juan (Director). *Código Civil peruano comentado.* Tomo I. Título preliminar. Derechos de las personas. Acto jurídico. Gaceta Jurídica, Lima, 2005.

Alvarado Thimeos, Julia Eliana. *Educación sexual preventiva en adolescentes.* Tesis doctoral, bajo la dirección de la Dra. Gloria Pérez Serrano. Universidad Nacional de Educación a Distancia, Madrid, 2015.

Álvarez-Tabío Albo, Ana María. "Evolución del concepto de la curatela. Discapacidad y curatela" en Kemelmajer de Carlucci, Aída y Leonardo B. Pérez Gallardo. (Coodrinadores) *Nuevos perfiles del Derecho de Familia. Libro homenaje a la profesora Dra. Olga Mesa Castillo.* Rubinzal-Culzoni Editores, Buenos Aires, 2006.

______. *Los derechos al honor, la intimidad personal y familiar y la propia imagen como límites a las libertades de información y de expresión.* Tesis presentada en opción al grado científico de Doctora en Ciencias Jurídicas, bajo la dirección de la Dra. C. Caridad del C Valdés Díaz. Universidad de La Habana, 2008.

______. "La libertad de información y de expresión y los derechos de la personalidad. Pautas para solucionar los eventuales conflictos" en Villabella Armengol, Carlos y Leonardo B. Pérez Gallardo. *Derecho Civil Constitucional.* Grupo Editorial Mariel, México, 2014.

Amarilla Gudín, Manuel. *El menor maduro ante la salud reproductiva la anticoncepción de emergencia.* Grupo Europeo de Derecho Farmacéutico, Barcelona, 2004.

Andorno, Roberto. *Bioética y dignidad de la persona.* Editorial Tecnos, Segunda edición, Madrid, 2012.

Anello, Carolina. "El derecho a la integridad física, psíquica y moral" en Alonso Regueira, Enrique (Director). *La Convención Americana de Derechos Humanos y su proyección en el derecho argentino.* Editorial La Ley, Buenos Aires, 2012.

Antona Rodríguez, Alfonso y María Almudena Andrés Domingo. "Salud sexual y reproductiva en las adolescentes: prevención, conducta y corresponsabilidad" en De los Reyes López, Manuel y Marta Sánchez Jacob (Editores). *Bioética y pediatría. Proyectos de vida plena*. Sociedad de Pediatría de Madrid y Castilla- La Mancha, Madrid, 2010.

Aparisi, Ángela. "Conceptos jurídicos fundamentales" en Colectivo de Autores. *Introducción a la Teoría del Derecho*. Editorial Félix Varela, La Habana, 2006.

Arencibia Fleitas, Yairis y Anmy Ojeda Castillo. "Adulto mayor, demencia y capacidad jurídica en Cuba:¿términos antagónicos?" en *Una mirada en clave jurídica al envejecimiento poblacional en Cuba*. Delgado Vergara, Teresa y Joanna Pereira Pérez (Coordinadoras). Editorial UNIJURIS, Unión Nacional de Juristas de Cuba, La Habana, 2017.

Arés Muzio, Patricia. *Psicología de la familia. Una aproximación a su estudio*. Editorial Félix Varela, La Habana, 2002.

______. *Individuo, familia y sociedad. El desafío para ser feliz*. Editorial Caminos, La Habana, 2018.

Autorino Stanzione, Gabriella. *Diritto di Famiglia*. G. Giappichelli *Editore*, Torino, 1997.

Ávalos Capín, Jimena. *Derechos reproductivos y sexuales*. Instituto de Investigaciones Jurídicas. Suprema Corte de Justicia de la Nación y Fundación Konrad Adenauer, México DF, 2013.

Barata Alessandro. "Infancia y Democracia" en García Méndez, Emilio y Mary Beloff (Compiladores). *Infancia, Ley y Democracia en América Latina*. Editorial Temis-Depalma, Bogotá, 1998.

Bataller Perilló, Vicente. *De la sexualidad a las sexualidades. Educación sexual integral básica*. Diputació de Valencia y Ajuntament de Gandia, Valencia, 2016.

Beltrán de Heredia y Castaño, José. "Construcción jurídica de los derechos de la personalidad". Discurso de ingreso a la Real Academia de Jurisprudencia y Legislación leído el 29 de marzo de 1976, con contestación de Antonio Hernández Gil. Real Academia de Jurisprudencia y Legislación, Madrid, 1976.

Beltrán Navarro, Álvaro. *Sexualidad y salud sexual en la construcción de las identidades de género y la orientación del deseo sexual en adolescentes*. Tesis doctoral dirigida por la Dra. Amparo Bonilla Campos y el Dr. Vicente Bataller Perelló. Facultad de Psicología. Universidad de Valencia, 2015.

Benavides Santos, Diego. Conferencia dictada en la VII Conferencia Internacional de Derecho de Familia y II Escuela Ibero-Latinoamericana de Derecho de Familia y otras disciplinas afines en Mesa Castillo, Olga y Yamila González Ferrer (Coordinadoras). *Memorias de la VII Conferencia Internacional de Derecho de Familia y II Escuela Ibero-Latinoamericana de Derecho de Familia y otras disciplinas afines*. Editorial UNIJURIS, La Habana, 2013.

Betegón, Jerónimo, *et al.* (Coord.), *Constitución y derechos fundamentales*. Ministerio de Presidencia. Secretaría General Técnica, Centro de Estudios Políticos y Constitucionales, Madrid, 2004.

Bertoni, Eduardo y Carlos Zelada. "Protección de la honra y de la dignidad" en Steiner, Christian y Patricia Uribe (Editores). *Convención Americana de Derechos Humanos*. Plural Editores, Bolivia, 2014.

Bicudo, Hélio. "O desafio dos direitos humanos" en Keil, Ivete *et al. Direitos humanos: alternativas de justiça social na América Latina.* Unisinos, São Leopoldo, 2002.

Blasco Gascó, Francisco (Coordinador). *Derecho Civil. Parte general. Derecho de la persona*. Cuarta edición. Editorial Tirant lo Blanch, Valencia, 2003.

Bonilla Sánchez, Juan José. *Personas y derechos de la personalidad.* Editorial Reus, Madrid, 2010.

Cabanellas De Torres, Guillermo. *Diccionario jurídico elemental.* Editorial Heliasta, Buenos Aires, 2006.

Cadenas Osuna, Davinia. *El consentimiento informado y la responsabilidad médica.* Agencia Estatal Boletín Oficial del Estado, Colección Derecho Privado, Madrid, 2018.

Calatayud Sanabria, Rocío. Trabajo de Diploma: "El ejercicio de la capacidad restringida de sujetos en edades de 14 a 18 años en sede notarial". Universidad de Matanzas, 2015. Inédito.

Calderón Ramírez, Jorge Salvador. *El interés superior del niño y la autonomía progresiva como criterios para el reconocimiento de forma excepcional del derecho a la libertad sexual de los adolescentes.* Universidad de El Salvador, San Salvador, 2017.

Cárdenas González, Fernando A. *Incapacidad. Disposiciones para nuevos horizontes de la autonomía de la voluntad.* Editorial Porrúa, México D.F, 2006.

Castán Tobeñas, José. *Derecho civil, común y foral.* Tomo I, Volumen II, Editorial Reus, Madrid, 1978.

______. *Derecho Civil, común y foral.* 14ta edición, Tomo I, Volumen II, Editorial Reus, Madrid, 2005.

Castro Espín, Mariela. *La integración social de las personas transexuales en Cuba.* Editorial CENESEX, La Habana, 2017.

Cillero Bruñol, Miguel. *El interés superior del niño en el marco de la Convención internacional sobre los derechos del niño.* Ministerio de Justicia y del Derecho, Bogotá, 1997.

Clemente De Diego, Felipe. *Instituciones de Derecho Civil.* Volumen I, Madrid, 1959.

Cohen-Kettenis Peggy T. y Friedemann Pfäfflin. *Transgenderism and intersexuality in childhood and adolescence: Making choices.* Sage Publications, Thousand Oaks, 2003.

Colectivo De Autores. *Manual de prácticas clínicas para la atención integral a la salud en la adolescencia.* Ministerio de Salud Pública, La Habana, 1999.

Conde-Pumpido Ferreiro, Cándido. "Los problemas de la responsabilidad civil por los hechos ilícitos de los incapaces" en *Estudios de Derecho Civil en honor del profesor Castán Tobeñas.* Tomo VI. Universidad de Navarra, Pamplona, 1968.

Corredor Sarmiento, Giovanny, Carmen Elena Vargas Henao y Alonso Gonzalez Rico. *Los derechos sexuales y reproductivos de los niños, niñas y adolescentes desde la óptica constitucional.* Universidad Cooperativa de Colombia, Villavicencio-Meta, 2016.

Cortina, Adela. *Ética aplicada y democracia radical.* Editorial Tecnos, Madrid, 1993.

Crespo Sánchez-Cañamares, María Ángeles. *Etica y nuevas tecnologías: la vulnerabilidad de los menores de la provincia Valencia en Internet. Una revisión bioética en razón del género a la luz de la neurociencia.* Universidad Católica de Valencia San Vicente Mártir, Valencia, 2017.

De Castro, Federico. *Derecho Civil de España. (Parte General).* Editorial Civitas, Tomo I, Madrid, 1984.

______. *Derecho Civil de España.* Tomo II, Editorial Civitas, Madrid, 2008.

Demakis, George J. *Civil capacities in clinical neoropsychology. Research findings and practical applications.* Oxford University Press, New York, 2012.

De Lama Aymá, Alejandra. *La protección de los derechos de la personalidad del menor de edad.* Tesis doctoral. Universitat Autónoma de Barcelona, 2005.

______. *La protección de los derechos de la personalidad del menor.* Editorial Tirant lo Blanch, Valencia, 2006.

Delgado Triana, Yanelys. *Protección en el ordenamiento jurídico cubano de los derechos inherentes a la personalidad en la esfera moral.* Tesis presentada en opción al grado de Doctor en Ciencias jurídicas. Editorial Universitaria. Ministerio de Educación Superior. Santa Clara, 2007.

Díaz Magrans, María Milagrosa. "Comentarios al artículo 28" en Pérez Gallardo, L. B. (Coordinador). *Comentarios al Código Civil cubano,* Tomo I, Volumen II, Félix Varela, La Habana, 2014.

Díaz Valencia, Andrea Valeria. *Valoración de los determinantes de salud en la población interna de la Aldea infantil SOS en el cantón Atacames, provincia Esmeraldas.* Tesis en opción al título de Licenciada en Enfermería. Año 2017. Repositorio digital de la Pontificia Universidad Católica del Ecuador. Disponible en: https://repositorio.pucese.edu.ec/handle/123456789/1731.

Diccionario del español jurídico. Real Academia Española y Consejo General del Poder Judicial, Editorial Espasa, Madrid, 2016.

Diccionario Larousse Ilustrado. Edición Revolucionaria. Instituto Cubano del Libro. La Habana, 1968.

Diccionario de la Lengua Española. Real Academia de la Lengua Española. Edición Tricentenario, actualización 2018. Disponible en: https://dle.rae.es/?id=A1S3usX.

Díez García, Helena. "Comentarios al artículo 162" en Bercovitz Rodríguez-Cano, Rodrigo (Director). *Comentarios al Código Civil.* Editorial Tirant lo Blanch, Valencia, 2013.

______. "Artículo 162", en Bercovitz Rodríguez-Cano, Rodrigo (Director). *Las modificaciones al Código civil del año 2015.* Tirant lo Blanch, Valencia, 2016.

Díez-Picazo, Luis. "El principio de protección integral de los hijos" (Tout pour l´nfant) *en La tutela de los derechos del menor*. Córdoba, 1984.

Díez-Picazo, Luis y Antonio Gullón Ballesteros. *Sistema de Derecho Civil*. Volumen I. Octava edición. Editorial Tecnos, Madrid, 1994.

______. *Instituciones de Derecho Civil*. Volumen I. Introducción y Parte General. Editorial Tecnos, Madrid, 1998.

______. *Sistema de Derecho Civil*. Volumen I. Décima edición. Editorial Tecnos, Madrid, 2001.

Domingues dos Santos, Junior José. "Fatores etiológicos relacionados à gravidez na adolescencia: vulnerabilidade à maternidade" em Schor, Nélia, *et al*. *Cadernos Juventude, saúde e desenvolvimento*. Ministério da Saúde, Brasília, 1999.

Domínguez García, Laura. "Caracterización de diferentes etapas del desarrollo de la personalidad. La adolescencia" en Laura Domínguez García (Compiladora). *Psicología del desarrollo: adolescencia y juventud. Selección de lecturas*. Editorial Félix Varela, La Habana, 2003.

______. *Psicología del desarrollo: Problemas, principios y categorías*. Editorial Félix Varela, La Habana, 2007.

Drane, James. "Las múltiples caras de la competencia" en Couceiro, Azucena (Editor). *Bioética para clínicos*. Triacastela, Madrid, 1999.

Echeverría Castro, Sonia Beatriz, *et al*. (Compiladores). *Diseño de instrumentos de medición en psicología y sus propiedades psicométricas: Competencia metodológica en estudios de Psicología*. Segunda edición, Instituto Tecnológico de Sonora, México, 2013.

Encabo Vera, Miguel Ángel. *Derechos de la personalidad*. Editorial Marcial Pons, Madrid, 2012.

Esquerda i Aresté, Montse, Josep Pifarré Paredero y Joan Viñas Salas. "El menor maduro: madurez cognitiva, psicosocial y autonomía moral" en De los Reyes López, Manuel y Marta Sánchez Jacob (Editores). *Bioética y pediatría. Proyectos de vida plena*. Sociedad de Pediatría de Madrid y Castilla- La Mancha, Madrid, 2010.

Esquerda i Aresté, Montse y Eva Miquel Fernández. "El consentimiento informado del menor de edad: evaluación de la competencia para decidir sobre su salud" en De los Reyes López, Manuel y Marta Sánchez Jacob (Editores). *Bioética y pediatría. Proyectos de vida plena*. Sociedad de Pediatría de Madrid y Castilla- La Mancha, Madrid, 2010.

Espinoza Quezada, Renzo Osvaldo. *La autoridad parental y el derecho a la salud de los niños y adolescentes*. Universidad de Chile, Repositorio académico digital. Santiago de Chile, 2006. Disponible en: http://repositorio.uchile.cl/handle/2250/107755.

Fernández Bulté, Julio. *Teoría del Estado y del Derecho. Teoría del Derecho*. Segunda parte. Editorial Félix Varela, La Habana, 2004.

Fernández-Pinto, Irene, *et al*. *SENA. Sistema de Evaluación de Niños y Adolescentes. Manual de aplicación, corrección e interpretación*. TEA Ediciones, Madrid, 2015.

Fernández Sessarego, Carlos. ¿Qué es ser persona para el derecho? en *Derecho Privado. Libro en Homenaje a Alberto J. Bueres*. Editorial Hammurabi, Buenos Aires, 2001.

______. *Los 25 años del Código Civil Peruano de 1984*. Motivensa, Lima, 2009.

Ferrara, Francesco. *Teoría de las personas jurídicas*. Editorial Reus, Madrid, 1929.

Ferraioli, Luigi. *El fundamento de los derechos fundamentales*. Editorial Trota, Madrid, 2001.

Feuillet-Liger, Brigitte y AmelAouij-Mrad. *Corps de la femme et Biomédicine. Approcheinternational*. Editorial Bruylant, Bruselas, 2013.

Gabaldón, Sabiel y María Dolors Petitbó. *El menor maduro. Aspectos éticos y legales en la atención del menor*. Universitat de Barcelona-Hospital Sant Joan de Déu, Barcelona, 2013.

García, Diego, *et al*. *Toma de decisiones en el paciente menor de edad*. Instituto de Bioética. Fundación Ciencias de la Salud. Madrid, 2001.

García-Ripoll Montijano, Martín. (Coordinador). *Lecciones de Derecho Civil. Parte general y Derecho de la persona*. Tercera edición, completamente revisada y puesta al día de legislación y jurisprudencia. Diego Marin Librero Editor S.L., Murcia, 2016.

García Garnica, María del Carmen. *El ejercicio de los derechos de la personalidad del menor no emancipado*. Thompson-Aranzadi, Navarra, 2004.

García Llerena, Viviana. *Una concepción iusfundamental del consentimiento informado. La integridad física en investigación y medicina*. Junta del Principado de Asturias-Sociedad Internacional de Bioética, Gijón, 2012.

García Ros, Rafael, Francisco Pérez González y Eduardo Vidal-Abarca Gámez (Coordinadores). *Aprendizaje y desarrollo de la personalidad*. Editorial Alizanza, Madrid, 2014.

García Rubio, María Paz. "Los derechos de la personalidad" en Gete-Alonso Calera, María del Carmen (Directora). *Tratado de Derecho de la persona física*. Tomo, II, Aranzadi, Cizur Menor, 2013.

Garibó Peyró, Ana Paz. *Breve análisis histórico del abandono y del desamparo de menores*. Editorial Tirant lo Blanch, Universidad de Valencia, 2017.

Gómez Taboada, Jesús, "Capacidad del otorgante y vicios del consentimiento" en Pérez Gallardo Leonardo B. y Lora-Tamayo Rodríguez, Isidoro (Coordinadores). *Derecho Notarial*. Tomo II. Editorial Félix Varela, La Habana, 2007.

González, Ana Cristina y Juanita Durán. "Consentimiento informado: capacidad de los menores de tomar decisiones sobre su salud sexual y reproductiva" en *Derechos sexuales y reproductivos de la gente joven: autonomía en la toma de decisiones y acceso a servicios confidenciales*. International Planned Parenthood Federation. Región del Hemisferio Occidental. Madrid, 2015.

González Hernández, Alicia y Miriam Rodríguez Ojeda. *Educación con perspectiva de género en contextos escolares*. Sello Editor Educación Cubana, Ministerio de Educación, La Habana, 2009.

González Hernández, Alicia y Beatriz Castellanos Simons. *Sexualidad y géneros. Alternativas para su educación ante los retos del siglo XXI*. Editorial Científico-Técnica, La Habana, 2003.

Gordon, Linda. "La lucha por la libertad reproductiva: tres etapas del feminismo" en Bergallo, Paola (Compiladora). *Justicia, género y reproducción*, Editorial Libraria, Buenos Aires, 2010.

Gourguet Pi, Iliana. *Comportamiento sexual humano*. Editorial Oriente, Santiago de Cuba, 2008.

Guilarte Martín-Calero, Cristina. *La curatela en el nuevo sistema de capacidad graduable*. Editorial MacGraw-Hill, Madrid, 1997.

Hernández-Gil Álvarez-Cienfuegos, Antonio. *Contestación al discurso leído por Consuelo Madrigal Martínez-Pereda el día 29 de octubre de 2018 en el acto de su recepción*. Real Academia de Jurisprudencia y Legislación. Madrid, 2018.

Hernández Moreno, Alfonso, Josep M. Martinell Gispert-Saúch y María Corona Quesada González (Coordinadora). *Persona y Familia. Estudios de Derecho Civil catalán*. Editorial Difusión Jurídica y Temas de Actualidad S.A, Madrid, 2014.

Hung Hil, Freddy Andrés. "La persona en el ámbito del Derecho Civil" en Pérez Gallardo, Leonardo B. (Coordinador). *El Código Civil cubano de 1987: veinticinco años después. Libro homenaje al profesor Dr. Tirso A. Clemente Díaz*. Editorial UNIJURIS, Unión Nacional de Juristas de Cuba, La Habana, 2014.

Izco Montoya, Elena. *Los adolescentes en la planificación de medios. Segmentación y conocimiento del target*. Instituto de la Juventud, Madrid, 2007.

Jaimez, Sonia Soledad y Angelina Guillermina Meza. "Derechos civiles y políticos" en Alonso Regueira, Enrique M. (Director). *La Convención Americana de Derechos Humanos y su proyección en el Derecho argentino*. Editorial La Ley, Buenos Aires, 2012.

Jimena Quesada, Luís. *La tutela constitucional de la salud: entre el consentimiento informado y la información consentida. La salud: intimidad y libertades informativas*. Editorial Tirant lo Blanch y Universidad de Valencia, Valencia, 2006.

Juliá, Silvia, Hilda Cohan y Nelly Minyersky de Menasse. *Acceso universal a la salud sexual y reproductiva. Un desafío para las políticas públicas*. Fondo de Población de las Naciones Unidas, Córdoba, 2009.

Kemelmajer De Carlucci, Aida. "El derecho del niño a su propio cuerpo" en Bergel, Salvador y Nelly Minyersky de Menasse. *Bioética y Derecho*. Rubinzal Culzoni, Buenos Aires, 2003.

Kemelmajer de Carlucci, Aída, *et al*. *El principio de autonomía progresiva en el Código Civil y Comercial. Algunas reglas para su aplicación*. Dossier Legislativo. Código Civil y Comercial de la Nación. Responsabilidad parental. Doctrina y jurisprudencia. Dirección de servicios legislativos. Biblioteca del Congreso de Argentina, Buenos Aires, 2017.

KING, Margaret L. *Women of the renaissance*. Chicago University Press, Chicago, 1991.

KRASNOW, Adriana. "La socioafectividad en el Derecho de las familias argentino. Su despliegue en la filiación por técnicas de reproducción humana asistida" en *Revista de Derecho (Valdivia)*. Volumen XXXII, número 1, junio 2019, pp. 71-94.

LACALLE NORIEGA, María. *La persona como sujeto del Derecho*. Dyckinson S.L., Madrid, 2013.

LARENZ, Karl. *Derecho Civil. Parte General*. Traducción y notas de Miguel Izquierdo y Macías-Picavea, EDERSA, Madrid, 1978.

LASARTE, Carlos. *Principios de Derecho Civil I. Parte General y Derecho de la Persona*. Tomo I, Novena edición, Marcial Pons, Madrid, 2003.

______. *Principios de Derecho Civil I. Parte general y derecho de la persona*. Tomo I, Oncena edición. Marcial Pons, Madrid, 2005.

LEÓN, Irene. *Derechos sexuales y reproductivos. Avances constitucionales y perspectivas en el Ecuador*. Instituto de Estudios Ecuatorianos, Quito, 2007.

LEÓN GONZÁLEZ, Juan Miguel. "La responsabilidad civil por los hechos dañosos del sometido a patria potestad" en *Estudios de Derecho Civil en honor del profesor Castán Tobeñas*. Tomo VI. Universidad de Navarra, Pamplona, 1968.

LETE DEL RÍO, José Manuel. *Derecho de la personalidad*. Editorial Tecnos, Madrid, 1986.

LÓPEZ SAN LUIS, Rocío. *La capacidad contractual del menor*. Primera edición, Dyckinson, Madrid, 2001.

LÓPEZ SÁNCHEZ, Cristina. *La responsabilidad civil del menor*. Segunda reimpresión. Editorial Dyckinson, Madrid, 2003.

MACANÁS VICENTE, Gabriel. "Los atributos de la persona" en García-Ripoll Montijano, Martín. (Coordinador). *Lecciones de Derecho Civil. Parte general y derecho de la persona*. Tercera edición, completamente revisada y puesta al día de legislación y jurisprudencia. Diego Marin Librero Editor S.L., Murcia, 2016.

MADRIGAL MARTÍNEZ-PEREDA, Consuelo. *Tensión y extensión de los derechos. A propósito de los derechos de los niños*. Discurso leído el día 29 de octubre de 2018 en el acto de su recepción y contestación por HERNÁNDEZ-GIL ÁLVAREZ-CIENFUEGOS, Antonio. Real Academia de Jurisprudencia y Legislación, Madrid, 2018.

MAGALLÓN IBARRA, Jorge Marco. *Instituciones de Derecho Civil*. Tomo II. Editorial Porrúa, México, 1987.

MAGDALENO ALEGRÍA, Antonio. "Algunas consideraciones constitucionales acerca de la autonomía del paciente. Sobre la necesidad de adaptar el ordenamiento jurídico español a las garantías de los derechos fundamentales" en Arcos Vieira, María Luisa (Directora). *Autonomía del paciente e intereses de terceros: límites*. Thomson Reuters- Aranzadi. Primera edición, Navarra, 2016.

Martí, José María. "La situación jurídica del menor y su formación" en *Evolución del Derecho de Familia en Occidente*. Catalá Rubio, Santiago (Coordinador). Ediciones de la Universidad de Castilla-La Mancha, Cuenca, 2006.

Martínez Gómez, Jesús Armando. *El ámbito de autonomía del derecho a la vida en el contexto de la relación médico-paciente en Cuba*. Tesis presentada en opción al grado científico de Doctor en Ciencias Jurídicas, Universidad de La Habana, 2013. Inédita.

Meza-Lopehandía, Matías. *Proyecto de Ley de Identidad de Género: elementos para la discusión legislativa*. Biblioteca del Congreso Nacional de Chile. Departamento de estudios, extensión y publicaciones, Santiago de Chile, 2017.

______. *Proyecto de Ley de Identidad de Género: elementos para la discusión legislativa (Tercer trámite)*. Biblioteca del Congreso Nacional de Chile. Departamento de estudios, extensión y publicaciones, Santiago de Chile, 2018.

Melzi Tauro, Fiorella. *Los derechos sexuales y reproductivos, derechos humanos de las y los adolescentes*. Fondo de Población de las Naciones Unidas. Oficina Perú, Lima, 2004.

Méndez Ávila, Tania Elizabeth. *La persona y la personalidad individual, la capacidad y el Estado de la persona individual y su protección. Los derechos de la personalidad*. Tesis presentada en opción al grado de Licenciada en Ciencias Jurídicas y Sociales. Universidad Rafael Landívar, Guatemala, 2014. Inédita.

Méndez Costa, María Josefa. *Los principios jurídicos en las relaciones de familia*. Rubinzal Culzoni, Santa Fe, 2006.

Mérida, Salvador. "Capacidad y madurez del menor: una visión desde la ciencia. Aproximación crítica a la teoría del menor maduro" en Bellver Capella, Vicente (Editor). *Bioética y cuidados de enfermería. Volumen 2: Los desafíos de la práctica*. Consejo de Enfermería de la Comunidad Valenciana, Valencia, 2013.

Molinario, Alberto D. *Derecho Patrimonial y Derecho Real*. Buenos Aires, 1965.

Montejo Rivero, Jetzabel. "El derecho a la identidad y el reconocimiento de filiación: una mirada desde la posición jurídica del menor en el siglo XXI" en Pérez Gallardo, Leonardo B. *El Código Civil cubano de 1987: veinticinco años después. Libro homenaje al profesor Dr. Tirso A. Clemente Díaz*. Editorial UNIJURIS, La Habana, 2014.

______. *La capacidad progresiva de niños, niñas y adolescentes. De adolescentes progenitores en el reconocimiento de hijos*. Editorial Themis S.A, Bogotá, 2015.

______. *La capacidad progresiva de adolescentes progenitores solteros para el reconocimiento de hijos y sus efectos. Especial referencia al ejercicio de la patria potestad*. Tesis presentada en opción al grado de Doctora en Ciencias Jurídicas, La Habana, 2016. Inédita.

Moratalla, Domingo A. "Adolescencia y menor maduro. La autonomía personal, un desafío a la moral profesional" en De los Reyes López,

Manuel y Marta Sánchez Jacob. (Editores). *Bioética y pediatría. Proyectos de vida plena*. Sociedad de Pediatría de Madrid y Castilla- La Mancha, Madrid, 2010.

Moreno Nápoles, Raúl Jesús. *Análisis crítico de la actividad notarial en la previsión de la propia incapacidad: la autotutela*. Tesis en opción al Grado de Especialista en Derecho Notarial, bajo la dirección de la Dra. C. Caridad del C. Valdés Díaz, Universidad de La Habana, 2007.

Moreso, Joseph Joan. "Dos concepciones de la aplicación de las normas de derechos fundamentales" en Betegón, Jerónimo, *et al* (Coordinadores). *Constitución y derechos fundamentales*. Ministerio de Presidencia. Secretaría General Técnica, Centro de Estudios Políticos y Constitucionales, Madrid, 2004.

Motta, Angélica, *et al*. *De la normativa a la práctica: la política de educación sexual y su implementación en el Perú*. Guttmacher Institute, New York, 2017.

Newell, Peter y Rachel Hodgkin. *Implementation Handbook for the Convention on the Rights of the Child*, Therd Edition, UNICEF, Suiza, 2008.

Nogueira Alcalá, Humberto. *Teoría y dogmática de los derechos fundamentales*. Universidad Nacional Autónoma de México, México, 2003.

Ordelin Font, Jorge Luis. "¿Representación voluntaria de los derechos inherentes a la personalidad?: Consideraciones para un debate desde el ordenamiento jurídico cubano" en Pérez Gallardo, Leonardo B. *El Código Civil cubano de 1987: veinticinco años después. Libro homenaje al profesor Dr. Tirso A. Clemente Díaz*. Editorial UNIJURIS, Unión Nacional de Juristas de Cuba, La Habana, 2014.

Pabón Frías, Ximena. *Derechos sexuales y derechos reproductivos en la mira. Tratamiento que brindan los Medios de Comunicación a los Derechos Sexuales y los Derechos Reproductivos*. Editorial Alizanza por la Solidaridad, La Paz, 2018.

Paja Burgoa, José A. *La Convención de los derechos del niño*. Editorial Tecnos, Madrid, 1998.

Palacio, Lino E. "Tratado de Derecho Procesal" en Fernández, Silvia Eugenia (Directora). *Tratado de Derechos de Niños, Niñas y Adolescentes*. Editorial Abeledo-Perrot, Buenos Aires, 2005.

Palazzani, Laura. "Menores, Bioética y Derecho: autonomía y responsabilidad en la toma de decisiones en relación a tratamientos sanitarios en el derecho italiano" en Ruiz- Gallardón, Isabel y Antonio García de Pablos Molina (Editores). *Los menores ante el Derecho*. Facultad de Derecho, Universidad Complutense, Madrid, 2005.

Parra Lucán, María Ángeles y Rafael Arenas García. "Minoría de edad" en Gete-Alonso Calera, María del Carmen (Directora). *Tratado de Derecho de la persona física*. Tomo, I, Aranzadi, Cizur Menor, 2013.

Pelayo González-Torre, Ángel. *El derecho a la autonomía personal del paciente en la relación médica. El tratamiento jurisprudencial del consentimiento informado*. Editorial Comares, Granada, 2009.

Peral Collado, Daniel. *Derecho de Familia.* Editorial Pueblo y Educación, La Habana, 1980.

Pereira Ramírez, Rita M. "La práctica de "corregir" a niños, niñas y adolescentes en la familia en Cuba: Una aproximación necesaria" en Mesa Castillo, Olga y Yamila González Ferrer. (Coordinadoras). *Memorias de la VII Conferencia Internacional de Derecho de Familia y II Escuela Ibero-Latinoamericana de Derecho de Familia y otras disciplinas afines.* Editorial UNIJURIS, La Habana, 2013.

Pérez Díaz, Olga Lidia (Compiladora). *Compilación de disposiciones de la Dirección Nacional de Notarías y Registros Civiles. Año 2014. Actividad notarial y del Registro del Estado Civil.* Ministerio de Justicia, La Habana, 2015.

______. *Repertorio de disposiciones de la Dirección de Notarías y Registros Civiles del Ministerio de Justicia.* Primera parte. Ediciones ONBC, La Habana, 2018.

Pérez Fuentes, Gisela María y Karla Cantoral Domínguez. *Daño moral y derechos de la personalidad del menor.* Editorial Tirant lo Blanch, Valencia, 2015.

Pérez Echemendía, Marzio Luis y Arzola Fernández, José Luis. *Expresiones y términos jurídicos.* Editorial Oriente, Santiago de Cuba, 2009.

Pérez Gallardo, Leonardo B., Julliett Almaguer Montero y Nancy Ojeda Rodríguez. *Compilación de Derecho Notarial.* Editorial MINJUS, La Habana, 2003.

Pérez Gallardo, Leonardo B. "De la Codificación Civil" en Valdés Díaz, Caridad del C. (Coordinadora). *Derecho Civil. Parte General.* Editorial Félix Varela, La Habana, 2000.

______. "La protección legal de los discapacitados en Cuba. Una visión de *lege data* y de *lege ferenda*" en Kemelmajer De Carlucci, Aída y Leonardo B. Pérez Gallardo. *Nuevos perfiles del Derecho de Familia. Libro Homenaje a la profesora Dra. Olga Mesa Castillo.* Primera Edición, Rubinzal - Culzoni, Santa Fe, 2006.

______. *Código Civil de la República de Cuba, Anotado y concordado.* Ediciones ONBC, La Habana, 2006.

______. "La protección legal de los discapacitados en Cuba. Una visión de *lege data* y de *lege ferenda*" en Pérez de Vargas Muñoz, José. *Protección jurídica patrimonial de las personas con discapacidad.* Editorial La Ley, Madrid, 2006.

______. (Coordinador). *Comentarios al Código Civil cubano. Disposiciones preliminares.* Tomo I, Volumen I, Editorial Félix Varela, La Habana, 2013.

______. (Coordinador) *Comentarios al Código Civil cubano,* Tomo I, Volumen II. Editorial Félix Varela, La Habana, 2014.

______. (Coordinador) *Comentarios al Código Civil cubano,* Tomo I, Volumen III. Editorial Félix Varela, La Habana, 2014.

______. (Coordinador). *El Código Civil cubano de 1987: veinticinco años después. Libro homenaje al profesor Dr. Tirso A. Clemente Díaz.* Editorial UNIJURIS, Unión Nacional de Juristas de Cuba, La Habana, 2014.

______. *Código Civil de la República de Cuba. Ley № 59/1987 de 16 de julio (anotado y concordado)*. Ediciones ONBC, La Habana, 2016.

______. *Código Civil de la República de Cuba. Actualizado, anotado y concordado.* Quinta Edición. Ediciones ONBC, La Habana, 2019.

PÉREZ GUTIÉRREZ, Ivonne. "Los principios del Derecho Procesal Familiar en Cuba". Conferencia dictada en la VII Conferencia Internacional de Derecho de Familia y II Escuela Ibero-Latinoamericana de Derecho de Familia y otras disciplinas afines en Mesa Castillo, Olga y González Ferrer, Yamila (Coordinadoras). *Memorias de la VII Conferencia Internacional de Derecho de Familia y II Escuela Ibero-Latinoamericana de Derecho de Familia y otras disciplinas afines*. Editorial UNIJURIS, La Habana, 2013.

PÉREZ LUÑO, Antonio Enrique. *Derechos humanos, Estado de Derecho y Constitución*. Editorial Tecnos, Madrid, 2010.

______. *Los derechos humanos en la sociedad tecnológica*. Universitas, Madrid, 2012.

PÉREZ RIPOLL, Alexis, Patricia FUENTES HERVIZ y Arletys VARELA MAYOR. *"Los derechos reproductivos y sexuales de los adolescentes desde la óptica de la capacidad progresiva"* en Martínez Montenegro, Isnel y Osvaldo Manuel Álvarez Torres. *Temas contemporáneos de Derecho de Familia.* Editorial UNIJURIS, La Habana, 2017.

PERIAGO MARTÍNEZ, Julia y Joaquín PARRA MARTÍNEZ. *Relación de la madurez cognitiva del niño con la dimensión de desarrollo en su contexto familiar.* Universidad de Murcia, Murcia, 2016.

PERNOUD, Régine. *¿Qué es la Edad Media?* Magisterio Español, Madrid, 1979.

PIAGET, Jean. *Le jugement moral chez l´efant. (El criterio moral en el niño)* Segunda edición, Fontanella, Barcelona, 1974.

PRIETO VALDÉS, Martha. "La Constitución, el Código Civil y las interconexiones necesarias" en Pérez Gallardo, Leonardo B. (Coordinador). *El Código Civil cubano..., 30 años después*. Ediciones ONBC, La Habana, 2018.

PUIG FERRIOL, LLUIS, *et al. Manual de Derecho Civil.* Volumen I, Editorial Marcial Pons, Madrid, 1997.

RABBI-BALDI CABANILLAS, Renato. "Comentario al artículo 2" en Rivera, Julio Cesar y Graciela Medina (Directores). *Código Civil y Comercial de la Nación comentado.* Tomo I, Editorial La Ley, Buenos Aires, 2014.

RABINOVICH-BERKMAN, Ricardo D. *Actos jurídicos y documentos biomédicos.* Buenos Aires, La Ley, 2004.

RAMOS CHAPARRO, Enrique. *La persona y su capacidad civil.* Editorial Tecnos, Madrid, 1995.

RAVETLLAT BALLESTÉ, Isaac (Coordinador). "Marco Jurídico internacional e interno del derecho de la infancia y la adolescencia" en *Derecho de la Persona (Acogimiento y Adopción, discapacidad e incapacitación, filiación y reproducción asistida, personas mayores, responsabilidad penal de los menores de edad, y otras cuestiones referidas a la persona como sujeto de derecho).* Editorial Bosh. S.A., Barcelona, 2011.

Rodríguez Corría, Reinerio. "La responsabilidad civil en las relaciones paterno-filiales, de padres a hijos menores y de estos en comparación con los padres. Abundamiento sobre el tema de la capacidad progresiva de niños, niñas y adolescentes" en Monje Balmaseda, Oscar, María Pilar Ferrer Vanrell, (Coordinadores) y Francisco Lledó Yagué. (Director). *Los nuevos retos del Derecho de Familia en el espacio común español-iberoamericano. Un estudio de derecho Comparado: Cuba, España y aportaciones de interés notable. Méjico, Colombia y República Dominicana.* Editorial Dickinson, SL. Madrid, 2010.

Rivera, Julio César. *Instituciones de Derecho Civil. Parte general.* Tomo I, Editorial Abeledo-Perrot, Buenos Aires, 1994.

Rivero Hernández, Francisco. *El interés del menor.* Segunda edición, Dykinson, Madrid, 2007.

______. "El interés del menor" en *Homenaje al profesor Bernardo Moreno Quesada.* Volumen III, Universidades de Almería, Granada y Jaén, 2000.

Rodríguez del Pozo, Pablo. *La Bioética y el arte de elegir.* Asociación de Bioética Fundamental y Clínica. Segunda edición, Madrid, 2014.

Rodríguez Vignoli, Jorge. *La reproducción en la adolescencia y sus desigualdades en América Latina.* División de Población de la Comisión Económica para América Latina y el Caribe (CEPAL), Santiago de Chile, 2014.

Rogel Vide, Carlos e Isabel Espín Alba. *Derecho de la persona.* Editorial Reus, Madrid, 2008.

Rogel Vide, Carlos. *Bienes de la personalidad, derechos fundamentales y libertades públicas.* Publicaciones del Real Colegio de España, Bolonia, 1985.

______. *Derecho de la persona.* José María Bosh Editor, Madrid, 1998.

______. *Estudios de Derecho Civil. Persona y Familia.* Editorial Reus, Madrid, 2008.

Roselló Manzano, Rafael. "Comentarios a los artículos del 90 al 92" en Pérez Gallardo, Leonardo B. (Director) *Comentarios al Código Civil cubano. Disposiciones preliminares.* Tomo I, Volumen III, Editorial Universitaria Félix Varela, La Habana, 2014.

______. "La unificación de los regímenes contractual y extracontractual de responsabilidad civil en Cuba". Tesis presentada en opción al grado científico de Doctor en Ciencias Jurídicas, La Habana, 2011. Inédita.

Ruiz Gamio, Xiomara. *La perspectiva de género a través del Sistema Nacional de Educación. Una alternativa en el desarrollo de habilidades para la vida.* Editorial Educación Cubana, La Habana, 2005.

Sáenz Dávalos, Luis. *Justicia de Género. Los derechos sexuales y reproductivos en la jurisprudencia del Tribunal Constitucional (2007-2012).* DEMUS, Estudio para la Defensa de los Derechos de la Mujer, Lima, 2013.

Safora Enríquez, Omayda, Aldo Rodríquez Izquierdo y Rafael Vanegas Estrada. "Salud reproductiva y sexual" en Alonso Uría, Rosa y Beatriz Rodríguez Alonso. *Madre adolescente. Guía para la familia.* Editorial Científico-Técnica, La Habana, 2018.

Hernández Sampieri, Roberto, Carlos Fernández Collado y María del Pilar Baptista Lucio. *Metodología de la investigación*. Sexta Edición. Mcgraw-Hill / Interamericana Editores, México D.F., 2014.

Sánchez-Calero Arribas, Blanca. *La actuación de los representantes legales en la esfera personal de menores e incapacitados*. Editorial Tirant lo Blanch, Valencia, 2005.

Sánchez Etxaniz, Jesús. "Consideraciones éticas y legales en pediatría". Ponencia presentada en las XXV Jornadas de Pediatría de Álava. Asociación Vasca de Pediatría de Atención Primaria, Álava, 2014.

Sánchez Hernández, Carmen. *Capacidad natural e interés del menor maduro como fundamento del libre ejercicio de los derechos de la personalidad. Estudios homenaje a Díez-Picazo*. Volumen I, Primera edición, Librería La Jurídica S.L, Madrid, 2003.

Sánchez Román, Felipe. *Estudios de derecho Civil*. Tipográfico Sucesores de Rivadeneyra, Madrid, 1911.

Santos Morón, María José. *Incapacitados y derechos de la personalidad*. Fundación ONCE-Escuela Libre Editorial, Madrid, 2000.

Silva Diverio, Irene. (Coordinadora). *La adolescencia y su interrelación con el entorno*. Instituto de la Juventud, Madrid, 2016.

Simón, Pablo. *El consentimiento informado*. Editorial Triacastela, Madrid, 2000.

Simon Campaña, Farith. *Interés superior del menor: técnicas de reducción de la discrecionalidad abusiva*. Tesis Doctoral dirigida por Dra. Esther Torrelles Torea. Universidad de Salamanca, 2013.

Stornini, Natalia S. "Derecho del niño a ser oído. Su participación en el proceso en el marco de la Convención de los Derechos del Niño" en Fernández, Silvia Eugenia (Directora). *Tratado de Derechos de Niños, Niñas y Adolescentes*. Editorial Abeledo-Perrot, Buenos Aires, 2005.

Susin Carrasco, Esther. *Análisis a nivel internacional del derecho de participación de niños, niñas y adolescentes en los procedimientos de familia*. Thomson Rueters Aranzadi, Navarra, 2018.

Tealdi, Juan Carlos. "El abordaje de la bioética de los derechos humanos en derechos reproductivos" en Otsuka Salinas, Liurka (Coordinadora). *Los derechos reproductivos: una agenda necesaria para garantizar los derechos humanos de los y las adolescentes. II Congreso Latinoamericano jurídico sobre derechos reproductivos de San José-Costa Rica*. Primera edición, Centro de Promoción y Defensa de los Derechos Sexuales y Reproductivos PROMSEX, Lima, 2013.

Uribe Ferrari, María Carolina. *Adaptation and Standardization of Cuestionario para Madurez Neurológica Infantil (CUMANIN) at the State of Mexico*. Doctoral Disertation Presented to the School of Social and Human Studies. Atlantic International University. Honolulu, Hawaii, 2009.

Valdés Díaz, Caridad del C. y María M. Díaz Magrans. "Derechos Inherentes a la personalidad" en *Introducción al estudio del Derecho*. Centro gráfico de reproducciones para el turismo, Holguín, 2002.

Valdés Díaz, Caridad del C. (Coordinadora). *Derecho Civil. Parte General.* Editorial Félix Varela, La Habana, 2000.

______. (Coordinadora). *Compendio de Derecho Civil.* Editorial Félix Varela, La Habana, 2004.

______. "Comentarios al artículo 1" en Pérez Gallardo, Leonardo B. (Coordinador). *Comentarios al Código Civil cubano,* Tomo I, Volumen II, Editorial Félix Varela, La Habana, 2014.

______. "Comentarios al artículo 24" en Pérez Gallardo, Leonardo B. (Coordinador). *Comentarios al Código Civil cubano,* Tomo I, Volumen II, Félix Varela, La Habana, 2014.

______. "Comentarios al artículo 30" en Pérez Gallardo, Leonardo B. (Coordinador). *Comentarios al Código Civil cubano,* Tomo I, Volumen II. Editorial Félix Varela, La Habana, 2014.

______. "Comentarios al artículo 38" en Pérez Gallardo, Leonardo B. (Coordinador). *Comentarios al Código Civil cubano,* Tomo I, Volumen II, Félix Varela, La Habana, 2014.

Valdés Gázquez, María. *El pensamiento antropológico de Franz Boas.* Publicacions d´Antropologia Cultural. Universitat Autonòma de Barcelona, Barcelona, 2006.

Vázquez Seijido, Manuel. "Derechos sexuales: algunas consideraciones teóricas para su estudio" en *Fundamentos para el desarrollo de la investigación científica en educación integral de la sexualidad.* Editorial CENESEX, La Habana, 2015.

Vela Barba, Estefanía. *Derechos sexuales y reproductivos.* Universidad Nacional Autónoma de México. Instituto de Investigaciones Jurídicas. Instituto Belisario Domínguez, México D.F, 2017.

Velazco Mugarra, Miriam. *La guarda y cuidado de los menores de edad sujetos a patria potestad.* Ediciones ONBC, La Habana, 2008.

Villabella Armengol, Carlos Manuel. *Investigación y comunicación científica en la ciencia jurídica.* Editorial Universitaria Félix Varela y Ediciones Universidad de Camagüey, La Habana, 2012.

Villar Montesinos, Eugenio. "Equidad y determinantes de la salud" en Ferrelli, Rita María (Editora). *Equidad en salud desde un enfoque de determinantes sociales. Contribuciones del encuentro regional "La toma de decisiones para la equidad en salud".* Colección Documento de Trabajo. México DF, 2015.

Wichterich, Christa. *Sexual and Reproductive Rights.* Fundación Heinrich Böll Stiftung, Instituto Gunda Werner, México D.F., 2015.

Wierzba, Sandra. *Consentimiento informado: competencia o aptitud.* Ministerio de Salud, Presidencia de la Nación-Organización Panamericana de la Salud, 2017.

Zitelmann, Maud. *Kindeswohl und kindeswille: imSpannungsfeld von Pädagogik und Recht,* Münster, 2001.

Fuentes legales

Declaración Universal sobre Bioética y Derechos Humanos de 19 de octubre de 2005. Disponible en: http://www.portal.unesco.org.

Declaración Universal de los Derechos Humanos. Disponible en: http://www.ohchr.org.

Convención sobre la Eliminación de todas las formas de Discriminación contra la Mujer (CEDAW). Disponible en: https://www.ohchr.org.

Convención sobre los Derechos del Niño. UNICEF, Comité español, Madrid, 2006.

Constitución de la República de Cuba de 24 de febrero de 1976, Constitución Socialista reformada constitucionalmente en el

año 2002. Ministerio de Justicia, La Habana, 2005.

Constitución de la República de Cuba. Publicada en la Gaceta Oficial Extraordinaria número 5 de 10 de abril de 2019.

Constitución de los Estados Unidos Mexicanos. Disponible en: http://www.ordenjuridico.gob.mex.

Constitución España de 27 de diciembre de 1978. Agencia Estatal Boletín Oficial del Estado. Disponible en: http://www.boe.es.

Constitución Política de la República de Nicaragua. Asamblea Nacional. Tomo íntegro con Reformas incorporadas a 2014. *La Gaceta*. Diario oficial número 32 de 18 de febrero de 2014.

Constitución de la República del Ecuador del año 2008. Decreto legislativo número 449 de 20 de octubre de 2008. Última modificación 31 de julio de 2011.

Constitución de la Nación Argentina de 22 de agosto de 1994. Honorable Senado de la Nación Argentina. Imprenta del Congreso de la Nación, Buenos Aires, 1994.

Constitución Política de Colombia de 1991, actualizada con los actos legislativos a 2016. Edición especial preparada por la Corte Constitucional. Consejo Superior de la Judicatura. Centro de Documentación Judicial.

Constitución Política de la República Federativa de Brasil de 1988. Actualizada a noviembre de 2008. Base de datos políticos de las Américas. Disponible en: http://www.georgetown.edu/pdba/constiutions/Brazil/brazil88.

Constitución Política del Estado Plurinacional de Bolivia. Disponible en: http://bolivia.justia.com.

Ley 59 "Código Civil", de 16 de Julio de 1987, Publicada en Gaceta Oficial Extraordinaria número 9 de 15 de octubre de 1987.

Código Civil Brasileiro do 2002 y legislação correlata. 2da edição, atualizada até julho do 2008. Edição do Senado Federal. Brasilia, 2008.

Ley No. 1 de Reforma Parcial al Código Civil de 15 de julio de 1992 de Paraguay. Congreso de la Nación Paraguaya. Biblioteca y Archivo Central. Disponible en: http://www.bacn.gov.py.

Código Civil Federal de México. Diario Oficial de la Federación (4 partes: 26 de mayo, 14 de julio, 3 y 31 de agosto de 1928). Texto vigente según la última reforma publicada en el año 2012. Cámara de Diputados del Honorable Congreso de la Unión. Secretaría General y Secretaría de Servicios Parlamentarios.

Código Civil para el Distrito Federal de México. Asamblea legislativa del Distrito Federal. VI Legislatura. Diario Oficial de la Federación de 26 de mayo de 1928. Última reforma publicada en la Gaceta Oficial del Distrito Federal el 5 de febrero de 2015.

Codice Civile. (Approbato con Regio Decreto número 262 del 16 de marzo de 1942 e come modificato dalla Decreto número 291 de 7 de dicembre de 2016.

Código Civil Colombiano Diario Oficial número 2867 de 31 de mayo de 1873. Modificado por la Ley 1060 de 2006 y actualizado a 13 de mayo de 2019. Disponible en: http://www.secretariasenado.gov.co.

Código Civil de Perú, promulgado por el Decreto legislativo número 295 de 24 de julio de 1984.

Código Civil de la República de Francia de 21 de marzo de 1804, disponible en: http://195.83.177.9/upl/pdf/code_41.pdf

Código Civil de España. Boletín Oficial del Estado. Edición actualizada a 31 de mayo de 2017. Catálogo de publicaciones de la Administración General del Estado.

Código Civil y Comercial de la Nación Argentina. Aprobado por Ley 26.994 de 2014. Primera edición. Editorial Misterio de Justicia y Derechos Humanos, Ciudad Autónoma de Buenos Aires, 2014.

Código de la Niñez y la Juventud de Cuba. http://www.parlamentocubano.cu/index/.php?option.com_contentviewarticle232:ley-16-codigo-de-la-niñez-y-la-juventud

Ley 27337 de 2 de agosto del 2000 "Código de los Niños y Adolescentes de Perú", actualizado según última modificación introducida por la Ley número 30886 de 18 de diciembre de 2018. *El Peruano,* número 7350 de 7 de agosto del 2000. Sistema Nacional de Atención Integral al Niño y Adolescente. Archivo Digital de la Legislación del Perú y Archivo General del Congreso.

Código de la Infancia y la Adolescencia de Colombia. Ley 1098 de 2006, de 8 de noviembre. Congreso de Colombia. Disponible en: http://www.icbf.gov.co.

Ley 7739 promulgada en 1998 "Código de la Niñez y la Adolescencia" de Costa Rica. Disponible en: http://www.mep.go.cr.

Ley Orgánica para la Protección del Niño y del Adolescente de Venezuela. Gaceta Ordinaria número 5859 de 2007, actualizado a 2015. Disponible en: http://www.siteal.iipe.unesco.org.

Ley General de los derechos de las niñas, niños y adolescentes de los Estados Unidos Mexicanos. Diario Oficial de la Nación de 4 de diciembre de

2014. Última reforma: 20 de junio de 2018. Disponible en: http://www.diputados.gov.mx.

Ley 1 /1996 de 15 de enero. Ley Orgánica de Protección Jurídica del Menor de España, de modificación parcial del Código Civil y de la Ley de Enjuiciamiento Civil. Boletín Oficial del estado número 15 de 17 de enero de 1996. Jefatura del Estado. Disponible en: https://www.boe.es/eli/es/lo/1996/

Ley Orgánica 8/2015, de 22 de julio, de modificación del sistema de protección a la infancia y a la adolescencia. Boletín Oficial del estado número 175 de 23 de julio de 2015. Jefatura del Estado. Disponible en: https://www.boe.es/eli/es/lo/2015/07/22/8.

Ley Orgánica 26/2015 de 28 de julio, de modificación del sistema de protección de la infancia y la adolescencia de España. Boletín Oficial del estado número 180 de 29 de julio de 2015. Jefatura del Estado. Disponible en: https://www.boe.es/eli/es/lo/2015/07/28/826/con.

Ley de Protección Integral de la Niñez y la Adolescencia de El Salvador. Decreto número 839 de 26 de marzo de 2009. Diario oficial número 68, tomo 383, de 16 de abril de 2009. Comisión Coordinadora del Sector de Justicia y la Unidad Técnica Ejecutiva. San Salvador, 2009.

Ley 26.061, de 21 de octubre de 2005, de Protección integral de niñas, niños y adolescentes de Argentina. Boletín Oficial de 26 de octubre de 2005. Secretaría de Derechos Humanos. Ministerio de Justicia y Derechos Humanos. Presidencia de la Nación. Sistema Argentino de Información Jurídica. Primera Edición, Buenos Aires, 2014.

Ley 116/2013 "Código del Trabajo". Gaceta Oficial número 29 Extraordinaria, de 17 junio 2014.

Ley No. 41/1983, de 13 de julio, de la Salud Pública. Gaceta Oficial de la República de Cuba, Edición Ordinaria No 61, La Habana, 15 de agosto de 1983.

Ley de Identidad de Género de Argentina. Ley 26.743, sancionada el 9 de mayo de 2012 y promulgada el 23 de mayo de 2012. Disponible en: http://www.ugeu.org.

Ley Orgánica 2 del año 2010, de 5 de julio, de salud sexual y reproductiva y de la interrupción voluntaria del embarazo (IVE). Boletín Oficial del Estado número 55 de 2010. Catálogo de publicaciones de la Administración General del Estado.

Ley 2/2016, de 29 de marzo, de identidad y expresión de género e igualdad social y no discriminación de la comunidad de Madrid. Boletín Oficial del Estado número 169 de 14 de julio de 2016.

40. Ley 18.620/2009, de 25 de noviembre. República Oriental del Uruguay sobre "Derecho a la Identidad de Género y al Cambio de Nombre y Sexo en Documentos Identificatorios". Publicada Diario Oficial número 27858 de 17 noviembre de 2009. Disponible en: https://parlamento.gub.uy/documentosyleyes/leyes/ley/18620

Decreto-Ley 248 de 22 de junio de 2007 "Del sistema de identificación y del Registro de electores". Gaceta Oficial Extraordinaria número 032 de 2 de julio del año 2007.

Decreto 49/2009, de 3 de marzo de protección de las personas menores de edad que se someten a intervenciones de cirugía estética en Andalucía y de creación del Registro de datos sobre intervenciones de cirugía estética realizadas a personas menores de edad en Andalucía. Consejería de Salud. Boletín número 53 de 2009. Disponible en http://www.juntadeandalucia.es.

Ley 41/2002, de 14 de noviembre, básica reguladora de la autonomía del paciente y de derechos y obligaciones en materia de información y documentación clínica de España. Boletín Oficial del estado número 174, de 15 de noviembre de 2002. Jefatura del Estado. Disponible en: http://www.boe.es/eli/es/l/2002/11/14/41/con.

Código del Derecho Foral de Aragón. Decreto legislativo 1/2011, de 22 de marzo, del Gobierno de Aragón, por el que se aprueba, con el título de "Código del Derecho Foral de Aragón", el texto refundido de las leyes civiles aragonesas. Boletín Oficial del Estado número 67 de 29 de marzo de 2011. Disponible en: http://www.boe.es.

Ley 1/2006, de 28 de febrero, de Protección de Menores de La Rioja. Boletín Oficial número 33 de 9 de marzo de 2006. Disponible en: http://www.larioja.org.

Código de Ética y Deontología Médica de España de 2011. Disponible en:

https://www.cgcom.es/sites/default/files/codigo_deontologia_medica.pdf

Ley 25/2010 de Cataluña. Diario oficial de la Generalitat de Cataluña número 5686, de 5 de agosto de 2010 y Boletín oficial del estado número 203 de 21 de agosto de 2010. Disponible en: https://www.boe.es/eli/es-ct/l/2010/07/29/25/con

Anteproyecto de Código de Familia cubano. Coordinado por la Federación de Mujeres Cubanas y la Unión Nacional de Juristas de Cuba, La Habana, 2011.

51. Ley No. 3 de 17 de mayo de 1994, Código de Familia de Panamá. Disponible en:

https://www.ilo.org/dyn/natlex/docs/.../82627/.../PAN%201994%20L%2082627.

Ley 1289 de 14 de febrero de 1975 "Código de Familia", publicada en la Gaceta Oficial Ordinaria número 35 de 24 de agosto de 1977.

Ley 41 "Ley de la Salud Pública" de 13 de julio de 1983 de Cuba. Disponible en: http://www.infomed.sld.cu.

Resolución 219 del año 2007 del Ministerio de Salud Pública cubano, contentivo de las "*Normas éticas para la protección de la información genética de ciudadanos cubanos que participan en investigaciones o se les realizan diagnósticos asistenciales en las que se accede a datos relativos al individuo y a sus familiares, así como a material biológico a partir del cual puede obtenerse*

ADN". Publicada en la Gaceta Oficial Extraordinaria número 29 de 18 de junio de 2007.

Ley 83/1998, de primero de enero, "De la Fiscalía General de la República". Disponible en: https://www.gacetaoficial.gob.cu/html/fiscaliageneralrepublica.html.

Instrucción número 216 de 17 de mayo de 2012, del Consejo de Gobierno del Tribunal Supremo Popular. Publicada en la Gaceta Oficial de la República de Cuba, Ordinaria, Número 21, de 22 de junio de 2012.

Resolución número 857/2015, de 31 de agosto, del Ministro de Salud Pública, contentiva del "Reglamento para la dación y trasplantes de órganos y tejidos en donantes vivos". Publicada en la Gaceta Oficial de la República de Cuba, Extraordinaria, No. 33, de 17 de septiembre de 2015.

Ley 51/1985 "Del Registro del Estado Civil". Publicada en la Gaceta Oficial de la República de Cuba número 50, edición extraordinaria, de 22 de agosto de 1985.

Dictamen Número 4/2014 de la Dirección Nacional de Notarías y Registros Civiles del Ministerio de Justicia de Cuba. Compilación de disposiciones de la Dirección. Año 2014. Actividad notarial y del Registro del Estado Civil. Pérez Díaz, Olga Lidia (Compiladora). Ministerio de justicia, La Habana, 2015.

Ministerio de Salud Pública cubano dictó la Resolución Ministerial número 127 del 20 de julio de 1983. Disponible en: http://www.anterior.cubaminrex.cu.

Ley 4/2018, de 19 de abril, de Identidad y Expresión de Género e Igualdad Social y no Discriminación de la Comunidad Autónoma de Aragón. Boletín Oficial de Aragón, número 86, de 7 de mayo de 2018. Boletín Oficial de Aragón. Número 86, de 7 de mayo de 2018. Catálogo de publicaciones de la Administración General del Estado. Disponible en: http://www.aragon.es.

Ley 481, de 5 de agosto de 2000. "Textos escolares, Material didáctico, Eliminación de estereotipos". Provincia de Buenos Aires. Boletín Oficial de la ciudad de Buenos Aires número 1026 de 13 de septiembre de 2000. Disponible en: http://www.cedom.gob.ar.

Principios de Yogyakarta. Principios sobre la aplicación de la legislación internacional de derechos humanos en relación con la orientación sexual y la identidad de género. Marzo de 2007. Disponibles en: www.yogyakartaprinciples.org.

Decreto 03/2016, de 18 de mayo. Tribunal Supremo De Elecciones de la República de Costa Rica. Disponible en: http://www.tse.go.cr.

Fuentes jurisprudenciales

Sentencia de 27 de abril de 2012, "Caso Fornerón e hija contra Argentina". Corte Interamericana de Derechos Humanos. Disponible en: http://www.corteidh.or.cr.

Sentencia de 28 de noviembre de 2012, "Caso Artavia Murillo contra Costa Rica". Corte Interamericana de Derechos Humanos. Disponible en: http://www.corteidh.or.cr.

Sentencia OC 5-85 del año 2012. "Caso Arriola". Corte Interamericana de Derechos Humanos. Disponible en: http://www.corteidh.or.cr.

Sentencia de 18 de noviembre de 2004. "Caso De La Cruz Flores Vs. Perú". Corte Interamericana de Derechos Humanos. Disponible en: http://www.corteidh.or.cr.

Sentencia número 246 de 31 de agosto de 2012. "Caso Furlán y familiares vs. Argentina". Corte Interamericana de Derechos Humanos. Disponible en: http://www.corteidh.or.cr.

Tribunal Europeo de Derechos Humanos. Demanda número 25680/94. "Case I. contra United Kingdom" y número 355/2002. "Case Christine Goodwin vs. the United Kingdom", judgment of 11 July, 2002 Disponibles en: http://www.echr.coe.int.

Sentencias de la Corte Constitucional de Colombia números: T-355/2006, de 10 de mayo, T-225 de 2007, T-1019 de 2006, T-220 de 2004, T-368 de 2003, T-440 de 92, C-131 de 2014, C-926 de 1999, T-273 de 2003, C-507 de 2004, C-246/17 y C-131/14. Disponibles en: http://www.coerteconstitucional.gov.co.

Sentencias del Tribunal Constitucional de España números: 320/2011, de 12 de mayo, 220/2005, de 12 de septiembre, 160/2007, de 2 de julio, 20/1990, de 27 de junio, 119/2001, de 24 de mayo, 207/1996, de 16 de diciembre, 221/2002, de 25 de noviembre, 35/1996, de 11 de marzo, 119/2001, de 24 de mayo, 5/2002, de 14 de enero, 154/2002, de 18 de julio, 116/1999, de 17 de junio y 177/1996, de 11 de noviembre. Disponibles en: http://www.tribunalconstitucional.es.

Sentencia 003 de 2018, de 27 de junio. Corte Constitucional de Ecuador. Disponible en: http://www.corteconstitucional.gob.ec.

Sentencia T-068, de 7 de febrero de 2011. Sala Tercera de Revisión de la Corte Constitucional de Bogotá, Colombia. Disponible en: http://www.coerteconstitucional.gov.co.

Sentencias del Tribunal Supremo de España números: 3/2001, de 12 de enero; 851/2001, de 11de mayo; 47/2015, de 13 de febrero; 251/2018 de 25 de abril; 453/2014 de 23 de septiembre y 447/2011 de 11 de mayo. Disponibles en: http://www.poderjudicial.es.

12. Sentencia de 23 de noviembre de 2004. Corte Suprema de Justicia de la Nación Argentina. Disponible en: https://www.csjn.gov.ar/sentencias-acordadas-y-resoluciones.

Sentencia número 832, de 22 de diciembre del 2006 y 83 de 31 de enero del 2005. Tribunal Supremo Popular de Cuba, Sala de lo Civil y de lo Administrativo. Boletín del Tribunal Supremo Popular. Ediciones 2005 y 2006. Departamento de divulgación del Tribunal Supremo Popular. Compilación: Mayda Untoria González.

14. Sentencia número 835 de 6 de febrero de 2014. Sala de lo Civil del Tribunal Superior de justicia de la provincia de Buenos Aires. Disponible en: http://www.tsjbaires.gov.ar.

15. Sentencia número 1227/2013, de 6 de febrero. Sala Civil y Comercial de la Suprema Corte de Justicia de la República Dominicana. Disponible en: https://www.poderjudicial.gob.do/poder_judicial/.../suprema_corte_justicia.aspx

16. Tribunal Superior de la Ciudad de Buenos Aires sentencia dictada en los autos "Liga de Amas de Casa, Consumidores y Usuarios de la República Argentina y Otros contra la Ciudad de Buenos Aires".

17. Sentencia de 16 de septiembre de 2008. Juzgado número 1 de Familia de Mendoza, Argentina. Disponible en: www.jus.mendoza.gov.ar/web/sijum/minoridad-y-familia

18. Sentencia 330 de 13 de marzo de 2007. Cámara Nacional de Apelaciones en lo Civil de Buenos Aires. Disponible en: https://sj.csjn.gov.ar/sj/suplementos.do?method=ver&data=intsupn

19. Cámara de Apelaciones en lo Civil, Comercial, Mendoza, Argentina, Sala II, causa "I. F. L. y otros contra *Swiss Medical* S.A. sobre acción de amparo, de 23 de octubre de 2013. Disponible en: www.jus.mendoza.gov.ar/

Sentencia de 17 de abril del año 2007. Superior Tribunal de Justicia de la provincia del Chubut, Argentina. Disponible en: http://www.juschubut.gov.ar.

Sentencia número 149, de 27 de marzo de 2019. Juzgado de Familia de Paso de los Libres, Corrientes, Argentina. Disponible en: http://www.juscorrientes.gov.ar.

Sentencias números 63, de 29 de junio del 2012, 87 de 28 de diciembre del 2010 y 60, de 5 de junio del 2013. Tribunal Provincial de La Habana, Sala Segunda de lo Civil y de lo Administrativo.

Publicaciones periódicas

Aguirre Forero, Ana Mireya. "Validez del inventario de prácticas de crianza (cpc-1 versión padres) en padres madres y cuidadores de la ciudad de Bogotá" en *Revista Iberoamericana de Psicología: Ciencia y Tecnología.* Número 1, Volumen 7, Año 2014, pp. 79-90.

Alegre Martínez, Miguel Ángel y Oscar Mago Bendahán. "Reconocimiento constitucional de la dignidad, individualidad y derechos de la personalidad" en *Revista de Derecho Político.* Número 66, Año 2006, pp. 183-234.

Alfonso Fraga, Juan Carlos. "Reproducción en la adolescencia. Una caracterización sociodemográfica" en *Revista Sexología y Sociedad.* Año 1, Número 3, diciembre de 1995, pp. 2-6.

Alvarado Thimeos, Julia. "Educación sexual preventiva en adolescentes" en *Revista Contextos,* Número 29, Año 2013, pp. 25-42.

Álvarez-Diz, José A., *et al.* "Nuevas perspectivas en el tratamiento hormonal de la disforia de género en la adolescencia" en *Actas Especialidad Psiquiatría.* Número 43, volumen I, Año 2015, pp. 24-31.

Álvarez-Tabío Albo, Ana María. "Los derechos inherentes a la personalidad". *Revista Reflexión y Diálogo.* Ediciones Centro Cristiano de Reflexión y Diálogo. Año 2007, pp. 1-40. http://docplayer.es/69761040-Los-derechos-inherentes-a-la-personalidad-ana-maria-alvarez-tabio-albo.html.

______"Los derechos inherentes a la personalidad" en *Boletín de la Organización Nacional de Bufetes Colectivos,* Número 16, La Habana, julio-septiembre 2004, pp. 45-63.

______"Retos del Derecho de Familia. Autonomía y unidad" en *Revista Cubana de Derecho,* IV Época, Número 47, enero-junio de 2016. Editorial UNIJURIS, pp. 5-31.

Appelbaum, Paul y Loren Roth. "Clinical issues in the assessment of competency" en *American Journal Psychiatry,* 1981, pp. 1462-1467.

Aráuz Enríquez, María José. "La autoridad parental de tránsito hacia la humanización de los derechos de la niñez y la adolescencia, cambio de paradigma" en *Revista latinoamericana de Derechos Humanos,* Volumen 29, número 1, I Semestre de 2018, pp. 69-108.

Arencibia Fleitas, Yairis. "El concurso de acreedores como causa limitativa de la capacidad de obrar. Implicaciones familiares y personales" en *Revista Critica de Derecho Privado,* Número 12, Volumen I, Año 2015, La Ley, Uruguay, pp. 53-86.

______. "Menores de edad y capacidad restringida en Cuba. Especial referencia al ámbito notarial" en *Revista Critica de Derecho Privado,* Número 14, Año 2017, La Ley, Uruguay, pp. 1075-1104.

______. "El menor de edad como persona: una visión iusfilosófica y teórico-jurídica contemporánea en el ámbito de sus derechos sexuales y reproductivos" en *Revista Critica de Derecho Privado,* Número 15, Año 2018, La Ley, Uruguay, pp. 915-974.

______. "Autonomía, sexualidad y reproducción de los adolescentes en Cuba desde una óptica socio-jurídica" en *Revista de Derecho de Familia y de las Personas,* Año X, número 137, marzo de 2019, Thompson Reuters-La Ley, pp. 1-16.

Arrubia, Eduardo. "¿Iguales o diferentes? Los derechos de las personas LGBTI en discusión" en *Revista de la Facultad de Derecho,* número 41, 2016, pp. 15-34.

Astelarra, Belén María. "Adolescentes y redes sociales: consideraciones jurídicas sobre la disposición de la propia imagen por el Derecho" en *Diario de doctrina y jurisprudencia,* número 14.432, 22 de junio de 2018, Buenos Aires, pp. 1-5.

Awnapara Flores, Shereen y Mónica Valdivieso Vargas-Machuca. "Características bio-psicosociales del adolescente" en *Revista de odontología pediátrica,* Número 12, Volumen 2, Madrid, 2013, pp. 119-128.

Barcia Lhemann, Rodrigo. "La capacidad extrapatrimonial de los niños y adolescentes conforme a sus condiciones de madurez" en *Revista Ius et praxis*, Año 19, Número 2, 2013, pp. 3-52.

Basset, Úrsula C. "Autonomía progresiva. Tendencias jurisprudenciales" en *Revista Derecho de Familia y de las Personas*, Número 9, año II, Octubre de 2010, pp. 228-239.

Bellver Capella, Vicente. "¿Nuevas tecnologías? Viejas explotaciones. El caso de la maternidad subrogada internacional" en *SCIO Revista de Filosofía*, Número 11, noviembre de 2015, pp.19-52.

Beloff, Mary. "Un modelo para armar y otro para desarmar: protección integral de derechos del niño vs derechos en situación irregular" en *Justicia y Derechos del Niño*, número 1, Santiago de Chile, Año 1999, pp. 83-118.

Benavente, Pilar. "Identidad y contexto inmediato de la persona (Identidad personal, el nombre de la persona, identidad sexual y su protección)" en *Anuario de la Facultad de Derecho de la Universidad Autónoma de Madrid*, Número 17, Año 2013, pp. 105-161.

Bernal Crespo, Julia. "Estados intersexuales en menores de edad: los principios de autonomía y beneficencia" en *Revista de Derecho*, Número 36, Año 2011, pp. 53-85.

______. "Esterilización quirúrgica en menores de edad (Corte Constitucional de Colombia)" en *Revista de Derecho (Valdivia)*, Volumen XXVII, Número 2, diciembre de 2014, pp. 285-290.

Blasco Igual, María Clara. "El consentimiento informado del menor de edad en materia sanitaria" en *Revista de Bioética y Derecho*, Número 35, Año 2015, pp. 34-42.

Bonifacio Herbert J. y Stephen M. Rosenthal. "Gender variance and dysphoria in children and adolescents" en *Pediatrics Clinic North America*, Número 62, Año 2015, pp. 1001-1016.

Brandone, María Mercedes. "La capacidad de las personas menores de edad ¿una cuestión menor?" en *Revista de Derecho de Familia y Persona*, Número 2, Año VII, marzo de 2015, Editorial La Ley, pp. 117-129.

Cagliero, Yamila. "Revinculación materno-filial por iniciativa del menor" en *Revista de Derecho de Familia*, Número 7, Agosto de 2014, Editorial La Ley, pp. 78-91.

Calero Yera, Esmeralda, Sandra Rodríguez Roura y Aniocha Trumbull Jorlen. "Abordaje de la sexualidad en la adolescencia" en *Humanidades* Médicas, Número 17, Volumen 3, Año 2017, pp. 577-592.

Capuchino-Monreal, Yolanda, et al. "Situación y determinantes de salud en Guadalajara, del año 2013 al 2015. Logros, límites y retos" en *Revista Salud Jalisco*, Número 3, Volumen 1, Año 2016, pp. 10-23.

Castán Tobeñas, José. "Los derechos de la personalidad" en *Revista General de legislación y jurisprudencia*, Segunda época. Tomo XXIV, Instituto Editorial Reus, Madrid, 1952, pp. 1-72.

Castilla Peón, María Fernanda. "Manejo médico de personas transgénero en la niñez y la adolescencia" en *Boletín Médico del Hospital Infantil de México,* Número 75, Año 2018, pp. 7-14.

Caudillo Ortega, Lucía *et al.* "Análisis de los determinantes sociales en la violencia de género" en *Revista Ra Ximhai.* Universidad Autónoma Indígena de México, Volumen 13, Número 2, julio-diciembre de 2017, p. 87-96.

Cillero Bruñol, Miguel, "Los derechos del niño: de la Proclamación a la protección efectiva" en *Revista Justicia y Derechos del Niño,* Número 3, Buenos Aires, Año 2001, pp. 49-63.

______. "Infancia, autonomía y derechos: una cuestión de principios" en *Minoridad y Familia. Revista Interdisciplinaria sobre la Problemática de la Niñez- Adolescencia y el grupo familiar,* número 10, Editorial Delta, Paraná, 1999, pp. 20-35.

Córdova, Pamela y Marina Nicolaeva. "Una aproximación a los determinantes socioeconómicos de la mortalidad infantil y de niñez en Bolivia: uso de métodos indirectos de cálculo de mortalidad y análisis bivariado" en *Revista Investigación y Desarrollo,* Volumen 2, Número 15, Cochabamba, Año 2015, pp. 41-58.

Corral, Hernán. "Identidad sexual y transexualismo. Desafíos para el Derecho de la persona y de la familia" en *Revista de Derecho y Ciencias Penales* en Número 9, Año 2007, pp. 79-85.

Costa de Oliveira, Maristela. "Derechos humanos y salud sexual y reproductiva de adolescentes embarazadas" en *REHDES. Revista de Derechos Humanos y Estudios Sociales,* Año I, Número 2, julio-diciembre 2009, p. 58-76.

Couso, Jaime. "El Niño como sujeto de derechos y la nueva justicia de familia. Interés superior del niño, sutonomía progresiva y derecho a ser oído" en *Revista de Derechos del Niño,* Números 3 y 4, UNICEF, Universidad Diego Portales, Año 2006, pp. 145-167.

Cruz Martín, Omar, *et al.* "La promoción del bienestar en niños hospitalizados a través de una metodología interdisciplinaria" en *Revista Medicentro,* Número 22, Volumen 2, Año 2018, pp. 142-151.

Cruz Rodríguez, Javier. "Experiencia con el modelo para el consentimiento informado en pacientes que requieren tratamiento quirúrgico" en *Medicent electrónica.* Número 22, Volumen 2, abril-junio de 2018, pp. 189-191.

Culleton, Alfredo. "Tres aportes al concepto de persona: Boecio (substancia), Ricardo de San Víctor (existencia) y Escoto (incomunicabilidad)" en *Revista Española de Filosofía Medieval,* Número 17, Año 2010, pp. 59-71.

De La Rosa Cortina, José Miguel. "El Fiscal en la Constitución: intervención en el orden jurisdiccional civil" en *40 años de Constitución española. Perspectivas desde el Ministerio Fiscal. Revista del Ministerio Fiscal,* Número especial, octubre-noviembre, año 2018, pp. 241-260.

de Lora, Pablo. "Autonomía personal, intervención médica y sujetos incapaces" en *Enrahonar: Quaderns de filosofía,* Números 40/41, Año 2008, pp.123-140.

D´Ippolito, Claudia Alejandra y Vanina Leiro. "Algunas reflexiones sobre el abogado del niño" en *Revista de Derecho de Familia y de las Personas*, Número 6, Año VIII, marzo de 2016, pp. 20-26.

De Montalvo Jääskeläinen, Federico. "Dilemas ético-legales que presenta la regulación de la capacidad del menor en el ámbito del tratamiento médico" en *Revista Pediatría Integral*. Volumen XIX, Número 5, junio de 2015, pp. 302-307.

______. "El menor: un paciente complicado (al menos, desde la perspectiva legal)" en *Revista CESCO de Derecho de Consumo*, Número 8, año 2013, pp. 289-305.

______. "La capacidad del menor en el ámbito del tratamiento médico: problemas de autonomía e intimidad" en *Revista Española de Endocrinología Pediátrica*, Número 7, Volumen 2, Año 2016, pp. 6-11.

De la Torre, Natalia. "Panorama jurisprudencial sobre las técnicas de reproducción humana asistida en cobertura médica". Disponible en: http://www.salud.gob.ar/dels/entradas/panorama-jurisprudencial-sobre-las-tecnicas-de-reproduccion-humana-asistida-en-cobertura.

Delgado Vizcaíno, Luisa María y Dashenka Vázquez del Sol. "Tendencias actuales de la capacidad del menor y su derecho a ser escuchado" en *Revista Caribeña de Ciencias Sociales*, julio de 2013, Universidad de Málaga, pp. 2-13.

Delle Vedove, María Julia. *La autonomía progresiva: el principio que garantiza el ejercicio personal de los derechos del niño. La posible colisión con el interés superior. Especial análisis de los actos médicos del adolescente*. Disponible en: www.derecho.unc.edu.ar.

Domínguez García, Laura. "*La adolescencia y la juventud como etapas del desarrollo de la personalidad. Distintas concepciones en torno a la determinación de sus límites y regularidades*". Archivo del portal de recursos para estudiantes. Disponible en: www.robertexto.com.

______. "A propósito del Atlas de la infancia y la adolescencia en Cuba" en *Revista Universidad de La Habana*. Número 286, julio-diciembre de 2018, versión online. Disponible en: www.editorialuh.cu.

Dopico Gómez-Aller, Jacobo. "Problemas del consentimiento informado *por representación*" en Bidasolo Corcoy, Mirentxu (Coordinadora editorial). *Consentimiento por representación. Cuadernos de la Fundación Víctor Grífols i Lucas*, Número 20, Año 2010, Barcelona, pp. 38-101.

Engelhardt, Hugo Tristam. "Salud, medicina y libertad" en *Cuadernos de la Fundación Víctor Grífols i Lucas*, Número 1, Año 1999, Barcelona, pp. 11-29.

Espejo, Mariola, *et al*, "Valoración de la competencia del menor en relación con la toma de decisiones sanitarias: escala de competencia de Lleida" en *Medicina Clínica*, Número 136, Volumen 1, Año 2011, pp. 26-30.

Espejo Yaksic, Nicolás y Fabiola Lathrop Gómez. "Identidad de género, relaciones familiares y derechos de niños, niñas y adolescentes. Comentarios al proyecto de ley que reconoce y da protección al derecho a la identidad de género" en *Revista de Derecho Universidad Católica del Norte*, Número 2, Año 22, junio de 2015, pp. 393-418.

Estenoz Mendoza, Yasmarys. "El proceso familiar cubano a la luz de una audiencia preliminar conciliadora". Ponencia presentada en el VI Encuentro Internacional Justicia y Derecho, La Habana, 2012. Inédito.

Famá, María Victoria, "Capacidad progresiva de niñas, niños y adolescentes en el Código Civil y Comercial" en *Diario La Ley*, Año LXXIX, número 197, 20/10/2015, pp. 1-19.

Fernández, Silvia E. "La realización del proyecto de vida autorreferencial. Los principios de autonomía y desjudicialización" en *Diario La Ley*, mayo de 2012, pp. 13-25.

Fernández, Silvia Eugenia. "Ejercicio de derechos personalísimos por las personas menores de edad: claves para interpretar el artículo 26 del Código Civil y Comercial de la Nación" en *Revista de Derecho Privado y Comunitario*, Número 63, Volumen I, Año 2016, Santa Fe, pp. 63-99.

Gete-Alonso Calera, María de los Ángeles. "Protección del menor, consentimiento en el ámbito de las intervenciones sanitarias y la libertad ideológica (A propósito de la Sentencia del Tribunal Supremo, Sala de lo Penal, de 27 de junio de 1997)" en *La Notaría*, Números 11 y 12, noviembre-diciembre de 1998, pp. 43-53.

Ghirardi, Mónica y Antonio Trigoyen López. "El matrimonio, el Concilio de Trento e hispanoamérica" en *Revista de Indias*, Número 246, Volumen LXIX, Año 2009, pp. 241-272.

Gilardoni, Victoria. "La autonomía progresiva de los niños, niñas y adolescentes a la luz del nuevo Código Civil y Comercial: un fallo novedoso sobre cirugía de trasplante de médula ósea" en *Revista de Derecho de Familia*, Número 81, Año 2017, Thompson-Reuters, pp. 47-56.

Gómez Calle, Esther. "La responsabilidad civil del menor" en *Derecho Privado y Constitución*. Centro de Estudios Constitucionales. Número 7, Año 3, septiembre-diciembre de 1995, Madrid, pp. 87-134.

Gómez Raygoza, Carlos Mario, *et al*. "The social learning tree aproach: learning in its use to problematize needs of social transformation, Jalisco, México" en *Revista Hacia la Promoción de Salud*, Número 24, Volumen 1, año 2019, pp. 70-83.

González Galbán, Humberto. "Evolución del embarazo adolescente en el contexto sociodemográfico de Cuba. Condicionantes e implicaciones" en *Papeles de Población*, Número 46, Año 2005, pp. 223-244.

González Mirasol, Pablo. "Autonomía sanitaria del menor y responsabilidad médica" en *Revista jurídica española de doctrina, jurisprudencia y bibliografía*, Número 4, Año 2005, Editorial La Ley, pp. 1613-1635.

Granica Adriana y Oscar Sotolano. "El rol del abogado del niño en la nueva normativa vigente en Argentina. Una perspectiva jurídica y psicoanalítica acerca del derecho a ser oído" en *Revista Cubana de Derecho*, Número 33, enero-junio de 2009, pp. 95-112.

Guerra, Luciana: "Familia y heteronormatividad" en *Revista Argentina de Estudios de Juventud*, Volumen 1, Número 1, año 2009, pp. 1-17.

Gutiérrez, Eugenio y Patricio Ríos. "Envejecimiento y campo de la edad" en *Revista Última década*, Número 25, Año 2006, Valparaíso, pp. 11-41.

Hembree, Wylie C, Peggy T. Cohen-Kettenis y Henriëtte ADelemarre-Van De Waal. "Endocrine treatment of transsexual persons: an endocrine society clinical practice guideline" en *Journal of Clinic Endocrinology Metabolism*. Número 94, Año 2009, pp. 3132-3154.

Hernández Guijarro, Fernando. "Los principios de generalidad e igualdad en la normativa tributaria municipal y su infracción en las ordenanzas fiscales" en *Revista boliviana de Derecho*, Número 19, enero de 2015, pp. 360-377.

Herrera, Marisa. "Luces y sombras sobre la voz del niño en su adopción". *Conferencia dictada en el marco de las IV Jornadas Regionales y I Jornadas Nacionales Interdisciplinarias de Adopción*. Mendoza, 2006. Disponible en: http://www2.jus.mendoza.gov.ar/organismos/registro_adopcion/ponencias/LUCES%20Y%20SOMBRAS%20SOBRE%20LA%20VOZ%20DEL%20NINO%20EN%20SU%20ADOPCION.htm

______. "Ensayo para pensar una relación compleja: Sobre el régimen jurídico de la capacidad civil y representación legal de niños, niñas y adolescentes desde el principio de autonomía progresiva en el derecho argentino" en *Revista Jurídica y Derechos del Niño*, Número7, Año 2009, Buenos Aires, pp. 1-37.

______. "Los derechos de infancia y adolescencia en el Código Civil y Comercial de la Nación: claves para entender una nueva interacción legal" en *Cartapacio de Derecho*, Volumen 29, Año 2016, Facultad de Derecho, Universidad Nacional del Centro de la provincia de Buenos Aires, pp. 1-39.

______. "La democratización de las relaciones de familia; desafíos de la relación padres e hijos desde el principio de capacidad progresiva de niños, niñas y adolescentes" en *Revista Jurídica y Derechos del Niño. UNICEF*, Número 11, Año 2017, pp. 17-56.

Indacochea, Carlos Manuel. "Doctrina católica y ética de la salud reproductiva" en *Revista peruana de población*, Número 5, Año 1994, Lima, pp. 78-97.

Iznardo Figuerola, Carlos. "Menores maduros y consentimiento informado" en *Revista Latinoamericana de Derecho Médico*. Número 2, Volumen 1, Años 1996-1997, pp. 31-37.

Jordano Fraga, Francisco, "La capacidad general del menor" en *Revista de Derecho Privado*, Madrid, octubre de 1984, p. 833-868.

Juárez Herrera y Cairo, Lucero Aída. "Apropiación de derechos sexuales y reproductivos en la adolescencia: dimensiones de la ciudadanía" en *Revista La Ventana*, Número 30, año 2009, pp. 148-170.

Kemelmajer de Carlucci, Aída. "Una sentencia brasileña con visión de género" en *Revista de Bioética y Derecho*, Número 39, Año 2017, Barcelona, pp. 153-177.

______. "Daños sufridos y causados por los niños" en *Revista de Derecho de daños*, Número 2, Año 2002, Rubinzal-Culzoni-Editores, pp. 5-30.

KEMELMAJER DE CARLUCCI, Aída y Mariel F. MOLINA DE JUAN. "La participación del niño y adolescente en el proceso judicial" en *Revista Código Civil y Comercial*, número 3, noviembre de 2015, pp. 2-20.

KRAUSKOPF, Dina. "Los marcadores de juventud: la complejidad de las edades" en *Revista Última Década*, Número 42, Año 2015, Proyecto Juventudes, Madrid, pp. 1-9.

LAGARDE, Marcela. "Democracia genérica. Por una educación humana de género para la igualdad, la integridad y la libertad" en *Mujeres para el diálogo*, marzo de 2001, Universidad Autónoma de México, pp. 13-38.

LAMAS, Marta. "Diferencias de sexo, género y diferencia sexual" en *Revista Cuicuilco*, Nueva Época, Número 18, Volumen 7, enero-abril del 2000, Escuela Nacional de Antropología e Historia, México, pp. 1-24.

LANDA, César. "Los derechos sexuales y reproductivos en la jurisprudencia de la Corte Interamericana de Derechos Humanos" en *Revista da AJURIS*, Número 142, Volumen 44, Porto Alegre, junio de 2017, pp. 321-356.

LANDESTOY MÉNDEZ, Pedro L. "La capacidad jurídica del menor de edad y el Dictamen № 4/2014 de la Dirección de Notarías y Registros Civiles" en *IUS. Revista del Instituto de Ciencias Jurídicas de Puebla AC*, Número 36, Volumen IX, julio-diciembre de 2015, pp. 119-133.

LAUROBA LACASA, Elena. "Las personas intersexuales y el Derecho: posibles respuestas jurídicas para un colectivo invisible" en *Derecho Privado y Constitución*, Número 32, enero-julio de 2018, pp. 11-38.

LEPIN MOLINA, Cristian. "Los nuevos principios del Derecho de Familia" en *Revista Chilena de Derecho Privado*, Número 23, diciembre de 2014, pp. 9-55.

LIEBEL, Manfred. "Sobre el interés superior de los niños y la evolución de las facultades" en *Bioética y pediatría. Proyectos de vida plena.* Número 49, Año 2015. Anales de la Cátedra Francisco Suárez. Universidad de Granada, pp. 43-61.

LINARES PÉREZ, Nivaldo. "Aplicación de los enfoques de salud de la población y los determinantes sociales en Cuba" en *Revista Cubana de Salud Pública*, Número 41, Año 2015, pp. 94-114.

LISBOA, Micaela y Lucía SOSA. "Regulando las relaciones sexuales adolescentes: moral y doctrina católica en las perspectivas docentes sobre la educación sexual integral" en *Revista del IICE*, Número 38, Año 2005, pp. 25-38.

LÓPEZ-CONTRERAS, Rony Eulalio. "Interés superior de los niños y niñas: definición y contenido" en *Revista Latinoamericana de Ciencias Sociales, Niñez y Juventud*, Número 1, Volumen 13, enero-junio de 2015, pp. 51-70.

LORA, Laura N. "Discurso jurídico sobre el interés superior del niño" en *Revista de Ciencias de Mar del Plata. Avances de Investigación en Derecho y Ciencias Sociales. X Jornadas de Investigadores y Becarios*. Primer semestre, Año 2006, Ediciones Suárez, Mar del Plata, pp. 479-500.

Luft, Marcelo Enrique. "El derecho del niño a ser oído en el Derecho Internacional de los Derechos Humanos y su inclusión en el Código Civil y Comercial. El menor como parte en el proceso (Nota a fallo de la Cámara de Apelaciones de Trelew, Sala A, de 21/08/201)" en *Revista Código Civil y Comercial,* marzo de 2016, Buenos Aires, pp. 85-98.

Mansilla, María Eugenia. "Etapas del desarrollo humano" en *Revista de investigación en Psicología,* Número 2, Volumen 3, Año 2002, Barcelona, pp. 105-116.

Manzano Barragán, Iván. "La jurisprudencia del Tribunal Europeo de Derechos Humanos sobre orientación sexual e identidad de género" en *Revista Española de Derecho Internacional,* Volumen LXIV/2, julio-diciembre 2012, Madrid, pp. 49-78.

Markova Ivanova, Angelina Slavcheva. "El derecho de autodeterminación del menor maduro en el ámbito de la salud" en *Revista Bioderecho,* Número 6, Año 2017,Centro de Estudios en Bioderecho, ética y salud. Universidad de Murcia, pp. 1-28.

Martín Ruiz, Juan Francisco. "Los factores definitorios de los grandes grupos de edad de la población: tipos, subgrupos y umbrales" en *Scripta Nova. Revista electrónica de Geografía y Ciencias Sociales,* Número 190, Volumen IX, Año 2005, Universidad de Barcelona. Disponible en: <http://www.ub.es/geocrit/sn/sn-190.

Martínez de Aguirre, Carlos. "La protección jurídico-civil de la persona por razón de la menor edad" en *Anuario de Derecho Civil,* octubre-diciembre 1992, pp. 1391-1498.

Martínez Gómez, Jesús Armando. "El estatuto jurídico de la persona" en *Revista Bioética.* Número 5, mayo-agosto de 2014, pp. 11-18.

Martínez González, Carmen. "Aspectos éticos en la adolescencia: del menor maduro al adulto autónomo" en *Adolescere. Revista de Formación Continuada de la Sociedad Española de Medicina de la Adolescencia,* Número 2, Volumen 1, Año 2013, Madrid, pp. 22-27.

Mayorga Madrigal, Cuauthémoc. "Construcción ética de los derechos sexuales y reproductivos" en *Sincronía. Revista de Filosofía y Letras,* Número 69, Año 2016, pp. 32-37.

Medina, Graciela. "Comentario exegético a la Ley de Identidad de Género" en *Diario La Ley,* mayo de 2012, pp. 45-57.

Minyersky, Nelly y Milena Páramo Bernal. "Reflexiones sobre la capacidad civil y competencia médica de niños, niñas y adolescentes" en *Revista de Derecho de Familia,* Número 85, julio de 2018, p. 189-202.

Minyersky, Nelly y Lily R. Flah. "Los daños y perjuicios derivados de la violación de los derechos sexuales y reproductivos" en *Revista de Derecho de Daños, Número 1, Año 2002. Rubinzal-Culzoni- Editores,* p. 3-30.

Miller, Alice: "Human rights and sexuality: First steps toward articulating a rights framework for claims to sexual rights and freedoms" en *Proceedings of the annual meeting (American Society of International Law),* volumen 93, marzo de 1999, Cambridge University Press, pp. 288-303.

MOISSET DE ESPANÉS, Luis e HIRUELA DE FERNÁNDEZ, María del Pilar. *"Derechos de la personalidad"*. Disponible en: *http://www.revistapersona.com.ar/Persona46/46Moisset.htm*.

MONTALVO TORO, Jessica. "La vejez y el envejecimiento desde la perspectiva de la síntesis experimental del comportamiento" en *Revista latinoamericana de Psicología*, Número 3, Volumen 29, Año 1997. Fundación Universitaria Konrad Lorenz, Bogotá, pp. 459-473.

MONTEJO RIVERO, Jetzabel M. "Menor de edad y capacidad de ejercicio: reto del Derecho Familiar contemporáneo" en *Revista sobre la infancia y la adolescencia*, Número 2, marzo de 2012, p. 23-36.

MOREJÓN BARRUETO, Yanet, *et al.* "La escuela: un eslabón de la promoción para la salud sobre la epidemia del VIH/SIDA" en *Revista Conrado.* Publicación pedagógica de la Universidad de Cienfuegos, Número 11, marzo de 2015, pp. 42-47.

MORELLO DE RAMÍREZ, María Silvia. "El derecho del menor a ser oído y la garantía del debido proceso legal" en *Revista Interdisciplinaria de Doctrina y Jurisprudencia*, Número 35, noviembre-diciembre de 2006. Editorial LexisNexis-AbeledoPerrot, pp. 47-65.

MORENO-PÉREZ Oscar e Isabel ESTEVA DE ANTONIO. "Guías de práctica clínica para la valoración y tratamiento de la transexualidad" en *Endocrinología y Nutrición*, Número 59, Año 2012, pp. 367-82.

MORILLO DE RAMÍREZ, María S. "El derecho del menor a ser oído y la garantía del debido proceso legal" en *Revista Interdisciplinaria de Doctrina y Jurisprudencia*, Número 35, noviembre-diciembre de 2009. Editorial LexisNexis-AbeledoPerrot, pp. 35-52.

NIÑO BAUTISTA, Lucila, *et al.* "Cambios persistentes en conocimientos, actitudes y prácticas sobre sexualidad en adolescentes y jóvenes escolarizados de cuatro municipios de Santander-Colombia" en *Revista Salud UIS*, Número 44, Volumen 2, año 2012, p. 21-33.

NÚÑEZ ZORRILLA, Carmen. "El interés superior del menor en las últimas reformas llevadas a cabo por el legislador estatal en el sistema de protección a la infancia y a la adolescencia" en *Revista Persona y Derecho*, Número 2, Volumen 73, Año 2015, pp. 117-160.

OLIVEIRA, Maristela. "Derechos humanos y salud sexual y reproductiva de adolescentes embarazadas" en *REHDES. Revista de Derechos Humanos y Estudios Sociales*, Número 2, julio-diciembre 2009, Año I, pp. 59-76.

ORTIZ LEE, Carlos y Aldo RODRÍGUEZ IZQUIERDO. "Aborto en la adolescencia. Papel de los padres" en *Revista Sexología y Sociedad.* Año 2, Número 6, diciembre de 1996, pp. 2-5.

ORTIZ ORTEGA, Adriana. "Elementos y obstáculos a tomar en cuenta en la conceptualización y apropiación de los derechos sexuales y reproductivos" en *Estudios Demográficos y Urbanos*, Número 3, Volumen 19, septiembre-diciembre de 2004, El Colegio de México, pp. 599-637.

PENATTI, Marcela Virginia y Soledad PENNISE IANTORNO DE MACHADO. "Determinación del interés superior del niño, tras su incorporación en el Código Civil y Comercial" en *Revista de derecho de familia y de las personas,*

Número 1, febrero 2016, Año VIII. Editorial Thompson Reuters-La Ley, Buenos Aires, pp. 9-19.

PEDREIRA MASSA, José Luis y MARTÍN ÁLVAREZ, Luis. "Desarrollo psicosocial de la adolescencia: bases para una comprensión actualizada. Documentación social" en *Revista de Estudios Sociales y Sociología Aplicada*, Número 120, Año 2000, pp. 69-90.

PELÁEZ MENDOZA, Jorge. "Adolescencia y anticoncepción" en *Revista Sexología y Sociedad*. Año 1, Número 3, diciembre de 1995, pp. 12-14.

PEREDO VIDEA, Rocío. "Propiedades psicométricas del test de madurez mental de California" en *Revista Desafíos Educativos*. Número 17, año 2017, pp. 11-28.

PÉREZ CARO, Lucía y María Dolores RAMÓN ALONSO. "Valoración neuropsicológica en niños y adolescentes" en *Revista de Psiquiatría y Psicología del niño y del adolescente*. Número 1, Año 2001, pp. 31-56.

PÉREZ GALLARDO, Leonardo B. "El Código Civil cubanos de 1987 y los tiempos actuales: ¿Es la hora de celebración o la del réquiem?" en *Revista Cubana de Derecho*. IV Época, Número 50, julio-diciembre de 2017. Editorial UNIJURIS, La Habana, pp. 5-39.

______. "Diez interrogantes sobre el juicio notarial de capacidad: Un intento de posibles respuestas" en *Revista de Derecho*, Número 17, Año 2014, pp. 79-110.

PÉREZ RIPOLL, Alexis. "La capacidad progresiva de los menores de edad. Apuntes sobre su expresión en la normativa civil y familiar cubana". Inédito.

PLAZA PENADÉS, Javier. "La ley 41/2000, básica sobre autonomía del paciente, Información y Documentación Clínica" en *Actualidad Jurídica Aranzadi*, Número 562, Año 2003, pp. 1-2.

RAMOS CHAPARRO, Enrique. "Niños y jóvenes en el Derecho civil constitucional" en *Revista Derecho Privado y Constitución*, Número 7, Volumen 3, Año 1995, pp. 167-230.

RAPA ÁLVAREZ, Vicente. "La relación jurídica. Categoría esencial en el nuevo Código Civil" en *Revista Jurídica*, Número 19, Año VI, abril-junio de 1988, Unión Nacional de Juristas de Cuba, pp. 133-154.

RAVETLLAT BALLESTÉ, Isaac y Ruperto PINOCHET OLAVE. "El interés superior del niño en la Convención Internacional de los Derechos del Niño y su configuración en el Derecho Civil chileno" en *Revista Chilena de Derecho*. Número 3, Volumen 42, diciembre de 2015, pp. 903-934.

RAVETLLAT BALLESTÉ, Isaac. "El interés superior del niño: concepto y delimitación del término" en *Revista Educatio Siglo XXI*, Número 2, Volumen 30, Año 2012, pp. 89-108.

______. "La capacidad de obrar de la persona menor de edad no emancipado a la luz del Libro II del Código civil de Cataluña (artículos 211-3 y 211-5)" en *Revista InDret (Revista para el análisis del Derecho)*, Número 3, julio de 2017, pp. 1-28.

Rivero Ayala, Luis. "La figura legal del menor maduro (*mature minor*) en materia sanitaria a partir del artículo 12 de la Convención sobre los Derechos del Niño" en *Derecho en Sociedad. Revista electrónica de la Facultad de Derecho, ULACIT, Costa Rica,* Número 6, enero del 2014, pp. 71-92.

Rocca, María del Rosario y Karina A. Bigliardi. "Cuestiones prácticas del derecho del niño a ser oído" en *Revista de derecho de familia y de las personas,* Número 9, Año II, octubre de 2010, pp. 21-33.

Rocha Espíndola, Martín. "La Persona del menor, su interés superior, su autonomía y el libre desarrollo de su personalidad" en *Actualidad Jurídica Iberoamericana,* Número 2, febrero de 2015, pp. 43-86.

______. "El principio del libre desarrollo de la personalidad en la persona, el matrimonio y la familia" en *Cuadernos Jurídicos del Instituto de Derecho Iberoamericano,* Número 2, Volumen 2, Año 2016, Valencia, pp. 1-139.

Rodney Rodríguez, Yoanka y Mirtha García Leyva. "Políticas públicas sobre violencia escolar en Cuba: entre lo jurídico y la realidad" en *Revista sexología y sociedad,* Número 21, Año 2015, pp. 146-180.

Rodrigo Apio, Juan José y José Manuel Andreu Rodríguez. "Evaluación psicológica de la madurez psicosocial en adolescentes" en *Psicopatología Clínica, Legal y Forense,* Volumen 17, Año 2017, pp.14-31.

Rodríguez Javiqué, Daylin y Matilde de la C. Molina Cintra. "Fecundidad adolescente en Cuba: algunas reflexiones sobre su comportamiento por provincias y zonas de residencia" en *Revista Novedades en población,* Número 23, enero-junio de 2016, Año XII, pp. 78-96.

Rodríguez Martín, Lisbeth y Yanelys Palmero Martín. "El abogado del niño como garante del pleno ejercicio de los derechos de los menores de edad" en *Contribuciones a las Ciencias Sociales,* marzo de 2012, pp. 2-62.

Rodríguez Núñez, Iván. "Escala de medición de esfuerzo percibido infantil (EPInfant): validación en niños y adolescentes chilenos" en *Revista chilena de pediatría.* Número 3, Volumen 87, junio de 2016, pp. 211-212.

______. "Evaluación de la escala EPInfant para la auto-regulación perceptual de la intensidad del ejercicio en niños sanos" en *Revista chilena de pediatría.* Número 4, Volumen 90, agosto de 2019, pp. 422-428.

Rudolf, Bernhart. "European Court of Human Rights: legal status of postoperative Transsexuals" en *International Journal of Constitutional Law,* Volumen 1, Número 4, Año 2003, pp. 716721.

Salazar Benítez, Octavio. "La identidad de género como derecho emergente" en *Revista de Estudios Políticos,* Número 169, Nueva Época, julio-septiembre de 2015, Madrid, pp. 75-107.

Salituri Amezcua, María Martina. "¿Quién decide sobre el cuerpo? Notas sobre el ejercicio del derecho a la salud de niños, niñas y adolescentes a la luz del nuevo Código Civil y Comercial. Relaciones entre autonomía progresiva y responsabilidad parental" en *Derecho de Familia,* Número 72, noviembre de 2015, Buenos Aires, pp. 53-76.

Sánchez de León Guardiola, Paula y Javier Company Carretero. "El interés superior del menor y el derecho del niño a ser escuchado" en *Diario La Ley*, número 9279, julio de 2017, pp. 4-15.

Santi, Mariana. "La persona menor de edad en el Proyecto de Código" en *Revista de Familia y de las personas*, junio de 2013, Editorial La Ley, pp. 859-878.

Santos Morón, María José. "Menores y derechos de la personalidad. La autonomía del menor" en *Anuario de la Facultad de Derecho de la Universidad Autónoma de Madrid*, Número 15, Año 2011, pp. 64-81.

______. "Sobre la capacidad del menor para el ejercicio de sus derechos fundamentales. Comentario a la STC 154/2002 de 18 de julio" en *Revista jurídica de doctrina, jurisprudencia y bibliografía*, Número 7, Año 2002, Editorial La Ley, pp. 1632-1638.

Sar Suárez, Omar. "Derecho a la integridad personal en el Perú. Aspectos constitutivos y limitaciones. El caso de las personas privadas de libertad" en *Cuestiones constitucionales*, Número 19, julio-diciembre de 2008, pp. 211-236.

Sardi Dima, Antonella Soledad. "Derechos de los niños, niñas y adolescentes. Autonomía progresiva y derecho a ser oídos" en *Cuadernos de Doctrina Judicial de la provincia de La Pampa*, Número 1, Volumen VI, abril de 2016, pp. 244-273.

Simón Lorda, Pablo. "Madurez, capacidad y autonomía" en *Revista Eidon*, Número 41, julio de 2014, pp. 3-12.

______. "La capacidad de los pacientes para tomar decisiones: una tarea todavía pendiente" en *Revista de la Asociación Española de Neuropsiquiatría*, Número 102, Volumen XXVIII, año 2008, pp. 325-348.

Siverino Bavío, Paula. "Bioética jurídica y derechos fundamentales: breve propuesta en relación al estudio del derecho de las personas" en *Revista de Derecho de familia y de las personas*, Número 9, Año II, octubre de 2010, pp. 328-336.

______. "El derecho a la identidad: La ley de identidad de género y sus proyecciones" en *Revista de Derecho Privado y Comunitario*, Año 2015, Rubinzal-Culzoni, Santa Fe, pp. 173-194.

Stelzer, Florencia, Mauricio Alejandro Cervigni y Pablo Martino. "Bases neurales del desarrollo de las funciones ejecutivas durante la infancia y adolescencia. Una revisión" en *Revista Chilena de Neuropsicología*, Número 3, Volumen 5, Año 2010, Universidad de La Frontera, Temuco, pp. 176-184.

Stern, Claudio. "El embarazo en la adolescencia como problema público: una visión crítica" en *Salud Pública de México*, Número 39, Año 1997, pp. 137-143.

______. "Vulnerabilidad social y embarazo adolescente en México" en *Papeles de Población*, Número 39, enero-marzo de 2004, Toluca, Universidad Autónoma del Estado de México, pp. 129-158.

TABOADA LUGO, Noel. "El consentimiento informado en la práctica asistencial e investigativa de la Genética Clínica" en *Acta Médica del Centro*. Número 3, Volumen 11, Año 2017, pp. 88-100.

TORRES ESCAMEZ, Salvador, "Un estudio sobre el juicio de capacidad" en *Revista jurídica del notariado*, Número 34, Madrid, 2000, pp. 205-229.

TUÑÓN, Esperanza y Austreberta NAZAR. "Género, escolaridad y sexualidad en adolescente solteros del sureste de México" en *Papeles de Población*, Número 39, enero-marzo, 2004, Toluca, Universidad Autónoma del Estado de México, pp. 159-175.

URBINA, Paola Alejandra. "El interés superior del niño en un fallo notable (Nota a fallo de la Cámara Civil y Comercial de Mercedes, Sala II, de 29/09/2015)" en *Revista Código Civil y Comercial* abril de 2016, Buenos Aires, pp. 45-68.

VALDÉS DÍAZ, Caridad del Carmen. "El acceso a algunas técnicas de reproducción humana asistida: Crónica de una vida anunciada" en *IUS. Revista del Instituto de Ciencias Jurídicas de Puebla*, Número 39, Volumen 11, Nueva Época, enero-junio de 2017, México, pp. 1-37.

______. "Del derecho a la vida y los derechos sexuales y reproductivos, ¿configuración armónica o lucha de contrarios?" en *Revista del Instituto de Ciencias Jurídicas*, número 29, Año VI, enero-junio de 2012, Puebla, México, pp. 216-239.

______. "La capacidad jurídica y el ejercicio de la capacidad" en *Revista Justicia y Derecho*, Número 16, Año 9, junio de 2011, pp. 12-43.

VALENZUELA RIVERA, Esther y Lidia CASAS BECERRA. "Derechos sexuales y reproductivos: confidencialidad y VIH/SIDA en adolescentes chilenos" en *Revista Acta Bioethica*, Número 2, Volumen 13, Año 2007, pp. 207-216.

VALLONGO MENÉNDEZ, Marina Beatriz. "Consentimiento informado. ¿Un derecho?...¿un deber?" en *Revista Cubana de Anestesiología y Reanimación*, Número 12, Volumen II, mayo-agosto de 2012, pp. 116-123.

VANCE, Stanley R, Diane EHRENSAFT y Stephen M ROSENTHAL. "Psychological and medical care of gender nonconforming youth" en *Pediatrics*, Número 134, Año 2014, pp. 1184-1192.

VARELA, Luciano H. "La capacidad progresiva del niño/a en relación a su identidad sexual" en *Revista de Derecho de Familia*, Número 71, septiembre de 2015, pp. 215-223.

VÁZQUEZ-PASTOR JIMÉNEZ, Lucía, "La autonomía del menor en el ámbito de la salud. Un supuesto particular: la anorexia nerviosa" en *Revista de Derecho Privado*, Número 91, mayo de 2007, pp. 19-58.

VELÁZQUEZ GONZÁLEZ, Lourdes. "El concepto de persona. Un debate actual en bioética, considerado a la luz de algunas reflexiones del pensamiento tomista tradicional" en *Revista Etbio*. número 1, Año 1, 2011. Colegio de Profesionistas Posgraduados en Bioética de México D.C., pp. 99-106.

VILLAGRASA ALCAIDE, Carlos. "Derechos de la infancia y la adolescencia: hacia un sistema legal" en *Revista de Filosofía Jurídica y Política*. Anales de la Cátedra Francisco Suárez. Número 49, Año 2015, pp. 17-41.

Villanueva Flores, Rocío. "Protección constitucional de los derechos sexuales y reproductivos" en *Revista del Instituto Interamericano de Derechos Humanos,* Numero 43, junio de 2006, pp. 391-450.

Von Stritzky, Johannes. "El Desarrollo de la Protección Jurídica de las Personas Homosexuales, Bisexuales, Transexuales e Intersexuales (LGBT) en Alemania" en *Revista General de Derecho Constitucional,* Número 17, Año 2013, pp. 1-29.

Wallien Madeleine S. y Peggy T. Cohen-Kettenis. "Psychosexual outcome of gender-dysphoric children" en *Journal of the American Academy of Child Adolescence Psychiatry,* Número 12, Volumen 48, Año 2008, pp. 1413-1423.

Yadegarfard, Mohammadrasool, Mallika E. Meinhold-Bergmann y Robert Ho. "Family rejection, social isolation, and loneliness as predictors of negative health outcomes (depression, suicidal ideation, and sexual risk behavior) among Thai male-to-female transgender adolescents" en *Journal of LGBT Youth.* Número 11, Año 2014, pp. 347-363.

Ynchausti Pérez, Celia y Dolys García Martínez. "Los derechos inherentes a la personalidad. El derecho a la identidad personal" en *Revista Contribuciones a las Ciencias Sociales,* marzo de 2012, pp. 2-40. Disponible en: www.derechoycambiosocial.com.

Yuba, Gabriela. "Interpretación de la ley conforme al principio *pro minoris*: una herramienta para la realización de los derechos del niño" en *Revista de Derecho de Familia y Persona,* Número 8, Año VII, septiembre de 2015, Editorial La Ley, pp. 71-85.

Zicavo, Eugenia, Julieta Astorino y Lucas Saporosi. "Derechos sexuales y reproductivos en Argentina: Los proyectos parlamentarios referidos al aborto" en *Revista Reflexiones,* Número 94, Volumen 2, Año 2015, pp. 89-99.

Otras fuentes:

Fondo de Población de las Naciones Unidas. UNFPA. *Derechos sexuales y derechos reproductivos, los más humanos de los derechos.* La Paz, 2017.

"Mundos aparte: La salud y los derechos reproductivos en tiempos de desigualdad". Informe acerca del Estado de la Población Mundial 2017 del Fondo de Población para las Naciones Unidas publicado el 17 de octubre de 2017. Disponible en: http://www.unfpa.org/es/press/estado-de-la-poblaci%C3%B3n-mundial-2017

Comisión Interamericana de Derechos Humanos. Informe sobre Violencia contra personas lesbianas, gays, bisexuales, trans e intersex en América. 2015.

Comisión Interamericana de Derechos Humanos. Orientación sexual, identidad de género y expresión de género: algunos términos y estándares relevantes. Año 2012.

Informe sobre el estado mundial de la infancia de la UNICEF del año 2011 "La adolescencia. Una época de oportunidades". Disponible en: www.unicef.org.

Organización Mundial de la Salud. Comisión sobre Determinantes Sociales de la Salud. Año 2009. Informe final. Disponible en:

https://www.who.int/social_determinants/thecommission/finalreport/es/

Organización Mundial de la Salud. *Defining sexual health: report of a technical consultation on sexual health.* Año 2006. Disponible en: http://www.who.int/reproductivehealth/publications/sexual_health/defining_sexual_healt h.pdf

Comité de los derechos del niño. *Observación General número 7. "Realización de los Derechos del Niño en la Primera Infancia"*. Centro de Investigaciones Innocenti de la UNICEF, Florencia, 2005.

Comité de los derechos del niño. *Observación General número 12 "Realización de los Derechos del Niño en la Primera Infancia"*. Centro de Investigaciones Innocenti de la UNICEF, Florencia, 2012.

Center for Reproductive Rights. Los *Derechos Reproductivos a la Vanguardia. Una herramienta para la reforma legal.* Nueva York, 2008. Disponible en:

http://reproductiverights.org/sites/crr.civicactions.net/files/documents/pub_br_spanish_gaining_ground_2008_0.pdf.

Comité de los derechos del niño. *Observación General N° 14 "Sobre el contenido del principio del interés superior del niño"*. (Interpretación oficial publicada el 29 de mayo del año 2013). Centro de Investigaciones Innocenti de la UNICEF, Florencia, 2013.

Observación General número 5 del año 2003 del Comité de los Derechos del Niño. Centro de Investigaciones Innocenti de la UNICEF, Florencia, 2003.

Comité de Derechos Económicos, Sociales y Culturales. 42° Periodo de Sesiones. Observación General número 20. "La no discriminación y los derechos económicos, sociales y culturales. (Artículo 2 del Pacto Internacional de Derechos Económicos, Sociales y Culturales)". Ginebra, 2009.

Comité de los derechos del niño. Observación General número 8 (2006) y número 13 (2011). Disponibles en: En: http://www.achnu.cl/2011/05/09/comite-de-los-derechos-del-nino-publica-observaciones-para-promover-el-fin-de-toda-violencia-hacia-los-ninos-y-ninas/.

Corte Interamericana de Derechos Humanos. Opinión consultiva número 17/2002 de 28 de agosto, sobre la "Condición Jurídica y Derechos Humanos del Niño". Centro por la Justicia y el Derecho Internacional (CEJIL). Suecia, 2002.

RAJMIL, Alicia. *"Impacto de las grandes convenciones internacionales sobre derechos humanos en la función notarial"* Conferencia dictada en la XIII Jornada Internacional de la Sociedad del Notariado Cubano. Hotel Habana Libre, La Habana, 7 y 8 de noviembre de 2018.

Conferencia dictada por la Dra. Matilde MOLINA, Directora del Centro de Estudios Demográficos de la Universidad de La Habana, en el panel de expertos que dio inicio a las actividades por el aniversario 30 del Centro

Nacional de Educación Sexual (CENESEX) efectuado en La Habana del 24 al 29 de enero de 2019.

Informe Nacional. Principios de interpretación del modelo de capacidad jurídica y del sistema de apoyos del nuevo Código Civil y Comercial de la Nación. Argentina, enero de 2018. Red por los Derechos de las Personas con Discapacidad (REDI) y Centro de Estudios Legales y Sociales (CELS). Disponible en: www.cels.org.ar.

Informe Nacional del Censo de población y viviendas, República de Cuba, año 2012. Consultado en:

www.one.cu.publicacionescepdecpv201220140428informenacional71tablaIV8

American Psychiatric Association. *Diagnostic and statistical manual of mental disorders*, 5ª edición Development, 2010. Disponible en: http://dsm5.org.

The World Professional Association for Transgender Health-WPATH. Historical compilation of Standars of Care Versions 1 through 6. s.f. Disponible en: http:// www.wpath.org/documents/SOC.Compilation.of.201. through.6.pdf.

Programa de Naciones Unidas para el desarrollo y Parlamentarios para la acción global. *Promoviendo los derechos humanos y la inclusión de las personas LGTBI: un manual para los parlamentarios y las parlamentarias*. New York, 2017.

Fondo de Población de Naciones Unidas. *Ambientes escolares libres de discriminación. Orientaciones sexuales e identidades de género no hegemónicas en la escuela. Aspectos para la reflexión*. Bogotá, 2016.

Defensoría del Pueblo. *Derechos humanos de las personas LGTBI: Necesidad de una política pública para la igualdad en el Perú*. Serie de informes defensoriales. Informe número 175. Primera edición, Lima, 2016.

Nota de respuesta de Cuba a la solicitud de información de la Oficina de la Alta Comisionada de las Naciones Unidas para los Derechos Humanos en virtud de la Resolución 15/22 del Consejo de Derechos Humanos titulada "Derecho de toda persona al disfrute al más alto nivel posible de salud física y mental. Ejercicio del derecho a la salud de las personas de edad", disponible en el portal web del Ministerio de Relaciones Exteriores de la República de Cuba.

22. Anuario Demográfico de Cuba del año 2018. Disponible en:

www.onei.gob.cu/node/13808

Programa Nacional de Atención Integral a la Salud de Adolescentes para los años 2013 al 2018. Ministerio de Salud Pública de Cuba. Disponible en: http://www.infomed.sld.cu.

Consejo Nacional de Política Económica y Social. Lineamientos para el desarrollo de una estrategia para la prevención del embarazo en la adolescencia y la promoción de proyectos de vida para los niños, niñas, adolescentes y jóvenes en edades entre 6 y 19 años. República de Colombia, Bogotá, 2012.

Organización Panamericana de la Salud. *Normas de atención de salud sexual y reproductiva de adolescentes*. Biblioteca Sede OPS, Washington D.C, 2005.

Normas de atención para la salud de personas trans y con variabilidad de género. World Professional Association for Transgender Health (WPATH), Séptima edición, New York, 2012. Disponible en: http://www.wpath.org.

Oficina del Alto Comisionado de las Naciones Unidas. *Orientación sexual e identidad de género en el derecho internacional de los derechos humanos.* Oficina Regional, América del Sur, 2018. Disponible en: http://www.ohchr.org.

Lineamientos de la Política Económica y Social del Partido y la Revolución. VI Congreso del Partido; 18 abril de 2011. Disponible en: http://www.cubadebate.cu/content/uploads/tabloidedebatelineamientos.pdf

Fondo de las Naciones Unidas para la Infancia. *Participación de niños, niñas y adolescentes.* UNICEF, Primera edición, Buenos Aires, 2006.

El ejercicio de los derechos sexuales y reproductivos por parte de sujetos menores de edad de Yairis Arencibia Fleitas se imprimió en la República Argentina en junio de 2020.

www.ingramcontent.com/pod-product-compliance
Lightning Source LLC
LaVergne TN
LVHW082238051026
849532LV00012B/4026